本书由湖南第一师范学院音乐与舞蹈学"双一流"学科建设经费资助展开研究

想象·构思·形成：

儿童舞蹈教育与创作实践

✦ 杨 晴 著

吉林人民出版社

图书在版编目 (CIP) 数据

想象·构思·形成 : 儿童舞蹈教育与创作实践 / 杨
晴著 . — 长春 : 吉林人民出版社 , 2019.11
  ISBN 978-7-206-16541-2

  Ⅰ . ①想… Ⅱ . ①杨… Ⅲ . ①儿童舞蹈 – 教学研究
Ⅳ . ① G613.5

中国版本图书馆 CIP 数据核字 (2019) 第 269277 号

想象·构思·形成 : 儿童舞蹈教育与创作实践
XIANGXIANG · GOUSI · XINGCHENG : ERTONG WUDAO JIAOYU YU CHUANGZUO SHIJIAN

著　者 : 杨　晴
责任编辑 : 王　丹　　　　　　　　　封面设计 : 优盛文化
吉林人民出版社出版 发行（长春市人民大街 7548 号）　邮政编码 : 130022
印　刷 : 定州启航印刷有限公司
开　本 : 710mm×1000mm　　　　　1/16
印　张 : 16.75　　　　　　　　　　字　数 : 290 千字
标准书号 : ISBN 978-7-206-16541-2
版　次 : 2019 年 11 月第 1 版　　　　印　次 : 2019 年 11 月第 1 次印刷
定　价 : 79.00 元

前言

　　舞蹈是通过舞蹈艺术家在自然动作的基础上进行加工、提炼、规范化了的有组织、有规律、有节奏的动作，通过人体的手势、舞姿造型构成舞蹈形象来表达人的思想感情，反映社会生活的艺术表现形式。舞蹈具有严格的规范性、清晰的节奏性、形象的造型性，是人们喜闻乐见的艺术表现形式。

　　舞蹈从一个单一的动作形态，到一个舞句，一个舞段的组合，又从一个单一完整的舞蹈片段，发展到整部舞剧，都是由主题动作（音乐称为主旋律）的重复、发展、变化和不同动作的衔接、配合、交替呈现，使各种动作在有目的、有组织、有配合的运动过程中发展完成一个有机的舞蹈整体。它最充分、最鲜明生动、最为直接地展示人物丰富、细腻、复杂的情绪和感情，反映社会生活。

　　儿童舞蹈教育对孩子身心健康的发展、情操的陶冶、智力的开发，以及社会主义精神文明建设，都有着重要的促进作用。21世纪，我国为培养全面发展的社会主义事业建设者和接班人，推进素质教育，十分明确地把美育纳入社会主义教育方针。作为美育中艺术教育的一个重要组成部分，舞蹈以运动中的人体美为主要内容，不仅能塑造人的外形，还能作用于人的内心，使受教育者通过舞蹈美的陶冶，求真、向善、尚美。因此，从本质上说，舞蹈教育是一种"塑造人"的伟大工程，它通过培养少年儿童的审美能力，建构审美心理，达到陶冶情操、净化心灵、实现完善人格的目的。儿童舞蹈教育是国民基础教育的重要学科，然而它又是所有基础教育学科中教材最稀缺的一门学科。

　　儿童舞蹈创编是在继承舞蹈创编自身规律及其特点的基础上，尊重儿童的心理需要和生理发展特点，结合儿童的实际生活来创编出儿童喜闻乐见的律动、歌舞表演、舞蹈作品等。目前，儿童舞蹈创编存在着一些亟待解决的问题，如培养目标上强调舞蹈的功利化、工具化，为表演而表演，舞蹈成了少数儿童的特权；过分强调技术技巧，忽略了儿童自身发展的特点与儿童认知的水平，更没有满足儿童的兴趣需要。这些问题的解决都需要我们对当今儿童舞蹈创编存在的问题进行归因分析，提出可行的解决策略。通俗来讲，就是儿童舞蹈创编首先要解决什么样的舞蹈是孩子们适合的、喜爱的。怎样创作这样的舞蹈，怎样让孩子们去表演这样的舞蹈？

　　在此背景下，本书对儿童舞蹈及其教育，儿童舞蹈的教学要求，儿童舞蹈教育的结构、特点和原则，儿童舞蹈教育的教学内容与教学环节，儿童舞蹈创编的原则与要求，儿童舞蹈创编的过程，儿童舞蹈教育中的即兴舞蹈创作，儿童舞蹈教育中融入民族民间舞蹈元素的思考，以及儿童舞蹈创编的问题及其对策分析等方面进行论述，以期为儿童舞蹈教育的研究者和从业者提供一定的参考和借鉴。

目录

第一章 儿童舞蹈及其教育概述

第一节 儿童舞蹈的定义与特点

舞蹈是人类最早的艺术活动之一。早在语言、文字尚未产生之前，人类就开始运用肢体语言传递信息，传授生产、生活等方面的知识技能。千百年来，舞蹈一直以"润物细无声"的方式传承着人类文明。

儿童舞蹈教育作为基础艺术教育学的重要组成部分，其实质是以舞蹈审美为核心，通过舞蹈这一审美媒介，以受教育者的欣赏体验为主要方法，使儿童陶冶情操，提升精神境界和舞蹈艺术修养，培养想象力和创造力，进而提高综合素质。

儿童舞蹈教育在我国经历了曲折发展，从无到有，从小到大。如今在素质教育中逐步发挥着越来越大的作用，呈现出一片生机勃勃的景象。

一、儿童舞蹈的定义

在舞蹈范畴内，儿童舞蹈是指由3~12岁儿童表演的舞蹈，是表现儿童生活，让儿童进行自娱，促进儿童德、智、体、美全面发展的艺术形式。儿童舞蹈形象生动，富有感染力，易于让儿童接受。它不仅贴近儿童的生活，而且处处闪现着儿童的心理特征，散发着充满真、善、美的童心体验和审美追求，给儿童一种强烈的新鲜感、好奇感和亲近感，从而在儿童中引起追求美感的共鸣。

几乎每个儿童在开心时都会手舞足蹈地表达自己的情感。舞蹈这一直观性、表演性很强的艺术形式，恰好迎合了儿童天真活泼、好奇好动、模仿性强的生理、心理特点，成为儿童喜爱的艺术活动之一。

二、儿童舞蹈的特点

儿童舞蹈有别于成人舞蹈，在舞蹈语汇、动作节奏和形式、风格上都有其独特的艺术特点。

（一）童真、童趣的绚丽世界

儿童天生具有爱幻想、爱玩、爱动等特性。他们对周围的一切新鲜事物都很好奇，特别是对身边可爱的小动物，如小猫、小狗等有着浓厚的兴趣，甚至把小动物们当成好朋友。儿童的这些特性反映在舞蹈中，就是我们常看到的孩子们变成小鸟在天空中飞翔，变成小蚂蚁在地面上慢慢爬行，可以一夜长大成为勇敢的解放军，也可以像外星小超人那样具有神奇的力量。天真、富有童趣的构想和表演形式，是儿童舞蹈艺术的最显著标志。

（二）简单、形象的舞蹈语汇

3~12岁的儿童正处于生长发育期，骨骼较软，易变形；肌肉弹力小，收缩力差，容易疲劳。此外，儿童的大脑发育迅速，兴奋过程强于抑制过程，注意力维持时间也较短。这些生理特点决定了儿童做舞蹈动作时的平衡力、控制力、节奏感都比成人弱。因此，儿童舞蹈要回避复杂化动作和高难度技巧，通过简单、形象化的舞蹈语汇来表达儿童对事、对物的态度和情感。例如，儿童舞蹈中常用跺脚、噘嘴、捧腹大笑等简单动作来表达情绪，用双臂摆动来模仿蝴蝶飞舞，用外八字横着走路来模仿螃蟹。

（三）快而重复的舞蹈动作

儿童平衡力、控制力、节奏感较差，但弹跳力比成人好。因此，快且重复的动作比较适合儿童表演，慢且舒展的动作效果则并不理想。

此外，儿童的情绪总是变化无常，高兴时捧腹大笑得意万分，生气时不依不饶追打怒骂，忽而吵闹、忽而安静。儿童舞蹈比成人舞蹈动作短促，节奏快，不断重复的特点正是儿童情绪变化的反映。

（四）鲜明、欢快的舞蹈音乐

儿童自我控制能力较弱，舞蹈中易出现抢拍或拖拍的现象。因此，儿童做动作的快慢缓急需要用明显突出的节拍和重音来提醒。儿童舞蹈中常用旋律欢快、节奏鲜明的音乐伴奏，能引起儿童情绪上的共鸣和浓厚的表演兴趣，便于儿童掌握，这也是儿童对鼓乐、迪斯科等风格的音乐感兴趣的原因。

（五）歌、舞、话一体的表演形式

目前，越来越多的儿童舞蹈采用歌、舞、话一体的表演形式。例如，郭子微的《上海童谣》、蔡茵的《丫丫咏诗》、闵繁华的《天天向上》等都是深受儿童喜爱的舞蹈作品。通过边歌、边舞、边说话的表演形式，使儿童理解舞蹈语汇、体会舞蹈感情变得更容易。

语言、动作和歌曲相互补充、相互配合，是有助于儿童理解舞蹈、表现舞蹈，并能突出儿童稚气特点的表演形式之一。

三、古代儿童舞蹈的演变及功能

（一）周代

1.西周时期儿童舞蹈教育的出现与兴盛

西周时期是中国古代历史上礼乐制度发展的兴盛时期。这一时期统治阶级对礼乐教育的高度关注以及维护和巩固政权统治地位的迫切需要为儿童舞蹈教育的出现与兴盛奠定了重要基础。一方面，自夏商以来，随着社会经济的发展与社会结构的变化，早在虞舜时期便已萌芽的贵族子弟乐舞教育在国家政权与社会制度的需求和庇护下一度延续下来，并得到稳固发展。另一方面，西周统治阶级深刻吸取前代灭亡的历史教训，充分认识到"乐修其内、礼修其外"以及"乐以辅政"的重要作用，将礼乐教育思想与政权统治政策完美结合。在"制礼作乐"政策的充分保障下，古代儿童舞蹈得以兴盛和发展起来。

西周时期，儿童舞蹈教育的出现与兴盛以乐舞教材《六小舞》的出现为典型标志。《六小舞》是继周初统治阶级整理前代遗作以及周代新创作乐舞而成的《六大舞》之外，在吸收民间歌舞形式的基础上改编创作的专属于宫廷贵族子弟乐舞教育的教材。据《周礼·春官·乐师》记载："乐师掌国学之政，以教国子小舞。凡舞，有帗舞，有羽舞，有皇舞，有旄舞，有干舞，有人舞。教乐仪，行以肆夏，趋以采荠，车亦如之……"

首先，从舞蹈教育的对象及年龄范畴来看，学小舞者为"国子"。"国子"，包括世子、诸侯及公卿大夫子弟等贵族子弟。虽然这里关于"国子"习舞的具体年龄，并无直接记述，但据《礼记·内则》记载："六年，教之数与方名。七年，男女不同席，不共食。八年，出入门户及即席饮食，必后长者，始教之让。九年，教之数日，十年，出就外傅，居宿于外，学书记，衣不帛襦裤。礼帅初，朝夕学幼仪，请肄简谅。十有三年，学乐，诵诗，舞勺；成童，舞象，学射御。"由此可见，学习小舞的"国子"应为13岁至15岁间的贵族子弟。

其次，从舞蹈教育的内容来看，"小舞"作为西周时期宫廷贵族子弟乐舞教育的重要内容，共包括帗舞、羽舞、皇舞、旄舞、干舞、人舞六个部分。其中，"帗舞"，舞者手执"帗"而舞；"羽舞"，舞者手执白色鸟羽而舞；"皇舞"，舞者手执五彩鸟羽而舞；"旄舞"，舞者手执牦牛尾而舞；"干舞"，舞者手执盾牌而舞；"人舞"，徒手舞。《六小舞》以道具命名，根据不同内容，手执相应道具而舞，因而与《六大舞》相比，突显出一定的形式美感。只是受礼乐教育及政权统治的影响，"六小舞"并未得到积极、长久的发展，始终恪守其固有的礼仪规范。这种不关注乐舞艺术自身发展特性的态度无疑对古代儿童舞蹈的本体发展产生了一定的消极影响，显露出浓重的政治性、功利性目的。

西周时期，儿童舞蹈教育的成熟与兴盛不仅体现在乐舞教材《六小舞》的出现。据《礼记·文王世子》记载："凡学世子及学士，必时：春夏学干戈，秋冬学羽籥，皆于东序。"另有《周礼·春官宗伯》载："大胥，掌学士之版，以待致诸子。春入学舍采，合舞；秋颁学，合声。以六乐之会正舞位，以序出入舞者。……小胥，掌学士之征令而比之，觵其不敬者，巡舞列而挞其怠慢者。"

从这两则史料来看，西周时期乐舞教育实行"春入学""秋颁学"的教学制度，并且分文舞和武舞进行教学，如"春夏学干戈，秋冬学羽籥"。《礼记·内则》曰："十有三年，学乐，诵诗，舞勺，成童舞象，学射御。"由此可见，西周时期由"文"舞到"武"舞、先育"德"再育"体"的教育理念，充分体现出统治阶级对贵族子弟乐舞教育的良苦用心和严谨规范的态度。此外，整个教育活动由"大胥"和"小胥"分别掌管乐舞教学体制管理和教学监督工作。"觵其不敬者""挞其怠慢者"，不仅显现出其分工之精细、职责之明确，更可看出这一时期乐舞教育制度的严明。

综上所述，西周时期儿童舞蹈教育的兴盛发展是以适应礼乐教育及政权统治的需要为契机的。在礼乐教育政策的推动下，古代儿童舞蹈迎来了第一个历史发展的高峰。

2. 西周时期儿童舞蹈的发展重在育"道"

西周时期，儿童舞蹈主要在贵族子弟教育活动中得以兴起和发展。从功能的角度来看，这一时期的儿童舞蹈教育重在育"道"。其"道"，实有两层含义。

其一，"伦理"之道。所谓"伦理"之道，是指为国子者所应掌握的道德规范及伦理常识。作为人的一种思想情感的表现艺术，乐舞对于人的"志意""容貌""行为举止"等无疑具有重要的修正和规范作用。在儒家乐舞理论的代表著作《乐记》中就有这样的表述："故听其雅颂之声，志意得广焉；执其干戚，习其俯仰诎伸，容貌得庄焉；行其缀兆，要其节奏，行列得正焉，进退得齐焉。故乐者，天地之齐，中和之纪，人情之所不能免也。"另又载："知声而不知音者，禽兽是也；知音而不知乐者，众庶是也；唯君子为能知乐。""知乐则几于礼矣。礼乐皆得，谓之有德。德者得也。"由此可见，"乐者，圣人之所乐也，而可以善民心，其感人深，移风易俗。故先王著其教焉"。西周时期统治阶级正是由于充分认识到礼乐教育的道德教化功用，遂将舞蹈艺术作为教育贵族子弟的重要手段，旨在通过"致乐"以实现修身、治心以及宣传教化的教育功用，培养贵族子弟的高贵气质与君子品格，达到弘扬封建宗法思想，巩固封建等级秩序的目的。其"伦理"教化之功用由此可窥。

其二，"治国"之道。所谓"治国"之道，意指为国子者所应掌握的管理国家政权的统治思想及方法。对于西周时期的儿童舞蹈教育来说，通过对贵族子弟身体的动作规范进行政治教化及礼规训诫，其根本目的在于培养合格的政治后备人才。这是奴隶制社会中"世袭制度"的使然，更是统治阶级维护和巩固政权统治地位的莫大需要。正因如此，周公对未来君主提出了"明德修身""明德慎罚""敬德保民"等王德规范。《通典》中也曾记载过"昔唐虞迄三代，舞用国子，欲其早习于道也"的史实。由此可见，西周时期的儿童舞蹈教育不仅肩负着伦理教育的基本职责，更承载着维护和巩固国家政权统治的庄严使命。

综上所述，古代儿童舞蹈教育在西周时期的宫廷贵族社会生活中充当"教育手段"的角色，发挥着"宣传教化""育德载道"的重要功用，在礼乐教育与政权制度的双重保障下，将教育功能发挥到极致。从史籍记载和前人的研究成果来看，西周时期的儿童舞蹈还兼具着"宗教祭祀"的功用。《周礼·地官·舞师》中记载："舞师，掌教兵舞，帅而舞山川之祭祀；教帗舞，帅而舞社稷之祭祀；教羽舞，帅而舞四方之祭祀；教皇舞，帅而舞旱叹之事。凡野舞，则皆教之。"对于封建宗法等级制度严明的西周时期来说，由于舞蹈艺术承载着传播宗教祭礼及宗法思想的教育功用，因而宗教祭祀仪礼和常识被渗透在儿童舞蹈教育过程中，抑或是宗教祭祀活动成为统治阶级向贵族儿童传授礼法知识的教育场合也在情理之中。更何况，先秦以前宗教活动占据着重要的社会地位，"神权"与"政权"的合而为一使这一时期的宗教活动与教育活动并不是绝对分离的。因此，西周时期的儿童舞蹈虽然也具备一定的宗教祭祀功用，但相比较而言，其教育功能更占有不可替代的主导地位。

（二）汉魏

1. 汉代以后儿童舞蹈教育的两大发展趋向

自春秋战国以来，"礼崩乐坏""文化下移"，宫廷雅乐舞蹈逐渐失去其原有的辉煌。原本在宫廷贵族子弟教育活动中得以兴盛发展的儿童舞蹈在宗教祭祀仪式、宣传教义、教法以及各种娱乐表演活动中逐渐普及开来，而在舞蹈教育方面的发展势头则有所削减。从现存的史籍记载来看，古代儿童舞蹈教育在汉代以后并非处于消失或停滞不前的状态，而是在社会政治、经济、文化等多方因素的刺激和推动之下表现为两种发展态势。据《通典》记载："昔唐虞讫三代，舞用国子，欲其早习于道也；汉魏以来，皆以国之贱隶为之，唯雅舞尚选用良家子……"

从这则史料来看，早在汉代以前的虞、夏、商、周时期，受封建宗法等级思想及"礼乐制度"的影响，宫廷舞蹈只限于"国子"学习和表演，其目的在于培养贵族子弟为人、处世以及治国之"道"。汉代以后，由于统治阶级娱乐宴享需求的逐渐增强，舞蹈艺术由"娱神"渐趋"娱人"，因此培养专门的乐舞伎人用于宴享娱乐就成为一种必然的需求。同时又因封建宗法等级思想的影响，尊卑贵贱之等级观念根深蒂固，因而"娱人"之事便由身份卑微的庶民、贱民为之。由此可见，汉代以后儿童舞蹈教育渐趋朝两个方向发展：一方面，西周时期以贵族子弟为教育对象的舞蹈教育传统在汉代以后的宫廷贵族阶层世代延续下来；另一方面，庶民子弟的舞蹈教育逐渐得到发展。特别是后者，成为汉代以后古代儿童舞蹈教育发展的主流。

（1）贵族子弟乐舞教育传统的延续。

汉代以后，宫廷社会阶层仍延续贵族子弟乐舞教育的传统。究其原因有三：

其一，宫廷贵族子弟参加宗庙祭祀活动的需要。在汉代，宗庙祭祀仪式中的舞蹈活动曾一度出现禁止、排斥平民参与的情形。例如，汉《大乐律》称："卑者之子，不得舞宗庙之酬，除吏二千石到六百石及关内侯到五大夫子，取适子高五尺以上，年十二到三十，颜色和顺，身体循理者，以为舞人。"

从这则史料来看，汉代儿童舞蹈教育受封建宗法等级思想的影响，仍旧存在着尊卑贵贱的等级差别。"卑者之子，不得舞宗庙之酬"，将儿童划分为"贵族"与"庶民、贱民"的同时，也将西周时期贵族阶层垄断受教育权利的传统保留下来。在此后宗庙祭祀活动的发展历程中，统治阶级为维护其政权统治地位，培养合格的政治人才，保留和延续对宫廷贵族子弟进行乐舞教育的传统就成为一种必然。

其二，宫廷贵族阶层显现自身才华的需求。自汉代以来，乐舞艺术技艺性与表演性不断增强，使人们对审美娱乐的需求大大提高。从宫廷贵族阶层曾广泛盛行自娱性即兴舞蹈和以舞相属等舞蹈现象来看，舞蹈表演已然成为贵族间显现自身才华、满足娱乐需求的重要手段。特别是唐代，宫廷贵族子弟参与宴享娱乐表演已成为一种普遍现象。

可见，在唐代宫廷社会生活中，贵族子弟习舞的传统依旧存在，且其习舞年龄与西周时期相比已经大大提前。

其三，复古周礼、尊崇儒学的需要。宫廷贵族子弟的乐舞教育传统于后世得以延续的另一个重要原因便是儒学思想影响下对周代礼乐典范的效仿。古代儿童舞蹈教育于西周时期的成熟与定型，不仅将古代儿童舞蹈教育的发展推向顶峰，更为宫廷雅乐舞蹈的发展树立了典范。在此后宫廷雅乐舞蹈的发展历程中，复兴与效仿周代礼乐典范的现象层出不穷。唐代《国子舞赋》中记载："……因四时之宜，教胄子以六代之舞，惟德是务，以和为主。""乐以平其心，舞以发其貌……"

在明代，祭孔乐舞兴起之时，明太祖朱元璋更认为："乐舞乃学者事，况释奠所以崇师，宜择国子生及公卿子弟在学者，豫教肄之。"由此不难看出，贵族子弟乐舞教育在唐代及明代的祭孔活动中具有重要意义和价值。

（2）庶民子弟乐舞教育的兴起。

汉代以后，庶民子弟乐舞教育的兴起主要体现在两个方面：

其一，为满足谋求生存的现实需求，庶民子弟乐舞教育出现在家学或私学中。在封建等级思想浓重的古代社会，尊卑贵贱之差别根深蒂固。对于那些出生卑微或身世悲苦的庶民儿童来说，学习乐舞不仅使他们拥有一种生存技能，而且还有可能跻身宫廷，甚至得到贵族阶层的宠爱，从而改变一生的命运。《汉书·外戚传》中就曾记述过翁须的故事：翁须八九岁时随仲卿习歌舞，四五年后专作歌舞者，到20岁时又因善歌舞而随太子舍人侯明入长安。此后，翁须母亲、兄长均得以封号，赏赐以巨万计。《新唐书·后妃列传》中所记载的武宗贤妃王氏同样因善歌舞而入宫中。不仅如此，在百戏乐舞中也不乏庶民阶层儿童为求生计而舞蹈表演的现象。例如，"上降日，大张音乐，集天下百戏于殿前。时有妓女石火胡，本幽州人也，挈养女五人，才八九岁，于百尺竿上张弓弦五条，令五女各居一条之上，衣五色衣，执戟持戈，舞《破阵乐》曲。"❶清代"周济选秀童教乐舞"之事亦说明古代家学或私学中有儿童乐舞教

---

❶ 王克芬.中国舞蹈发展史[M].上海：上海人民出版社，2003.

育活动的存在。因此，家学或私学中的庶民子弟乐舞教育成为汉代以后儿童舞蹈教育发展的主要内容。

其二，为满足贵族阶层娱乐宴享的需求，宫廷也成为汉代以后庶民儿童乐舞教育发展的重要空间。与贵族儿童乐舞教育不同，宫廷中庶民儿童乐舞教育的主要目的在于训练专业型的技能人才，以服务于宫廷宴享娱乐活动。在古代，乐舞艺术一直是贵族阶层宴享娱乐的重要手段和方式。为此，几乎历代宫廷中均设立专门的乐舞机构，配备专职的乐舞官员掌管宫廷乐舞表演之事，其中训练乐舞伎人、储备乐舞人才就成为一项必不可少的内容。然而，将儿童作为宫廷乐舞伎人进行乐舞训练的现象，在唐代以前的史料记载中尤为少见。直至《屈柘枝》《庆善乐》等宫廷儿童表演舞蹈的大量涌现，才让人们意识到，宫廷乐舞教育领域已有将儿童作为乐舞伎人培养和训练的现象，且其训练的直接目的是为宫廷娱乐宴享服务。特别是宋代，舞蹈艺术程式化的发展需要极大地推动了宫廷儿童乐舞伎人训练体系的发展，并形成了"每遇内宴前一月，教坊内勾集弟子小儿，习队舞，作乐杂剧节次"等训练制度。此外，从一幅女优教戏图中更可窥见宋代儿童学习乐舞的情景。因此，在宫廷宴享娱乐需求的刺激和影响下，庶民子弟乐舞教育也是宫廷儿童舞蹈教育发展的重要组成部分。

2. 汉代以后儿童舞蹈教育的发展意在育"才"

汉代以后，儿童舞蹈教育显现出于贵族子弟和庶民子弟教育活动中并行发展的态势。从功能的角度来看，旨在实现两方面人才的培养目的。

其一，政治型人才的培养。所谓"政治型"人才，是指为维护和巩固政权统治地位而培养的政治接班人。古代儿童舞蹈教育对"政治型"人才的培养，主要反映在宫廷贵族阶层，以国子及公卿大夫子弟等贵族儿童为教育对象。该教育活动旨在传授伦理道德思想与政权统治之道，在培养贵族子弟的高贵气质和君子品格的基础上，为国家储备合格的政治人才。在古代儿童舞蹈发展史上，西周时期贵族子弟乐舞教育的成熟和兴盛可被视为"政治型人才"培养的典型代表。尽管春秋战国的"礼崩乐坏"对宫廷舞蹈的发展产生了重要的影响，但作为国家政权统治政策的一部分，宫廷贵族子弟乐舞教育的传统还是得以延续和发展下来。特别是在后世复古周礼、尊崇儒学之时，贵族子弟乐舞教育仍旧发挥着不可替代的重要作用。

其二，技能型人才的培养。所谓"技能型"人才，是指以习舞娱人为目的的专业乐舞伎人。这类人才的培养主要反映在庶民阶层，以普通平民及贱民儿童为主要教育对象。古代儿童舞蹈教育对"技能型"人才的培养与"政治型"人才的培养有着极大的不同。它涉及官方乐舞教育与民间私学乐舞教育两个领域，其教育活动旨在传授舞蹈表演技能，培养一技之长。既为贵族阶层的宴享娱乐服务，又为庶民子弟谋求生存的现实需求服务。例如，宋代宫廷"小儿队"及汉代以来百戏乐舞中儿童舞蹈表演活动的出现便是最好的证明。此外，为满足统治阶级自身宴享娱乐的需要，以培养乐舞技能为主要目的的乐舞教育在宫廷贵族儿童身上也有不同程度的体现。

3. 汉魏时期儿童舞蹈的发展由"娱神"渐趋"娱人"

汉魏时期儿童舞蹈重在"娱神"。汉魏时期是古代儿童舞蹈发展史上宗教舞蹈兴盛发展的时期。这一时期由于古代宗教的多元化发展以及各种宗教活动频繁和活跃，儿童舞蹈的功能价值主要体现在宗教祭祀领域，旨在发挥通神、达神、娱神的宗教功用。不过，任何事物的发展都不是一成不变的。在此后的发展过程中，由于受到政治、经济、文化等多方面因素的刺激和影响，儿童舞蹈在娱乐功能指向上发生了重要变化。汉魏时期儿童舞蹈由"娱神"渐趋"娱人"。在古代儿童舞蹈发展史上，特别是在先秦以前，儿童舞蹈受封建礼乐思想及宗法等级制度的深刻影响，在发挥修身养性、宣传教化等功能之外，较为排斥声色娱人的享乐需求。而继"礼崩乐坏"之后，古代宗教渐趋于三教并存、多元发展的态势，各种百戏乐舞广泛兴起并得到蓬勃发展，从而为儿童舞蹈的发展营造出一个相对轻松的发展空间。因此，汉魏时期儿童舞蹈在技艺性与表演性方面得到充分发展，极大地满足了人们审美娱乐的精神需求。由此可见，这一时期儿童舞蹈在发挥祭祀娱神功能的同时，其技艺化、表演化的发展趋向显露出娱人的目的和追求。

综上所述，汉魏以来，古代宗教的多元化发展以及角觝百戏与民间舞蹈的普遍兴盛，在带来儿童宗教舞蹈兴盛发展的同时，很大程度地刺激和推动着儿童舞蹈朝重技、重艺的表演性方向发展。因此，这一时期的儿童舞蹈虽重在祭祀娱神，但其渐趋技艺化、表演化的发展态势无疑显露出审美娱人的目的和追求。由"娱神"渐趋"娱人"，成为这一时期儿童舞蹈发展的显著特征。

（三）唐宋至明清

古代宗教发展到唐代以后，由于历代统治者大多实行宽容开放、兼容并包的宗教政策，因而渐趋呈现出一种三教（传统儒家、本土道家以及以佛教为代表的外来文化）并存、共同发展的平稳态势；同时因历代政治需要的差异以及统治者个人喜好不一，三者之间的主次关系不断得到调整，其相互摩擦与相互斗争更促成了唐代以后宗教活动的整体繁荣。古代儿童宗教舞蹈继汉魏时期得以成熟和定型之后，其发展的脚步并未戛然而止。受社会政治、经济、文化，特别是宗教等多方因素的影响，唐宋至明清时期儿童宗教舞蹈在更为广阔的范围内延续和发展下来。

1.宫廷宴享活动中儿童舞蹈的兴盛

唐宋至明清时期，儿童娱乐舞蹈的兴盛发展首先体现在宫廷宴享娱乐活动中。在古代社会，宫廷宴享用舞乃是一个至久的传统，然而有儿童参与表演的现象并不早见。从现存史料来看，古代儿童宫廷宴享舞蹈的发展以唐宋时期最为典型。

唐代儿童"三大乐舞"的出现及其技艺性与表演性水平空前提高。一如唐代在古代舞蹈史上印刻着辉煌与成就一样，在古代儿童舞蹈的发展历程中，唐代亦是一个具有标志性意义的时代。在唐代宫廷宴享娱乐活动中不仅出现了三部以娱人为目的的具有独立表演特征的儿童舞蹈作品，且其技艺性、表演性均已达到前所未有的水平。

《庆善乐》产生于歌颂太宗文治之功的需要，诞生在贵族阶层的酒席宴享之中。在表演形制方面，该舞沿袭西周宫廷雅舞的"八佾"之制，由舞童六十四人表演，其中"进德冠，紫大袖裙襦，漆髻皮履"的舞蹈服饰以及安徐娴雅、雍容雅致的舞风舞貌充分显露出对表演性的追求。此外，《庆善乐》与《破阵乐》《上元乐》并称为"唐代三大乐舞"。一个儿童舞蹈在古代能够拥有如此评赞，可见其规模、阵容及气势都尽显大气风范，而不属于《屈柘》《解红》等精巧雅致之列。

其次，《屈柘》与《解红》的出现意味着唐代宫廷宴享活动中儿童舞蹈表演性与技艺性的高水平。

《屈柘》为女童双人舞，由《柘枝》发展演变而来。《乐府诗集》《柘枝词》题解引《乐苑》中这样描述："羽调有柘枝曲，商调有屈柘枝，此舞因曲为名。用二女童，帽施金铃，抃转有声，其来也，于二莲花中藏，花坼而后见，对舞相占，实舞中雅妙者也。"

不难看出，《屈柘》属无具体情节的抒情性表演舞蹈。其"帽施金铃，抃转有声"的舞蹈服饰、"于二莲花中藏，花坼而后见"的开场方式以及"对舞相占"的表演形式都体现出很强的观赏性，特别是"实舞中雅妙者也"的高度评价更体现出精湛的技艺性与表演性水平。由此可见，《屈柘》的产生标志着儿童舞蹈发展到唐代已经进入独立性的表演阶段。它摆脱了此前儿童舞蹈浓重的政治色彩，以娱人表演为主要目的，无论从功能还是从表现形式来看都是一个巨大的进步。

《解红》产生于唐代末期，亦为女童双人舞。该舞用《解红歌》伴奏，极具表演性与观赏性。五代诗人和凝《解红歌》题下自注："唐有儿童解红之舞。"其诗云："百戏罢，五音清，解红一曲新教成，两个瑶池小仙子，此时夺却柘枝名。"当然这里并没有对《解红》的具体舞容舞貌进行细致的描述，但从"此时夺却柘枝名"来看，《解红》的审美规范和风格较《屈柘》而言似一脉相承却又更胜一筹。从《屈柘》到《解红》，古代儿童娱乐表演性舞蹈至唐末已经发展到一个相当高的水平。这不仅体现在舞蹈作品本身的技巧性，而且体现在舞者的服饰。

此外，据史料记载："太和三年正月，入为太常卿。文宗以乐府之音，郑卫太甚，欲闻古乐，命涯询于旧工，取开元时雅乐，选乐童按之，名曰《云韶乐》。"《云韶乐》集器乐、歌、舞为一体，采用宫廷燕乐制，分堂上堂下表演。表演时由童子五人衣绣衣、执金莲花以导，舞者三百人，遇内宴乃奏，营造出一幅美轮美奂的仙家境界。不难看出，《云韶乐》产生于统治阶级崇仙尚道的精神需求，其风格蕴含浓厚的道家色彩。虽为雅乐，却非祭祀之乐，而属典雅清丽之列。

2. 宋代"小儿队"的出现及其程式化、规范化表演形制的成熟与定型

如果说唐代儿童宫廷娱乐舞蹈在技艺性与表演性方面得到空前发展和提高，那么到了宋代，宫廷宴享娱乐中的儿童舞蹈则渐趋走上一条理性化的发展道路。程式化与规范化作为宋代儿童宫廷宴享舞蹈发展的特色及主要成就，体现在宫廷"小儿队"中。

宋代"小儿队"共包括十个部分，分别是柘枝队、剑器队、婆罗门队、醉胡腾队、浑臣万岁乐队、儿童感圣乐队、玉兔浑脱队、异域朝天队、儿童解红队、射雕回鹘队，其中大部分从康舞继承发展而来。由于统治阶级娱乐宴享的审美需要，以及宋明理学思潮的影响和舞蹈艺术职业化的推动，这支由小儿组成的专业舞蹈表演团队，担负着宫廷大宴及各种娱乐宴享活动中舞蹈表演的重任。

元丰九年（1086年），阁门言："大宴不用两军妓女，只用教坊小儿之舞。"王拱辰请以女童代之。由此可见，"小儿队"在宋代宫廷宴享娱乐活动中的重

要地位。"小儿队"为宋代宫廷宴享乐舞建制，从管理到训练再到演出，都有一套完备的机制。例如，"每遇内宴前一月，教坊内勾集弟子小儿，习队舞，作乐杂剧节次"。此外，在具体的宫廷大宴中，关于"小儿队"的出场次序、表演形制等也都有明确规定。《宋史·乐志》记载，每春秋圣节三大宴，"小儿队"舞作为第九项程序登场。

从上述史料来看，宋代宫廷"小儿队"舞在第五盏御酒之后表演，并且每个步骤都按部就班地进行，显然遵循着特定的程式规范。由此可以看出，儿童宫廷娱乐舞蹈发展到宋代，已然有别于唐代技艺性与表演性的审美追求，而是朝着程式化、规范化的方向发展。

儿童宫廷宴享舞蹈继唐宋时期兴盛发展之后，也不乏废弃、遗用之时，如乾道后不置教坊，"命罢小儿及女童队，余用之"。但在此后的宫廷生活中仍旧可以见到儿童作舞的现象，如元代继承了宋代宫廷小儿队舞的形式，名曰"舞队"。据《元史·礼乐志》记载，元正受朝仪中，"……引登歌者及舞童舞女，以次升殿门外露阶上。……俟前行色曲将半，舞旋列定，通赞唱曰'分班'，乐作。……前行色降，舞旋至露阶上，教坊奏乐，乐舞至第四拍，丞相进酒，皇帝奉觞。"

朝会用礼乐队中，"次六队，童子五人，三髻，素衣，各执香花，舞蹈而进，乐止"。到清代，宫廷大宴中仍旧有儿童舞蹈娱乐表演的现象。例如，《皇朝通志》卷六十三中记载："文武乡会筵宴用五魁舞，歌童舞人，衣五魁衣，进舞。"

3."民俗节庆"活动中儿童舞蹈的繁荣

自汉代百戏乐舞兴起以来，民俗节庆活动中的儿童舞蹈逐渐得到发展。一方面，伴随着商业经济的高度繁荣与市井文化的兴起，至两宋时期京瓦伎艺之舞与城乡舞队得到普及和兴盛；另一方面，明代以后民族关系的融合以及民间自娱性活动的兴盛，使明清时期各种民俗节庆活动中的儿童舞蹈更是得以繁荣发展，其技艺性、趣味性的审美取向更将儿童民间舞蹈推向历史发展的顶峰。

儿童"乘肩而舞"表演形式的兴盛及其技艺性水平的提高。"乘肩而舞"是古代民俗节庆活动中盛行的一种由儿童站在成人肩上作舞的表演形式。据史料记载，早在汉、唐乐舞百戏中便已有类似的表演形式出现。张衡《西京赋》中记载："尔乃建戏车，树修旃，侲僮程材，上下翻翻，突倒投而跟絓，譬陨绝而复联。百马同辔，骋足并驰。撞末之伎，态不可弥。弯弓射乎西羌，又顾发乎鲜卑。"

到了宋代，由于受到市井文化的影响，儿童"乘肩而舞"得以拥有更为广阔的发展空间。仅从现存史料来看，宋代以"乘肩而舞"为基本样式的舞蹈名目繁多，如《梦粱录·伎乐》记载，"街市有乐人三五为队，擎一两女童舞旋"。《武林旧事》中亦记载有女童"乘肩舞队"之事气。南宋耐得翁在《都城纪胜》中也曾记载，"肉傀儡，以小儿后生辈为之"。虽然如何为之并未说明，但据冯双白分析，"肉傀儡"的表演，与"乘肩"十分相似。表演时是由一个人当"底座"，肩膀和身上绑缚一个支架，支架上再绑立一名儿童表演者，边走边舞。因此，这些舞蹈均属同系，仅异名而已。宋代以后儿童"乘肩而舞"的表演形式于民间历代流传。直至今天，仍有这一舞蹈表演形式的存在。例如，安徽的"抬阁"、宁夏的"高台"、黑龙江的"背歌"、北京的"蝴蝶会"等。

4.儿童《竹马舞》《狮子舞》的普遍兴盛及其趣味性的审美追求

《竹马舞》是古代民俗生活中尤为盛行的一种儿童舞蹈，最早出现在东汉时期。《后汉书·郭杜孔张廉王苏羊贾陆列传》中曾记载过"童儿数百，各骑竹马，道次迎拜郭伋"之事。此后，《三国志·魏书》《晋书·列传》《新唐书·列传》中也曾多次记述儿童戏竹马的史实。不过，从现存史籍记载来看，《竹马舞》作为民俗集会与节庆活动中的儿童舞蹈活动自南宋起才得以普遍发展，甚至今日仍兴盛不衰。例如，南宋苏汉臣绘《百子嬉春图》中有儿童舞竹马场面的形象描绘。山西省稷山县马村墓（一号）舞亭四侧的牡丹栏前也雕有一幅小儿戏竹马图。辽宁省朝阳出土的辽墓中亦有儿童舞竹马的形象。此外，故宫博物院所藏明代青花婴戏纹盒、明代青花墩子碗等也有类似图案。

《狮子舞》是南宋以后民俗节庆活动中极为盛行的儿童舞蹈节目之一。南宋苏汉臣的《百子嬉春图》中绘有"狮子舞图"。其中共有六个小儿：由两个小儿披着狮皮，一个小儿在前牵着狮子，旁边三个小儿正在观看，组成一幅栩栩如生的童子戏狮场面。另外，山西新绛县南范庄出土的金代砖雕中亦有儿童舞狮的形象描绘。中间为人扮的假狮，前面有一小儿牵引逗弄，左上方有一小儿敲锣指挥，狮身后面还有小儿持球追赶。其以舞作乐、戏在其中的趣味性、游戏性特征显露无遗。

第二节 儿童舞蹈的基本舞步

在儿童舞蹈中，根据儿童生理、心理的特点，本着集教育性、科学性、趣味性和创造性为一体的原则，综合了各种类型的儿童舞蹈，有基本步法、动作组合、律动、歌表演、集体舞、小歌舞等。这些内容既可以直接向儿童传授，也有利于学生自身舞蹈能力的提高。

通过儿童舞蹈的教学，使学生了解掌握儿童舞蹈的表现形式、特点及规律，培养学生对儿童舞蹈的兴趣和感情，为以后从事儿童舞蹈教学及儿童舞蹈创编打基础。

儿童舞步是儿童舞蹈的基础和重要组成部分。走、踢、跳是使人体运动起来的基本元素，也是人体自身具备的基本节奏。把儿童舞蹈中常用的舞步，归纳为走、踢、跳三大类共22种。

一、走类

（1）走步：① 自然走步，与普通走步相同，一拍一步。走步时挺胸、收腹、收臀，手臂可前后交替或左右横摆。② 绷脚走步：走步时动力腿绷脚，直膝向前踢起25°。③ 半脚尖走步：走步时主力腿在半脚尖立起的状态上，动力腿可同自然走步，也可同绷脚走步。④ 吸腿走步：走步时，动力腿绷脚吸起。

（2）小碎步做法：正步准备。双脚跟提起，前脚掌快速小步交替均匀地踏地，双膝放松稍弯曲。可向前、向后、向左、向右或原地旋转走圈。

（3）小跑步做法：正步准备，半拍一步。每拍的前半拍左脚向前跑一小步，同时右脚离地，膝微屈；后半拍右脚向前跑一小步，同时左脚离地膝微屈。依次交替连续进行。跑动时，两腿交替向前提膝，脚尖自然下垂，前脚掌落地，给人以欢快轻盈之感。步子应小而快，速度均匀，有弹性。

（4）点步：① 脚尖点步做法。② 跟点步（勾脚脚跟点）做法。③ 交叉跟点步做法。

（5）踏点步：① 原地踏点做法。② 一步一点做法。③ 三步一点做法。

（6）踵趾步做法；小八字步准备。两拍完成：第一拍，右脚跟向右点地，同时左膝稍屈，身体略向右倾斜；第二拍，右脚跟向后点地，同时双膝直起，身体略向左前倾。踮趾步出脚的位置可变化（如前踮步、侧踮步等）。踮趾步也可分解训练或与其他舞步结合起来练习。

（7）进退步做法。

（8）十字步做法。

（9）踮步做法：① 三拍完成。② 二拍完成。

二、踢类

（1）踏踢步：① 原地踏踢；② 一步一踢，二拍完成；③ 三步一踢，四拍完成。

（2）前踢步：① 主力腿直；② 主力腿屈伸。

（3）旁踢步（娃娃步）：① 主力腿直；② 主力腿屈伸。

（4）后踢步：① 主力腿直；② 主力腿屈伸。

（5）踢毽步：小八字步准备。四拍完成。

（6）铃铛步：小八字步准备。

三、跳类

跳类包括：① 蹦跳步；② 跑跳步；③ 踏跳步；④ 跳点步；⑤ 前跳踢步；⑥后跳踢步；⑦ 滑步。

教学建议：儿童基本舞步是根据儿童动作发展的一般规律和目前我国儿童舞蹈中实际运用的步法，经过归纳、提炼规范化而成的，便于舞蹈教学。因此，这些舞步只是基本的，而不是全部。

在教学过程中，可根据基本舞步的规律特点，结合儿童动作发展水平及儿童舞蹈表现的需要，通过对基本舞步的速度、重心、节奏、行走方向、步幅大小等的不同变化，以及对舞步的分解和交替综合运用，组织培养学生创编出丰富多彩、适合儿童动作发展水平、善于表达儿童思想情感的儿童舞步，为儿童舞蹈的创编积累素材。儿童基本舞步的学习与巩固可结合舞蹈的身体基本训练和儿童舞蹈的学习来完成。

（1）宝宝式：双臂交叉，两手掌心向下，手指分别搭于另一手臂的大臂处。

（2）花朵式：双臂屈肘于胸前，手腕相靠，掌心向上呈花朵状。

（3）睡觉式：双手在左肩处合掌，头向左倾如睡觉状。

（4）交叉式：双臂屈肘于胸前，手腕交叉立掌。

（5）指脸式：双臂屈肘，双手单指于脸腮处，手心向上。

（6）哈哈式：双臂屈肘于头两侧前方，五指分开，掌心向前、左、右快速摆手。

（7）高低式：左手斜上位高举，右手侧斜下位伸直，手背向上。也可做相反方向的高低式。

（8）吹号式：头扬起，右手握空拳放在嘴前，如吹号状。

（9）扶望式：右手五指伸直、并拢，放在头前。

（10）敬礼式：右手五指伸直并拢，放在右太阳穴处。

（11）握枪式：双手握拳，左手放在左肩前，右手放在右胯处，拳心向里。

（12）扛枪式：右手握拳放在右肩处。

第三节　儿童舞蹈与素质教育

美国著名舞蹈家沃尔特·特里曾从人的身体素质、心理素质两方面概括说明了舞蹈教育对高素质人才培养的重要作用："通过舞蹈训练能使学生增强体质，改进动作协调性，提高动作的韵律感、节奏感，增强模仿能力，培养正确的基本姿态。在情感方面，舞蹈对学生适应团体活动、接受领导、遵守纪律都有帮助，对学生个人的言行举止、表情达意也有助益。"

在人类历史上，舞蹈教育由来已久。在古希腊，人们很早就重视多种教育的有机结合，首先提出"和谐发展的人"的观点，并推行人的健康体魄与高尚美德相结合的教育理念。

从文艺复兴时期起，许多欧洲国家纷纷开始兴起宫廷舞蹈教授活动，通过舞蹈培养贵族们的仪表、气质。舞蹈成为当时提高贵族素质教育的重要组成部分。在中国，早在西周时期，贵族中就将"诗""乐""舞"三位一体作为素质修养的要求。

随着社会的发展、时代的进步，在"一切为了孩子，为了一切孩子，为了孩子的一切"的新时期教育理念下，我国舞蹈教育正以其独特的功效在培养高素质社会主义接班人的教育活动中，发挥着不可或缺的重要作用。舞蹈教育是进行美育教育的最具广泛性的形式之一，是素质教育的重要组成部分。开展舞蹈教育具有推动儿童全面发展的优势，是面向儿童实施素质教育的良好手段。儿童舞蹈教育的主要目的应该是提高素质、培养兴趣，提高儿童的身心素质、审美修养，逐渐形成独立、自信的个性。因而，儿童舞蹈教育要避免过早强化儿童对舞蹈技术方面的要求，主要对儿童进行舞蹈的基本节奏训练、身体协调性的练习和激发儿童在舞蹈方面的创造力，调动儿童学习舞蹈的兴趣。科学的舞蹈艺术教育对儿童身体成长、品行素质、自身修养、良好体质、身体协调、想象力、创造力及智力发展等方面都起着很大的促进作用，有利于推动儿童素质全面提高，具有其他课堂教育所无法代替的积极效果。

一、舞蹈教育能提高儿童身体素质

经常组织儿童参加生动、活泼的舞蹈教育和艺术活动，可以增强他们的体质，促进骨骼、肌肉、呼吸系统、神经系统和循环系统的生理机能发育。舞蹈训练可有效提高儿童身体各部分的协调性和灵活性，纠正"驼背""抠胸""端肩"等不良姿势。

儿童处于生长发育关键期，这个阶段骨骼还没有完全骨化，肌肉细长而且柔嫩，神经系统的鞘化过程还没有完成，血管发育的速度大于心脏的发育，血液循环量需要较大，呼吸频率也快，脉搏频率比成人高，身体缺乏耐力，易于疲劳，不易做过于激烈的运动和高强度的肢体动作，否则心脏负担过重，肌肉和骨骼压力过大，会影响儿童正常发育，损害身体健康。这就要求舞蹈教师必须要把握儿童生理发育基本常识，运用科学的舞蹈训练方法进行舞蹈教学和实践，以确保儿童在舞蹈教学过程中身心健康不受伤害。

儿童活跃、好动，对事物的感知缺乏目的性，注意力极易分散，表现为不持久、不稳定，极易被感兴趣的、新颖的内容所吸引。舞蹈教学训练要求儿童按动作要领去完成每个肢体动作，又需要根据节奏不断改变身体姿势和动作方向。儿童每掌握一个动作，都需要具有高度的注意力。所以，舞蹈老师在舞蹈教学过程中，首先选择儿童喜欢的音乐，并选择符合其心理和喜好的主题进行训练；其次注意把握教学节奏，有张有弛；最后就是增强老师的亲和力，在语言上、态度上、动作示范等方面都要赢得儿童的好感。通过教师的指导和引导，可以逐渐增强儿童在舞蹈训练过程中的注意力和兴趣，提高儿童注意自己的动作与周围小朋友的动作相配合和一致性的意识，这样就潜移默化地提高了儿童的自控能力。

舞蹈不仅与其他体育类活动一样，具有锻炼身体的功效，同时还是追求真、善、美的人体动态的艺术训练。接受过舞蹈训练的儿童，一般仪表端庄、举止得体。这种形体特点为他们今后得体地待人接物打下良好的基础。

二、舞蹈教育能促进儿童心理健康

儿童时期是人的行为、性格迅速发展的关键时期。在这一时期，由于身心变化比较快，文化知识及社会经验不足，儿童很容易产生不健康的心理，导致心理问题或心理疾病。

舞蹈是快乐的艺术，能开阔儿童的眼界，增强他们的自信心，培养他们开朗活泼的个性。经过舞蹈训练的儿童，能让人感受到大方活泼、开朗美好的气质，这使他们充满自信心和自豪感。舞蹈训练是艰苦的，需要儿童具有坚强的意志品质和吃苦耐劳的精神。

居住在城市封闭、冷峻高楼里的儿童，通过舞蹈还可以得到心灵沟通和感情交流，产生群体意识。舞蹈训练中教师要求儿童队形整齐、动作一致，这就需要儿童互相配合、团结合作。这种"随风潜入夜，润物细无声"的教育胜于苦口婆心的说教，儿童更乐于接受。

儿童在正规而有规律的舞蹈学习过程中，心理素质和生理素质都经受了锻炼。笔者通过调研发现，幼儿园阶段，儿童通过科学、正规的舞蹈训练，进入小学后智力得到很好的开发，感受美、表现美的能力也得到提高，性格比一般的儿童更为活泼开朗、乐于助人、吃苦耐劳、个性坚强，竞争意识和团队意识明显增强。笔者认为通过舞蹈教育不仅能使儿童了解和感受舞蹈艺术，还能使其形体、言行举止、性情等得到良好规范。

儿童通过舞蹈形体训练，可以培养气质、改善体质、形成健康体型，及时矫正一些不良习惯导致的形体毛病，并有助于儿童增强自信心；协调的舞蹈动作有助于儿童大脑的发育，使肢体更灵活，身体各部位更加协调；规范的教学方法和活泼的节奏训练能有效提高儿童的耐力和灵活性，还能培养儿童坚强意志，增强吃苦耐劳的精神，有利于促进儿童培养自尊、自爱、自强、自信的健康个性。

三、舞蹈教育有助于儿童智力发展

舞蹈非常符合儿童爱动、爱跳、爱模仿的特点，也很符合儿童通过感知和具体表象来认知世间万物的心理特点。

舞蹈动作是无声的肢体语言，儿童必须靠丰富的想象力和心灵的感悟去模仿这些动作，体会这些动作所要表达的含义。这种学习方式恰好能激发和启迪他们产生丰富的联想，开拓他们创造性的思维。例如，教授儿童舞蹈《青蛙回家》时，教师先启发儿童联想自己所见过的青蛙的形象，让儿童自己去模仿青蛙跳的动作。然后帮助儿童规范动作，再将青蛙跳与舞蹈作品的情感相融合，表演小青蛙回家的喜悦场景。

除此之外，舞蹈有助于锻炼儿童注意力的集中。因为教师在示范舞蹈动作时，儿童必须记住舞蹈动作的动律、动作路线、内在情感及节拍，将这些信息输入大脑并尽快用身体表现出来。这些没有注意力的高度集中是不可能完成的。

儿童活泼好动、好奇心强、求知欲高，对各类事物都善于幻想，并通过想象得到巨大的乐趣和满足。在对儿童进行舞蹈教育时，要尊重儿童展示动作的愿望和能力，不要限制儿童创意上的创新和肢体动作上的自由度，让儿童在自由宽松、欢快愉悦的舞蹈课堂氛围中感受舞蹈艺术的魅力，迸发出丰富的想象力。

爱因斯坦认为："想象力比知识更重要，因为知识是有限的，而想象力概括着世界上一切，推动着进步，并且是知识进化的源泉。"舞蹈本身就是通过想象而创作出的艺术形式，每一个儿童对不同舞蹈音乐、舞蹈动作、舞蹈作品及舞蹈感觉都会有不同的理解和感受。笔者在教学实践过程中改变过去让儿童注重模仿的教学形式，支持和帮助儿童在舞蹈教育过程中充分发挥想象。根据老师的提示和引导自主展示自身的肢体语言表达情感，有助于调动孩子的抽象思维和对事物的感受、理解能力。把教学过程变成儿童主动探索的活动，可以积极有效地开发儿童的潜能。笔者在教《采蘑菇的小姑娘》的时候，先给孩子们听熟这首儿歌，让参加示范表演的小女孩光着小脚丫并背上一个道具小背篓，想象清晨踩着露水在一片绿树葱葱的森林中采摘鲜嫩蘑菇的场景，并让其根据音乐节奏自由施展肢体动作，充分发挥想象力并自己去表现。这样可以激发孩子的学习兴趣，同时抓住其他儿童的好胜心理，积极性和创造性都得到调动，全体儿童参与表演的主动性和愿望得到增强。

四、舞蹈教育维系着团队精神和民族精神

每个孩子的家庭条件、性情品质都有差异，目前多为独生子女，容易养成霸道、孤傲、不合群等性格和脾气，不利于孩子今后的成长和发展。儿童阶段的舞蹈教学和训练可以培养他们的团结友爱好品质，鼓励孩子勇于拼搏，敢于尝试。这不仅锻炼了孩子的意志，增强了孩子们吃苦耐劳的精神，而且有效帮助儿童消除性格中的不利因素。

儿童舞蹈以集体舞为主，在训练过程中，强调相互协调、整体配合、整齐划一，每个人、每个动作都需要相互兼顾。笔者在实践教学过程中经常以美好、生动、活泼、符合儿童特性的舞蹈主题和动作让孩子之间进行交流，让他们亲身体验、自主展示。无论是队列的编排、动作的规范，在老师和家长的帮助下，大多数孩子都能相互进行提醒、纠正。这时每个孩子都不能以自我为中心，必须根据老师的口令或音乐的节奏展示动作。孩子们相互比较、相互帮助、相互影响，慢慢地就会在心中形成集体主义和团队精神，从而达到教学效果。

笔者在对孩子进行舞蹈编排时选择《我们的祖国是花园》《我爱北京天安门》等歌曲，激发孩子的爱国热情；选择《学习雷锋好榜样》让孩子从小养成助人为乐的良好品质；选用《劳动最光荣》鼓励孩子从小学会劳动、尊重劳动、热爱劳动的好习惯。舞蹈艺术将德育渗透到儿童的日常生活，在孩子们幼小的心灵上留下深深的印记，将会影响孩子一生。

舞蹈教育是美育教育中最直观、最形象、最生动的教育。在儿童中开展广泛的舞蹈教育，不仅有利于儿童身体的健康成长，培养和提高儿童的审美意识和审美能力，而且对提高他们的智力、道德品质起到积极的促进作用。因此，我们应当重视儿童的舞蹈教育，积极创造条件使更多的儿童能够接受舞蹈教育，让儿童舞蹈教育成为促进儿童全面发展的重要途径。

如果说身体健康维系着一个民族的生存，那么体态气质、行为举止则表现出一个民族的精神面貌和创造精神。健美的体魄、蓬勃的精神面貌，是新时期中华民族所应具备的现代文明气质。

想要全面提高整个中华民族的综合素质，必须不折不扣地贯彻落实我国的教育方针，培养德、智、体、美全面发展的人。通过舞蹈教育培养和提高广大儿童的综合素质，是行之有效的途径之一。

综上所述，舞蹈教育既是一种艺术教育，又是一种情感教育。它不仅能塑造人的外形，还能作用于人的内心，使受教育者在舞蹈美的陶冶下，求真、向善、尚美。因此，从本质上说，舞蹈教育是一种"塑造人"的伟大工程。

值得关注的是，舞蹈教育的功效不限于对个体素质的培养和陶冶，对群体素质的建构和培养作用也是巨大的。在培养个体综合素质的同时，对受教育群体的思想行为产生影响，进而影响社会生活、社会生产，使整个社会文明得到进一步提高。

因此，普及舞蹈教育不仅是培养儿童综合素质的迫切需要，同时是造就良好社会风气和提高社会文明的要求。

第四节　我国儿童舞蹈教育的发展与现状

一、中华人民共和国成立以来我国儿童舞蹈教育的发展

舞蹈教育要从娃娃抓起，儿童舞蹈在舞蹈百花园中起着其他任何舞种都无可替代的作用。

我国儿童舞蹈教育的发展是和儿童舞蹈事业的发展分不开的。我国的儿童舞蹈事业，道路虽然曲折，但取得了可喜的成绩。特别是中华人民共和国成立以来，儿童舞蹈事业稳步发展，大致经历了起步、崛起、腾飞三个历史阶段。

（一）中华人民共和国成立至 20 世纪 70 年代——起步

1949 年 10 月 1 日，中华人民共和国成立，开启了中国历史的新纪元。新中国的儿童舞蹈事业以此作为开端，迈出了前进的脚步。在毛泽东提出的"百花齐放，百家争鸣""古为今用，洋为中用""推陈出新"等文艺方针的指导下，新中国儿童舞蹈编导、儿童舞蹈教育家们满怀激情，紧随着国家的文艺方针和政策，将儿童舞蹈与革命事业、社会主义建设、劳动生产等紧密结合起来。

"文化大革命"时期，儿童舞蹈事业受到影响。1976 年，党中央恢复中国儿童艺术剧院等艺术单位的名称和建制，儿童舞蹈教育事业肩负着培养和造就身心健康的中华民族新一代的重任，开始大踏步迈向发展的新时期。

（二）20 世纪 80 年代——崛起

20 世纪 80 年代是新中国儿童舞蹈事业迅速崛起的重要时期。在近 10 年时

间里，各种关于儿童舞蹈的座谈会、交流会、展演活动等给儿童舞蹈的发展注入了新鲜的血液和充足的养分。

1982年3月，文化部、全国儿童艺术委员会、中国舞蹈家协会、中国儿童歌舞研究会共同召开"全国儿童歌舞座谈会"。28个省、市、自治区的90多位少儿工作者参加了会议，盛况空前。

1985年10月，"全国少儿舞蹈创作座谈会"在江苏溧阳召开。会议就如何表现富有中国特色的新时代儿童的精神面貌，塑造少儿典型形象，体现少儿情趣和特点，克服成人化、概念化等问题进行讨论。

1987年7月，"全国少儿舞蹈创作培训"在大连举行。全国13个省、市、自治区的代表参加，学习了儿童舞蹈编导的职责和修养、舞蹈专业特点、选材结构、少儿心理学等课程。

1989年5月，由文化部、原国家教委、广播电影电视部、中国舞蹈家协会、全国儿童文化艺术委员会等12个单位联合主办了为庆祝新中国成立40周年和"六一"国际儿童节而举办的"儿童歌舞会"。经过选拔，汉族、维吾尔族、蒙古族、朝鲜族、苗族、土家族等18个民族的2300多名儿童和美国、日本、英国等8个国家的16个侨团组织参加会演，阵容庞大。

上述大大小小不同规模的交流活动，拓宽了儿童舞蹈工作者们的舞蹈视野，促进了经验交流，为探索儿童舞发展的新路子铺设了良好平台。20世纪80年代涌现出一批优秀的儿童舞蹈作品，如《小球迷》《步步高》《少先队进行曲》《我和风筝》等，这些作品开始关注儿童自身的生活、心态，寻找儿童的动作语言，为我国儿童舞蹈事业的腾飞奠定了坚实的基础。

（三）20世纪90年代后——腾飞

20世纪90年代后，随着我国的迅速发展，人民物质生活水平的提高，儿童舞蹈的发展犹如腾空而起的小鹰，令人瞩目。全国"蒲公英奖""小荷风采奖"等大型儿童舞蹈赛事和"国际青少年舞蹈比赛""国际艺术节"等一系列国际舞蹈交流比赛，在中国儿童舞蹈界掀起了摘金夺银的浪潮，并由此催生了一大批优秀的儿童舞蹈作品。

"全国第二届小荷风采"少儿舞蹈比赛中脱颖而出的儿童舞蹈《向前冲》，无论是国内观众还是国际友人，看过后都赞不绝口。

郭子微创作的《上海童谣》，精选流行于上海的七首民间歌谣，舞蹈有唱、有跳、有说，手法新颖独特，形式别具一格。

《梨园新传》以舞蹈的视角表现中华传统文化中特色鲜明的地方剧种，既有潮剧的身影又有舞蹈的形象，表现了地方传统剧种后继有人的喜人局面。

《小荷才露尖尖角》则另辟蹊径，以朵朵花蕾幽静地停浮于荷塘水面的形态，创造出精美的意境。

《电脑娃娃》《红星闪闪》《远方的声音》《花裙子飘起来》《小蚂蚁》《小兰花》等大量优秀作品，题材新颖，童趣盎然。儿童舞蹈还在"中国艺术节""全国群星奖舞蹈比赛""CCTV电视舞蹈大赛"等大型舞蹈比赛中显示出较高水平，似一朵朵艳丽的小花，点缀着中国舞坛。

除了赛场上的百家争鸣，全国各地还争先恐后地办起了少儿舞蹈专场晚会。北京民族文化馆举办了"徐秋萍少儿舞蹈作品专场晚会"、上海举办了"郭子微儿童舞蹈专场《蓝天下的博士娃》"、广东汕头市举办了"黄文宣舞蹈作品展示会"、沈阳市和平区少年宫承办了"孙玉秋满族儿童舞蹈专场"，还有"陈柏桦儿童舞蹈作品集锦""杨帼萌儿童舞蹈晚会""蔡茵儿童舞蹈专场晚会"等。大批优秀的儿童舞蹈专家和儿童舞蹈专场进入人们的视野，少儿舞蹈艺术在全国各地的蓬勃发展景象，令人欢欣鼓舞。

随着儿童舞蹈事业的蓬勃发展，我国儿童舞蹈教育也得到广泛推广和普及。各地少年宫、少儿舞蹈培训中心、学校第二课堂的舞蹈教学如火如荼地进行。

1986年，由北京舞蹈学院孙光言主编的儿童舞蹈普及型教材《中国舞考级教材》第一版问世，给热爱舞蹈的群体送来了科学、系统、全面地学习儿童舞蹈的优秀课外舞蹈课本。

之后，北京舞蹈学院编写的《儿童芭蕾舞考级教材》、潘志涛主编的《儿童民间舞教材》、中国舞蹈家协会编写的教材《快乐小舞星》、吉林延边朝鲜族自治州编写的《朝鲜族儿童舞考级教材》等高质量的少儿舞蹈普及型教材相继出版和推广。儿童有了更多、更丰富的校外舞蹈用书，也有了评价和检验自身舞蹈水平的良好平台。

二、我国儿童舞蹈教育的现状

我国目前的儿童舞蹈教育由校园内的舞蹈教育和校园外各种形式的舞蹈教育共同构成。经过大半个世纪的艰辛历程，校园内的舞蹈教育初具规模，随着新课标教学改革的逐步推行，迎来了学校舞蹈教育前所未有的繁荣景象。校园外各种形式的社会舞蹈教育，随着时代发展和社会需求的变化，不断创造出新的业绩，与校园内的舞蹈教育互相补充，在培养和提高我国下一代身心素质的工作中发挥着重要作用。

（一）校园内的儿童舞蹈教育

服务于素质教育的校园内儿童舞蹈教育，包括幼儿园舞蹈教育、小学舞蹈教育、中学舞蹈教育。

1992年，原国家教育委员会颁发的《儿童师范学校舞蹈教学大纲》《中等师范学校舞蹈教学大纲》中，明确对舞蹈的教学内容做出了指示，开始重视基础师资培养中的舞蹈教育工作。

1995年，全国第八届人大第三次会议通过的《中华人民共和国教育法》规定："培养德、智、体等方面全面发展的社会主义事业的建设者和接班人。"这一规定对素质教育进校园起到巨大的推动作用。

进入21世纪，在新的教育体制下，舞蹈教育以培养儿童感受美、表现美、鉴赏美、创造美的能力，促使儿童追求人生的情趣与理想境界为目标在幼儿园、小学得到极大普及，与音乐教育、美术教育一样正式进入基础教育的课堂。

中学舞蹈教育虽然没有像幼儿园、小学舞蹈教育那样得到热捧，但也正逐步得到重视。目前我国经济发达地区，如北京、上海、广州、深圳等一部分中学已配有专业的舞蹈教师，有舞蹈课、舞蹈团，并将舞蹈教育作为学校的特色教育。有的中学将舞蹈与音乐课相融合，开始向综合艺术教学发展。幼儿园与小学舞蹈教育的形式主要是与音乐课相结合和进入第二课堂。

1.音乐课与舞蹈教育

舞蹈进入音乐课堂后，改变了音乐课原来陈旧、呆板的唱歌教学模式，丰富了教学内容，在与音乐的相互结合中提高了儿童的艺术素质，发展了儿童的智力，培养了儿童的创新能力。

世界著名的作曲家、音乐教育家奥尔夫认为："语言、舞蹈和音乐是一个不能分离的行为，三者同出一源，密切相连。"

舞蹈在提升儿童艺术欣赏能力的同时，可以使儿童强身健体、塑造体形，这是音乐教育所达不到的。舞蹈与音乐牵手，让儿童在边唱边舞中获得愉快的感受与体验，这比单独的跳或唱更有成效。

以幼儿园音乐课《小燕子》为例。教师在教授歌曲《小燕子》时，可以引导儿童创编小燕子飞翔的动作、穿花衣照镜子的动作、盖房子的夸张动作等，让儿童在自编自演中培养想象力和创造力。这种边歌边舞的教学形式活泼生动，能够引起儿童的学习兴趣，非常符合儿童身心健康发展的需要。

音乐和舞蹈相结合，不仅能提高儿童上课的兴趣、陶冶情操，同时能培养他们欣赏动听的声音、纯美肢体语言的能力。众多实践证明，音乐与舞蹈融为一体的教学模式，非常适合低龄儿童的基础艺术教学。

2.第二课堂与舞蹈教育

第二课堂是为丰富校园文化生活，培养和发展儿童兴趣与特长而设置的正常教学之外的活动。第二课堂活动有舞蹈、器乐、书法等艺术类项目，有羽毛球、游泳等体育类项目，还有电脑、象棋、写作等其他门类的项目。儿童一般可根据个人爱好和特长选择喜欢的活动。

舞蹈第二课堂也称作"舞蹈兴趣班""舞蹈课外活动"。其教学比音乐课中的舞蹈教学更具规范性、专业性，教学场地配有把杆、镜子、音响等专业教学用具。多数情况是，星期一到星期五下午放学后，由本校的舞蹈教师带领学生进行舞蹈的常规训练。

从学校的校园文化建设来看，第二课堂的舞蹈教育活动是推动素质教育实施，加速素质教育向更高层次发展的快乐园地；从发展舞蹈艺术工程及展望舞蹈事业辉煌前景的需要来看，第二课堂的舞蹈教育活动是舞蹈后备军的主要发源地，是发掘舞蹈人才、输送舞蹈新苗的重要园地。

（二）校园外的儿童舞蹈教育

近年来，随着我国社会经济持续高速发展，人民物质生活水平大大提高，家长对子女素质培养的需求也随之迅速提升，许多地方涌现出各种形式的儿童舞蹈培训班和培训学校。

这些由社团或个人举办的儿童舞蹈教育培训，比校园内的儿童舞蹈教育更为自由化、多样化，拥有比较专业的教学资源，既方便了群众，又获得了一定的经济效益，产生了良好的社会影响。

1.少年宫

各地方的少年宫面向幼儿园和各年级中小学生招生，是由政府部门统一管理，针对有舞蹈爱好或在舞蹈方面具有一定特长的儿童，进行舞蹈教育活动的培训机构。

少年宫的舞蹈教师一般由专业舞蹈院校毕业的教师担任，他们不仅承担着大量的社区演出任务，还承担本社区舞蹈艺术教育的普及培训工作。少年宫的舞蹈艺术教育活动也吸引了大批喜爱舞蹈的儿童，为儿童提供了展示自身才华的广阔舞台。

2.培训中心

培训中心是由企业、街道或个人举办的具有一定规模的舞蹈培训机构。这类培训机构一般都有专业舞蹈教师指导儿童学习舞蹈技能，教学环境也比较接近少年宫。

考虑到消费者的不同学习需求，培训中心一般会开设芭蕾舞、民族舞蹈、拉丁舞、各类考级舞蹈等形式多样的舞蹈班。随着人们对人才综合素质认识的不断提高，许多家长越来越重视通过舞蹈来塑造孩子的艺术气质。因此，培训中心星罗棋布般一个接一个地出现，推动了校园外的舞蹈教育事业蓬勃发展。

3.小课班

在一些经济发达的城市，部分退休、在职的舞蹈教育工作者利用节假日或休息时间到学习者的家里或是在自己的住所给少数人授课。这种教育方式称为小课班。

一般来说，钢琴、声乐、美术等艺术门类比较适合上小课班，而舞蹈由于场地受限制，上门授课的情况比较少见。但是，这种舞蹈小课班的教育形式也开始悄然兴起，为部分有条件的儿童提供了学习舞蹈的方便。

无论是校园内的舞蹈教育还是校园外的舞蹈教育，都是实施素质教育的方式，是借助舞蹈实践活动，包括学习舞蹈、表演舞蹈、欣赏舞蹈等开展的有组织、有目的的一种教育形式。其宗旨是通过这种愉悦的艺术活动，使受教育者达到健体悦心、陶冶情操、培养美感、激发想象力和创造力的目的。

第五节　舞蹈的种类与常用术语

一、舞蹈的种类

舞蹈根据其作用和目的的不同，风格、体裁、表演形式的不同可做如下分类归纳。

（一）根据舞蹈的作用和目的分类

根据舞蹈的作用和目的，可分为普及型舞蹈和舞台型舞蹈。

1.普及型舞蹈

普及型舞蹈是渗透在普通教育中的，以儿童自我娱乐和素质培养为主要目的的舞蹈活动。普及型舞蹈教育能够有效促进儿童感知美和表现美的情趣。通过简单易学的动作、表情、姿态、情感、内心体验等多种心理和生理机能培训与表演，为儿童提供和构筑富于童心的审美欣赏与审美创造空间。舞蹈让儿童认识了世界，认识了真善美，培养了儿童感受美、欣赏美、追求美的能力。

2.舞台型舞蹈

舞台型舞蹈是由具有一定舞蹈基础和特长的儿童在舞台或广场上表演，供广大群众观赏的舞蹈。舞台型舞蹈中编导的创作、儿童的表演、服装、音乐、舞美都体现出一定的艺术水平，它能培养高水平的儿童舞蹈人才，也是引领儿童舞蹈事业向前发展的先锋。

（二）根据舞蹈的不同风格分类

根据舞蹈的不同风格，可分为古典舞、芭蕾舞、民间舞、现代舞和当代舞。

1.古典舞

古典舞一般指古典风格的传统舞蹈，是在民间舞蹈基础上，经过历代艺术家的提炼、加工和创造而形成的舞蹈。很多国家和民族都有自己独特风格的古典舞蹈，如欧洲的古典芭蕾舞、印度的婆罗多古典舞等。

我国汉族的古典舞，大多保存在戏曲舞蹈中。20世纪50年代，北京舞蹈学院对中国古典舞进行了研究、整理、复现和发展工作，建立了一套中国古典舞教材，形成了细腻圆润、刚柔相济、情景交融、技艺结合，以及精、气、神和手、眼、身、法、步完美和谐与高度统一的美学特色。

2.芭蕾舞

芭蕾是法语"Ballet"的音译。这是一个以欧洲古典舞蹈为主要表现手段，综合音乐、戏剧、舞台美术等艺术形式的舞蹈品种。它起源于意大利，形成于17世纪的法国，18世纪传入俄国，到19世纪成为流传最广、影响最大的舞蹈艺术。

芭蕾创造了足尖技巧，并有一套严格规范的训练方法。许多国家都有自己不同的芭蕾舞流派。中国在20世纪50年代开始发展芭蕾，相继建立了专业芭蕾舞团、芭蕾舞学校、艺术院校中的芭蕾舞专业等，培养了许多优秀的芭蕾舞演员。

3. 民间舞

民间舞是在人民群众中广泛流传，具有鲜明的民族风格和地方特色的传统舞蹈形式。我国是个多民族国家，在这个民族大家庭中，由于文化观念、生活习俗、宗教信仰、地理环境的不同，各民族形成了自己的民间舞蹈，其种类繁多，历史悠久，各具特色。

我国北方地区流传着东北踩高跷秧歌以及号称"山东三大秧歌"的鼓子秧歌、胶州秧歌和海阳秧歌等汉族民间舞蹈，南方地区则有云南花灯、菜花灯、香山花灯、莲花灯等数不胜数的花灯类舞蹈。而居住在草原、高原、山区、边疆地区各少数民族的舞蹈更是琳琅满目，各具鲜明特色。例如，草原上的蒙古舞强悍有力；西北的新疆舞体态挺拔、动作诙谐幽默；康藏高原上的藏族舞古朴优美；云南傣族的"孔雀舞""象脚鼓舞"等舞姿优美、矫健。

4. 现代舞

现代舞是19世纪末20世纪初，由美国舞蹈家伊莎多拉·邓肯（Isadora Dimcon）创作的一种舞蹈。其特点是摆脱古典芭蕾的程式和束缚，以自然的舞蹈动作自由地表现思想感情和生活。欧美的许多舞蹈家继承了伊莎多拉·邓肯的主张，又各自发展和创造了不同风格的现代舞流派。

现代舞在20世纪初传入我国。吴晓邦、戴爱莲、贾作光等当代舞蹈艺术先驱者将现代舞的自由与创新的理念融入艺术实践中，使现代舞在我国得到接受和发展。其中，吴晓邦被称为中国现代舞的拓荒者，他所创作的《义勇军进行曲》《游击队员之歌》《饥火》等舞蹈作品被评为"20世纪中国经典"之作，被视为"中国现代舞"的珍贵精神财富。

5. 当代舞

当代舞作为中国舞蹈的新舞种，是1998年首届中国"荷花奖"舞蹈比赛中提出并确立的，主要指广泛吸收而又不拘一格地运用我国传统舞蹈素材和外来艺术素材进行的创作和表演。该舞种的作品追求鲜明的艺术形象和丰富的民族审美情趣，反映我国当代社会生活和时代精神风貌。

20世纪50年代后，我国的舞蹈创作和表演在作品选材上鲜明地指向了中国人的当代生活和感情状态，对于中国戏曲舞蹈、芭蕾舞、西方现代舞中的舞蹈元素则采取了兼收并蓄的方式，在时间和舞种上比现代舞容纳的东西更加广泛。《哈达献给解放军》《天边的红云》《旧事女人》等一幕幕精彩的当代舞作品，因它们为人们所熟悉的题材，也因它们贴近生活、适合现代观众的审美口味，受到热烈欢迎。

（三）根据舞蹈表演的人数分

根据舞蹈表演的人数，可分为独舞、双人舞、三人舞和群舞。

1.独舞

独舞即单人舞，是由一个人表演，完成一个主题的舞蹈。独舞擅长刻画人物性格，抒发内心情感，要求表演者有较高的舞蹈技巧和较全面的艺术修养。在舞剧或集体舞中，独舞也称为领舞。

2.双人舞

双人舞指两个人一起（通常是一男一女）表演，共同完成一个主题的舞蹈。双人舞重在表现两个人之间的关系，通过舞蹈语言的交流、碰撞、对比、变化等塑造人物性格。双人舞要求两个人在感情、动作、舞蹈上配合默契，协调一致。在男、女各自的舞蹈中多是技巧性的表演，在共舞中均有托举技巧。

3.三人舞

三人舞是由三个人合作表演，共同完成一个主题的舞蹈。它是在双人舞基础上的扩充和变化，因而运用更多的手法表现三人之间错综复杂的人物关系和戏剧矛盾冲突。例如，舞蹈《金山战鼓》刻画了梁红玉和她的一子一女不屈不挠、气吞山河的英雄气概，同时又表现了三人之间母子情深、无比关切的人间之情；《天鹅湖》中的王子、天鹅、魔王展现了戏剧性的矛盾冲突。三人舞中个体与整体的处理，使舞蹈富于变化。

4.群舞

三人以上表演的舞蹈都可称之为群舞。群舞与单人舞、双人舞、三人舞不同，由于其可调动的舞蹈表演因素很丰富，因此可用舞蹈的队形、画面的流动等创造更丰富的艺术效果。群舞中演员整齐的舞蹈动作和精确的舞蹈节奏，是一种简单而又强烈的舞蹈形式美。群舞在视觉冲击力和渲染气氛方面比其他舞蹈更有优势。

（四）根据舞蹈性质分

根据舞蹈性质，可分为情绪舞蹈和叙事舞蹈。

1.情绪舞蹈

情绪舞蹈主要通过抒发人物的某种思想感情来展现舞蹈主题，感染观众。《向前冲》是儿童情绪舞蹈代表作。该舞蹈动作简单，篇幅短小，没有什么故事情节，只用急促紧密的节奏配上干脆利索、铿锵有力的动作，迸发出催人奋进、激越昂扬的冲击力，将孩子们一味向前的饱满情绪展现得淋漓尽致。

情绪舞蹈在反映社会生活方面有着丰富的题材和广阔的内容，它既有舞蹈形象的个性特点，又概括了时代的普遍感情，因此能够引起广大观众的共鸣。例如，《花裙子飘起来》《黄河鼓娃》《芭蕉林中的笑声》《天天向上》等优秀的儿童情绪舞蹈作品，都是通过孩子们的单纯情绪表现展示儿童幸福多彩的生活。

2.叙事舞蹈

叙事舞蹈又称情节舞，主要通过人物与人物、人物与环境的具体矛盾冲突，构成一个完整的故事内容，以塑造舞蹈形象和表现舞蹈主题。叙事舞蹈不像舞剧那样有着复杂的情节、曲折的故事和尖锐的矛盾冲突，一般都比较短小，情节比较简单。

儿童舞蹈最擅长"讲述"故事。用舞蹈来表现故事、寓言、童话大受儿童欢迎。《小猫钓鱼》《欢迎到南极来做客》《蜡笔宝宝》等叙事儿童舞蹈作品，富于幻想，用比喻和拟人化的表现手法，以有趣的情节和通俗易懂的故事寄托生活哲理，让儿童在欣赏舞蹈的同时受到教育。

（五）根据儿童表演的形式分

根据儿童表演的形式，可分为律动、歌表演、集体舞、表演舞和舞剧。

1.律动

"律动"一词是由希腊语 ryhnios 变化发展而来的，英语称 rhythmic，是"节奏"的意思。从字义上讲，律动可解释为有韵律节奏的身体动作，是指根据音乐的性质、节拍、速度、力度等，有规律地重复某个动作或一组动作。律动对于儿童身心的健康、情操的陶冶和智力的开发都有着重要的作用，也为儿童学习舞蹈奠定基础。

一般儿童律动可形象模仿动作，如鸟飞、兔跳等；或模仿生活动作，如洗手绢、划船等；也可做基本动作和简易步法，如拍手、点头等。律动简单易学，主要训练儿童动作的节奏感和协调性。

2.歌表演

歌表演是指歌、舞相结合的一种表演形式。它以简单、形象的舞蹈动作将歌曲的内容、形象、感情表达出来，形成生动、活跃的气氛。歌表演能够提高儿童对舞蹈动作的想象力、记忆力和表现力，比较适合低年级的儿童学习。

3.集体舞

集体舞是儿童用来自娱和交谊的集体性舞蹈形式，在短小的歌曲或乐曲的伴奏下，结合一定的队形反复进行。集体舞要求儿童在音乐的伴奏下变换队形，相互间有感情交流，动作和谐一致，因此是培养团结友爱精神和集体主义观念的良好途径。集体舞有邀请舞、对舞、圈舞、队形舞、轮舞等类别。

4.游戏舞

游戏和玩耍是儿童重要的生活内容之一。儿童往往通过游戏来探究、认识世界，观察自然，体验角色。游戏舞有严格的游戏规则，只有遵守游戏规则，才能开展舞蹈活动，才能沉浸于游戏的情境中。游戏舞分为合作性游戏、竞赛性游戏和角色性游戏。合作性游戏需要儿童相互合作，共同完成一个主题，如儿童舞蹈《动物怎样叫》《老鹰捉小鸡》；竞赛性游戏中含有竞争的成分，如《猜拳游戏舞》《龟兔赛跑》；角色性游戏通过角色扮演来表现舞蹈，如《小兔子乖乖》《我是小指挥》等。游戏舞有利于培养儿童的合作与竞争精神，还有遵纪守法，公平、公正的行为。它也是儿童非常喜欢的一种舞蹈形式。

5.表演舞

表演舞是儿童通过舞蹈动作和表情来表达舞蹈作品的内容或某种情绪，并表演给人观赏的舞蹈。它的题材比较广泛，体裁丰富多样，动作比较复杂，有特定的主题、内容、情节、角色和场景。

表演舞可以丰富课余生活，给儿童提供展现自我的舞台，有助于培养儿童对舞蹈的兴趣、爱好，提高儿童的舞蹈审美能力，也有利于发挥舞蹈的社会教育作用。

6.儿童舞剧

儿童舞剧是以舞蹈为主要表现手段，综合了音乐、戏剧、舞台美术等艺术门类的舞台表演艺术。儿童舞剧的戏剧性很强，舞蹈动作结合剧中人物的性格和情节的发展不断变化。例如，儿童舞剧《小藏羚羊》，通过描述2008年奥运会的吉祥福娃之一迎迎在艰苦环境中的成长历程，表现了藏羚羊刚强、果敢、聪明、伶俐的性格和不断拼搏的精神。该剧有复杂的矛盾冲突和激烈的戏剧转折，加上富有高原特色的音乐、简约的舞美设计以及新奇、可爱的服装造型，让儿童能够如身临其境般地观赏舞蹈，在受精神教育的同时受到美的教育。

二、舞蹈常用术语

进行儿童舞蹈教学首先要掌握一定的舞蹈专业术语。下面介绍舞蹈教学中最常用的几个专业术语。

（1）基训。是指舞者基本能力的训练，如对关节的柔韧性、身体活动的能力、灵活性和稳定性，还有跳、转、翻等各种技巧的科学化训练，可使儿童身体素质更符合舞蹈的要求。

（2）主力腿。是指动作过程中或者造型时，支撑身体重心的那条腿。它与动力腿配合，对身体平衡以及动作、姿态的优美有着重要作用。

（3）动力腿。是与主力腿相对而言的，指非支撑身体重心的腿。动力腿在地面或离地时做出各种踢、抬、伸、展等动作。

（4）起泛儿。指动作前的准备姿势或技巧前的准备动作，是舞蹈俗语，也可叫"起势"。

（5）节奏。指音乐轻重缓急的规律，强弱长短的表现。节奏为音乐旋律的骨干，是乐曲结构的基本因素。节奏也是舞蹈动作的基本要素之一，一切舞蹈动作均在一定的节奏下进行，节奏赋予舞蹈动作不同的性格。

（6）韵律。指舞蹈中的感觉和规律。人体在运动过程中欲左先右，欲纵先收，还有动与静、上与下、高与低、长与短等规律造成的感觉，形成了舞蹈动作的美感。

（7）体态。指舞者在舞蹈表演或训练中所应具备的基本姿势。

（8）形体。指舞者的身体形态。为满足舞蹈需要所进行的身体训练称为形体训练，这种课程称为形体课。

（9）造型。是塑造人物外部形象的艺术手段之一。在舞蹈中人们常把雕塑性强的静止动作姿态称为造型。

（10）亮相。来自戏曲的动作，指剧中人物第一次上场或在一个短促的停顿中所做的姿态。它在戏曲表演中是一种程式动作，在中国古典舞中常用。

（11）舞蹈动作。指经过提炼和美化，有节奏、有规律的人体动作。它是舞蹈的基本元素，是舞蹈作品的主要表现手段。

（12）舞蹈语言。舞蹈语言也是舞蹈动作的别名，但它比舞蹈动作更富有感情，既包含了动作材料，也具有传情达意的语言功能。

（13）舞蹈组合。指两个以上的舞蹈动作被组织在一起，形成的一组连贯动作。它是用来达到某种训练目的，或是为了表现一段舞蹈思想内容的手段。

（14）舞台方位。为便于理解舞蹈方向而确定的8个方向。舞台上面对观众或教室里正面对着镜子的方向为1点，按顺时针方向右转45°为2点，以此类推。

第二章　儿童舞蹈的教学要求

第一节　幼儿园舞蹈教学的任务和要求

幼儿园舞蹈教育是幼儿园音乐教育的一部分。它也是培养儿童德、智、体、美全面发展的一种形象、生动，富有感染力，儿童容易接受的教育形式。因此幼儿园音乐舞蹈教育的任务如下：教会儿童一些唱歌、舞蹈的粗浅知识和技能；初步培养儿童对音乐、舞蹈的兴趣和节奏感；发展儿童对音乐的感受力、记忆力、想象力及表现能力等；陶冶儿童性情和品格。

各年龄班舞蹈教育的具体要求如下：

小班。① 培养儿童跳舞和做音乐游戏的兴趣。② 能按音乐的节拍做动作，培养节奏感。学习模仿动作，如打鼓、吹喇叭、开火车、小鸟飞、小兔跳等。学习基本动作，如拍手、点头、碎步、蹦跳步等。③ 学会3～4个歌表演，4～6个音乐游戏，能自由地、愉快地表演。

中班。① 按音乐的变化和节拍整齐地开始和变换动作。学习模仿动作，根据儿童生活选择一些容易模仿的形象动作，如蝴蝶飞、摘果子等。学习基本动作，如手腕转动、小跑步、踏点步、踮步等。② 在音乐伴奏下变换队形（单圆，双圆）。③ 学会3～5个舞蹈，四五个音乐游戏，并且能按音乐有表情地做动作。

大班。① 在音乐伴奏下，按音乐节奏协调地做动作。学习模仿动作，模仿儿童熟悉的成人劳动动作，如采茶、扑蝶、挤奶、骑马等。学习基本动作，如跑跳步、进退步、交替步。② 在音乐伴奏下，学会变换几种队形（圆圈扩大或缩小，横纵排列）。③ 学会6～8个舞蹈，3～4个音乐游戏，能根据歌曲或乐曲的内容和风格，整齐而有表情地跳简单的舞蹈，并且能按音乐游戏的要求，在伴奏下创造性地表演出自己所扮演角色的特点。

想象·构思·形成：儿童舞蹈教育与创作实践

一、选编儿童舞蹈教材的指导思想和原则

（一）选编儿童舞蹈教材的指导思想

要根据《幼儿园教育指导》的精神，很好地完成幼儿园的音乐教育任务。幼儿园的舞蹈，是教会儿童粗浅的知识技能，所以要求不能太高。还要选择儿童有兴趣和节奏感强的教材。因为有了兴趣，儿童的学习行动就积极、主动，情绪就愉快，在活动中就更富有想象力和创造性。舞蹈是根据音乐节奏进行的动作，它是发展儿童节奏感的重要手段之一。对儿童进行舞蹈教育，培养节奏感是非常重要的。培养儿童节奏感主要指儿童对音乐中周期性出现的节拍上的强弱变化、各个音的长短以及乐句的节奏，能有敏锐的感觉与反映。儿童有良好的节奏感，不仅能更好地感受音乐，提高对音乐、舞蹈的兴趣爱好，而且还有利于更快地学会舞蹈动作；在有节奏的活动中获得较大的快乐。因此，选编舞蹈教材要考虑到培养儿童的节奏感。选编儿童舞蹈教材还要考虑到发展儿童对音乐的感受力、记忆力、想象力和表现能力，也就是培养儿童良好的乐感和发挥的创造性。此外，还要考虑到对儿童进行思想教育。

（二）选编儿童舞蹈教材的原则

（1）教材要有思想性和艺术性。舞蹈是美育手段之一，传情是舞蹈艺术的特点。舞蹈的思想性必须通过艺术性来体现，所以选编教材时要考虑到教材思想性和艺术性的统一。也就是说教材既要有艺术性，也要有教育意义、时代精神和创造精神。

（2）教材要符合儿童的年龄特点，即生动、活泼，有模仿性和趣味性，能够反映儿童日常生活，是儿童能理解和接受的。因而乐曲的形式要短小，节奏要鲜明，旋律要流畅、动听，音域不宽，节拍、节奏单纯，变化不要太复杂。动作要简单、形象、健康、活泼、大方，活动量不宜过大，富有儿童的生活气息，注意动静交替，并要确切地表达所反映的思想内容。这样儿童易学易记。

（3）教材的内容和形式应多样化。教材的内容除了有儿童生活、社会生活内容外，还要有自然界方面的内容。这不仅便于儿童从不同角度受到教育，也能使教育内容生动活泼，丰富多彩。教材的内容有律动、歌表演、集体舞、表演舞，还有音乐游戏，形式多种多样。律动中有基本动作和模仿动作。集体舞中有邀请或接龙形式，也有轮舞（单行圆圈，双行或三行圆圈）、分散不成队形跳等表演形式。音乐游戏中有听音猜人、听音猜物或找物、听音改变动作，

也有追捉的、竞赛的、民间的等各种性质、各种形式的游戏。

（4）注意教材的民族特点和地方性。教材以中国作品为主，适当选用外国作品，这样有利于培养儿童热爱祖国，热爱自己民族的音乐和舞蹈。

（5）教材要形象化、具体化。由于儿童的思维特点是形象和具体的，因此舞蹈教材要形象化、具体化，抽象的内容和动作儿童是不能理解和接受的。

（6）教材要有科学性和系统性。科学性和系统性在技能技巧的教学中非常重要，选编教材既要考虑儿童的生理、心理特点和每个儿童的原有基础、音乐才能，又要严格遵守循序渐进的教学原则。

二、儿童舞蹈教学的方法

（一）儿童舞蹈教学的一般方法

（1）启发法。就是教师在儿童听了音乐以后，诱发、引导儿童的想象和创造性，让他们用动作来表达对音乐的感受，提高自己的舞蹈表现力。

（2）示范法。就是教师先把舞蹈教材作准确、生动、形象并富有感染力的表演。根据教材和不同的教学阶段，采用完整的示范或部分难点动作的示范。在示范前教师要注意引导儿童仔细观察示范的重点。

（3）练习法。就是让儿童自己做动作，练习时，教师要提出明确、恰当的要求，采用全班练、分组练、个别练等多种多样的练习方法，并加以指导。

（4）分解、组合法。就是把舞蹈动作中的重点、难点以及基本动作，先进行分解，然后再组合起来。例如，教动作先脚后手、先左后右、先上后下等。

（5）观察、模仿法。就是舞蹈中有些难于分解、组合的动作，如跑跳步、跑马步等，让儿童观察、模仿。即由教师或动作准确的儿童做示范，大家跟着边看边做动作，这种方法在排练完整的舞蹈时，或教简单的歌表演时常常使用。

（6）游戏法。就是用游戏的口吻和形式进行舞蹈教学。年龄幼小的班级用得最多，它可增强儿童学习舞蹈的兴趣。

（7）讲解、提示、口令法。就是用语言来帮助儿童理解、感受、掌握和表达舞蹈的内容、感情和动作。这是舞蹈教学的辅助方法。这种方法不能用得太多。而且，使用时语言要简明、形象、具体。总之，要少讲、多看、多练。

（8）个别教学法。就是教师对能力强、基础好或能力弱、基础差的儿童，进行个别教练，因材施教。

（二）儿童舞蹈教学的组织领导

1. 怎样教律动

教律动时，要随着儿童年龄的增长，从易到难循序渐进。4岁以下的儿童，对音乐的高低、强弱、快慢的辨别力差，节奏感不强，动作的协调性也差。因此先要从拍手、点头等最简单的动作教起，接着再教一些简单的上肢动作，如打鼓、吹喇叭等，最后教儿童走步、碎步等基本动作和鸟飞、兔跳等模仿动作，使儿童在简易而有节奏的动作中逐步理解音乐的旋律和节奏，教动作前要先让儿童听乐曲，注意启发儿童对乐曲的想象力。例如，学鸟飞可先听鸟飞的乐曲，引导儿童注意"听"和"像"什么东西在活动？也可由教师边唱边做示范动作，使儿童初步理解小鸟飞音乐的性质和特点。教动作时教师可以边唱、边示范、边讲解、边带领儿童练习。在带领儿童练习动作时，要使儿童明白所做动作的意义，是在学鸭子走路，还是学兔子跳等，启发儿童联想到生活中鸭子走路、兔子跳的印象，使儿童有感情地表演动作和创造自己的动作。有时要采用游戏的口吻教儿童动作。又如，教较难的屈膝动作时，教师可以用拍皮球、掀弹簧、弹钢琴等来比喻，让儿童边游戏边练习屈膝动作。待儿童初步学会动作以后，再让他们跟着琴声练习。练习时，教师可提醒儿童注意按音乐的变化进行活动。4岁以上的儿童对音乐有一定程度的辨别能力，动作也比较灵活、协调了，他们能根据音乐的变化而变换自己的动作，并能在集体活动中调整自己的动作。因此教师的语言指示要逐渐减少，训练儿童跟着不同的音乐做不同的动作，让儿童随着音乐的快慢、强弱、高低等变化，在动作中做出不同的反应。例如，做拍球动作时，音乐速度快了，球要拍得快；音乐速度减慢，拍球的速度亦应减慢，音乐力度加强时，动作幅度大一些，球拍得重一些；音乐力度减弱时，动作幅度小一些，球拍得轻一些；音乐在高音区演奏时，踮起脚尖拍球；音乐在低音区演奏时，蹲下拍球等。对年龄稍大的儿童，教师可根据儿童熟悉乐曲的程度，启发儿童按照乐曲的结构做拍球动作。但不能用一个曲子做各种不同性质的动作。复习律动时，教师可以不告诉儿童律动的名称，经常变换乐曲，让儿童自己听音乐来判断该做什么动作。乐曲可用儿童所熟悉的，也可用性质相同但儿童没有听过的，以检查儿童是否能根据不同性质的音乐做不同的动作，培养儿童能及时改变动作的灵活性。

2. 怎样教舞蹈（包括歌表演）

（1）准备工作。教师选好舞蹈教材以后，要练熟舞蹈，并分析该教材的教育意义、特点、动作的难点和重点，还要训练儿童相反方向的示范动作，仔细考虑好该教材分几课时教完，并明确每次课的教学要求和教学步骤，准备好必要的教具或器材。

（2）欣赏舞曲及表演。舞蹈教师向儿童介绍舞蹈的名称、内容、风格和情绪等特点以后，要先让儿童熟悉舞曲、观摩舞蹈表演，使他们对舞蹈有完整的印象，引起他们学习舞蹈的兴趣和愿望。首先应让儿童欣赏乐曲、分析乐曲，使儿童熟悉音乐的旋律和节奏，了解音乐的性质和结构。如果是歌曲，则可先教会儿童唱歌。在儿童欣赏乐曲时，教师也可结合做示范动作，使儿童更好地感受、掌握乐曲的特点，理解音乐与舞蹈动作的关系。舞蹈可以由教师来表演，也可以请学过该舞蹈的儿童来表演，或请其他教师合作。要多次观看完整或部分的舞蹈表演。

（3）舞蹈教师要根据舞蹈教材的特点、儿童的动作水平及具体条件，创造性地、灵活地运用各种方式、方法，使儿童较快地学会舞蹈。

教动作时必须注意以下四点：

① 教动作前要将儿童排成合适的队形。教小年龄的儿童或教邀请舞时，一般采用圆形或半圆形，便于教师照顾。教中、大班儿童或教比较复杂的动作时，可采用横排、几路纵队、双层半圆形等。总之，采用的队形以使儿童能看清动作、弄清方向为原则。对舞蹈动作较差的儿童要有意识地将他们排在前面，便于教师指导，或站在动作较好的儿童后面，便于他们模仿。

② 儿童的模仿经常先有动作后有思维，所以学习舞蹈动作，主要看教师示范和模仿教师的动作，在和教师一起练习的过程中，掌握复杂的舞蹈动作。教师示范时，应把整个舞蹈用正常的速度示范一遍，让儿童获得完整的印象，引起学习的愿望。第二次示范时要放慢速度，对动作进行启发性分析和讲解，讲清动作的方法和要领，使儿童明确预备姿势、动作的方向、路线、手脚和全身动作的配合、眼睛注视的方向等。示范时一般站在儿童对面做反方向的动作，有时要背向儿童做同方向的动作。有些舞蹈动作，儿童可通过对生活中某一形象的联想，自己会创造形象逼真的富有情趣的动作，教师应进行启发、引导，让儿童自编动作。教歌表演动作时教师先根据歌曲边唱边示范。如果歌曲简单、歌词比较形象化，也可以逐段让儿童自编动作，或跟着教师边唱边做动作；比较困难的动作，可以先进行练习，需要手脚配合的复杂动作，可以将手脚动作分开教，最后手脚动作配合起来学习。为了帮助儿童较快地掌握新动作

的要点，要尽量利用儿童已经学过并掌握的动作，指出新动作与学过动作之间的相同和相异之处。例如，教进退时可以联系儿童已经掌握的踮步，告诉儿童进退步的动作就是右脚在前面做一次踮步，再在后面做一次踮步。在讲解动作时，语言要有启发性，要生动、形象、简单、明了。为了帮助儿童理解和体会动作的意义和特点，可以做些生动的比喻。

③ 教儿童练习动作时，开始的速度要慢一些。教师的示范、讲解、提示等都要跟音乐配合起来进行。如果无人伴奏，教师可以唱曲调、播放录音或唱片。只有在教较难的动作时，才可以适当地利用口令，如"一三四"，或提示"脚跟脚尖跑跑跑"等，但应尽快地过渡到跟着音乐做动作。用口令时必须弄清动作的节拍，如"交替步"有三个动作，要在两拍里完成，口令是"一二"，如果口令是"一二三"就变成三步了。

④ 教动作时，教师还要多用鼓励的方法启发儿童动脑筋，启发儿童表达出歌舞的情感，不必过多地要求儿童动作的规范化。教队形的关键，是让儿童了解自己的位置和其他儿童之间的关系，如谁在前，谁在后，谁在左，谁在右，哪个动作完成以后，应向哪个方向转动，变成某种队形需经过或绕过谁等。对年龄小分不清左右的儿童，教师可以在地上画记号，帮助儿童掌握自己的位置。变换队形比较复杂，对儿童不能要求过高，以免影响他们对音乐的兴趣。教队形时，可以先教会一个小组的儿童，然后为全班做示范，带动全班一起练习。在练习过程中，教师应及时提示儿童怎样改变路线及位置。有些儿童左、右分不清，两人对面做相同动作时，常会弄错方向，教师可让儿童一手持彩带、串铃等，提示儿童空手做什么动作，拿彩带、串铃的手做什么动作，然后转圈交换位置等。

3. 怎样教音乐游戏

（1）准备工作。选好游戏教材后，教师要分析游戏的音乐，了解儿童的水平，考虑到游戏的教育意义，订好计划，备好教具和场地。

（2）介绍游戏。教师向儿童介绍音乐游戏，主要使儿童了解游戏的内容及玩法；熟悉音乐，了解音乐和游戏玩法之间的有机联系。介绍游戏可以先从介绍游戏的名称和简单的玩法入手。介绍后让儿童安静地听音乐，特别注意听关键性的地方。例如，音乐的变化和游戏规则的关系。在反复听音乐的过程中，通过老师的启发、讲解和动作、手势，使儿童逐渐理解游戏的内容，感受音乐的性质，体验音乐的情绪，儿童把音乐内容与自己的生活经验联系起来产生了丰富的想象，并作出了相应的动作反应。有些音乐游戏内容简单，音乐性质鲜明，对年龄较大的儿童，不必先介绍游戏内容，可以在说出音乐名称以后，直接让他们听音乐，自己确定音乐性质，讨论在这种性质的音乐伴奏下可以表演什么动作。然后再简单介绍游戏玩法。带有歌表演性质的游戏，可以先欣赏歌曲，再让他们自己根据歌词编动作，最后加上竞赛的因素，但动作必须符合音乐的性质。如果音乐游戏的音乐时间长、结构及游戏的情节比较复杂，则让儿童完整地欣赏音乐以后，还要分段听、重点听，逐渐听完整个音乐，并结合游戏中的角色或情节来确定音乐的性质，然后再教游戏的玩法。

（3）教、练音乐游戏。教、练音乐游戏要使儿童能合着音乐做动作，动作要形象、正确、有感情，并能遵守游戏的规则。

① 教、练音乐游戏以前，先要检查儿童经过多次听赏游戏的音乐以后，是否掌握了游戏中该做的动作。尤其要着重了解儿童对音乐结构的理解、感受。因为一般游戏的玩法及规则都与音乐结构有密切联系，如结尾的音乐、各乐段之间的过渡音乐等都与游戏的规则、游戏情节的变化有密切联系。

② 教儿童做音乐游戏时，对于年龄较小和基础较差的儿童，一般是模仿教师的示范动作。对基础较好的儿童，在教师启发、引导下，可让儿童根据他们对音乐的理解、感受，对游戏角色的认识，自己创造性地扮演游戏角色，创编游戏动作。教师可把好的动作向全班儿童推荐，同时也允许儿童按照他们自己的设想表演各种不同的动作。要求儿童创编游戏动作是对教师提出更高的要求，教师要进一步认真地备课，细致地考虑怎样启发、引导儿童的想象，发挥他们的创造能力，还要设想可能出现的情况，准备好相应的教学方法。

③ 教、练音乐游戏可用整体教法或分段教法。比较简单的音乐游戏可进行整体教学，让全体儿童学会游戏中的各个基本动作后，教师便可带领儿童玩游戏。小班儿童由教师带领一起玩，在玩的过程中，教师用语言和动作引导儿童。

④ 有些游戏为了取得较好的教学效果，在教时可先将游戏简单化。

⑤ 教游戏时，做好个别辅导工作，培养能力强的儿童担任游戏中的小骨干，帮助能力差的儿童，或先教一个小组儿童玩游戏，其他儿童观看，再让小组儿童带动全班一起练习，这样做也能取得较好的效果。

⑥ 还有些游戏比较简单，可让儿童自己玩，教师在旁指导、提示，这样可以发展儿童的创造性及独立性。

（4）复习音乐游戏。已经学会的游戏要经常复习。每次复习时都要有明确的新的要求，还要不断加深游戏的内容和规则。为了提高复习时的情绪，可利用些辅助材料，如头饰、彩带、纸花、小鼓、乐器等，来增加儿童游戏的兴趣。

三、儿童舞蹈教育应注意的问题

（一）重视培养儿童的音乐感受力、想象力和创造力

教师应让儿童多听音乐，儿童听了各种不同性质的音乐后，便产生了与音乐节奏、音乐内容相适应的感情（感受音乐、理解音乐），然后通过身体的动作来表达他们对音乐的感受。以往进行舞蹈教学时，对听音乐不重视，往往只是传授舞蹈的知识技能，以训练有节奏、有美感的姿态动作为目的。教师只要求儿童按照规定的动作去做，这样儿童的注意力就偏重于动作，按照教师的要求去进行动作，容易忽略对音乐感受的因素，不利于培养儿童的音乐感受力。音乐感受力在舞蹈的各种形式中都可以进行培养，特别是在音乐游戏中，因此进行舞蹈教学时，在教一些基本技能的同时，必须重视对音乐感受力的培养。例如，在教学时先让儿童多听音乐，并且经常能随着不同性质的音乐做些相应的动作，使他们感受到音乐中的四分之一拍可以做走步；八分之一拍可以做小跑步；柔和连续的音乐可以做鸟飞；有休止符的断音可以做兔跳、青蛙跳；缓慢而低沉的音乐可以做大象走；轻快的音乐可以做跑跳步；雄壮有力的进行曲可以做解放军动作，快速的音乐可以做开火车、骑自行车。教育要面向现代化，必须重视培养儿童的创造性能力。因此，在听音动作、歌表演、舞蹈与音乐游戏等各种活动中，都要考虑如何启发儿童的想象，发挥儿童的创造性。例如，听音乐自编动作，先不告诉乐曲的名称。然后教师启发或提问儿童，音乐里告诉了你们什么？让儿童根据自己的想象讲出来。在感受乐曲情绪以后，教师和儿童一起拍手、踩脚、拍腿等，使儿童掌握乐曲的节奏。接着让儿童用动作表达出来，怎么想就怎么做。这种教师鼓励儿童自己动脑筋想动作的教育法，不仅有利于培养儿童的发散性思维，而且儿童在轻松的学习环境中，按照自己的想象做出自己的动作时，他们会变得更具有创造力。

另一种方法是教师先可以给儿童出个题目，对儿童说："今天老师要教你们学个新本领，听了音乐后自己编动作。假如你是一名海军，你将做些什么动作？"或者说："冬天锻炼身体时做些什么动作？"然后教师反复弹奏选择好的

乐曲，或放录音，让儿童听了几遍音乐后自己想故事情节和动作。可以独自一个人想，也可以三四人一组，分若干组，或集体一起想。教师也可和他们一起想。想好后教师先让儿童说，海军叔叔怎样做动作？冬天怎样锻炼身体？

接着让儿童听着音乐把动作表达出来，此时教师要特别注意哪些儿童动作符合音乐节奏，哪些儿童有创造性，哪些儿童动作想得多。事后要鼓励所有动脑筋的儿童和表扬有创造性的儿童，使他们感觉到他的创造性动作是得到教师重视的。教师也可把自己预定的动作跳给儿童看，征求儿童的意见。最后老师将儿童即兴编好的动作和自己编好的动作有机地组合起来，做一次完整的表演。接着，让儿童一起练习。又如自编歌表演动作，让儿童自己根据学会的歌编动作。这不仅能激发思维想象，而且能引起儿童唱歌的积极性，增加儿童的记忆力。方法如下：

（1）教师简要地说明要求。

（2）教师弹歌曲，让儿童唱一两遍。

（3）放录音或教师边弹边唱，让儿童随意想动作。

（4）引导儿童编动作，教师先唱一段（或一句），然后，问儿童该做些什么动作？鼓励所有动脑筋的儿童，尤其要表扬动作有创造性的儿童。最后由教师选择，确定富有童趣的动作。

（5）把逐段编出来的动作连起来表演一遍。

（6）儿童听着音乐，练习统一的动作，也允许儿童在个别歌词中自由表达。总之，让儿童创编舞蹈时，教师要给他们创造一些条件。

①让儿童在轻松活泼的气氛中动脑筋想动作、想情节。

②对儿童要用启发式的提问，涉及的面要广些，鼓励儿童发表不同的意见。

③教师要鼓励儿童动脑筋，并给成功者（想出来的动作必须和音乐节奏、音乐形象相吻合）一定的奖励，增强他们的兴趣，如用微笑、点头、称赞等。

（二）培养兴趣

培养儿童对音乐舞蹈的兴趣，在幼儿园音乐教学中占有很重要的地位。它不仅能促进儿童积极地参加各项音乐活动，使儿童认真地、自觉地学习音乐舞蹈，从而更好地接受教育，同时也丰富了儿童的生活，扩大眼界，使他们经常保持愉快、欢乐的情绪。培养兴趣的方法之一，可让儿童多欣赏、多参加活动，活动的内容要丰富多彩，循序渐进。舞蹈教学要形象化，要以儿童为主体，要重视培养儿童的节奏感，重视基本动作的训练。教师还要积极引导、启发儿童的积极性，让他们能自己去探索、去想象、去创造，让他们能看到自己的成果等。

（三）形象化的教学

儿童的思维具体、形象，对所学动作的兴趣又常常能决定学习的效果。所以，教儿童动作时要多用形象的比喻，使儿童能体会生动、形象的舞蹈动作的特点和领会其方法，尤其是在教比较枯燥的基本步法和复杂的基本动作时，必须用形象化的方法，才能教得生动有趣，儿童才能乐于接受。

（四）基本动作的训练

不论是舞蹈、歌表演或音乐游戏，都是由基本动作组成的。儿童对基本动作掌握得好，学习舞蹈、歌表演或音乐游戏就比较容易。因此，教师要重视基本动作的训练，训练时要严格要求儿童，防止儿童随便地做动作，这样可以有较高的动作质量，省去许多纠正动作的时间，并能培养儿童精确地表演动作的习惯。

（五）集体教学要与个别教育、个别辅导相结合

对能力强的儿童，教师要进行个别教育，尽量发挥他们的才能；对能力差的儿童也要进行个别辅导，努力缩小儿童学习上的差异，增强全体儿童学习舞蹈的信心。

四、儿童舞蹈活动的组织

儿童舞蹈活动是通过音乐课、课外活动和节日活动中的音乐活动来组织进行的。音乐课分开始、基本、结束三部分。开始部分首先要集中儿童注意力，安定情绪，准备上课。一般是在乐曲伴奏下，边听音乐边做活动量不大的已经熟悉的律动，或复习一两个舞蹈动作。有时让儿童在音乐伴奏下自由活动，音乐停止时再安静地坐到椅子上准备上课，有时可用有关的图片、玩具等吸引儿童的注意力，使儿童安静下来。基本部分是完成本课的教学要求，复习旧教材，教练新教材（复杂的教材要分几课时教完）。教材内容除了舞蹈音乐游戏外，还可以有唱歌、欣赏或节奏乐。几种内容如何安排，要根据教育目的和动静交替灵活组织。一般将新内容安排在前面，复习内容安排在后面。因为前面儿童注意力比较集中，学习的效果也较好。结束部分是使本节课有组织地结束，并激起儿童再要上课的愿望。一般在乐曲伴奏下做些安静的律动或游戏自

然地结束，如跳完《火车舞》，就开着火车出教室。

课外活动时，教师要有计划地安排舞蹈活动，可以全班或几个班联合在一起，还可以让儿童自愿参加等。舞蹈活动的内容，可以复习课内教过的律动、歌表演、舞蹈以及音乐游戏。也可以让儿童听着各种不同性质的音乐，自由地用舞蹈动作来表达，或由教师组织排练节目等。

节日活动中的舞蹈表演，最好能让全班都参加。表演的内容是儿童能理解和喜闻乐见的。通过表演对儿童进行全面发展的教育。家长会中的汇报演出，在学期结束时进行，向家长汇报一学期来学习舞蹈的情况。

五、儿童舞蹈教案的编写和效果检查

教案就是课时教学计划，幼儿园没有单独的舞蹈课，因此舞蹈的教案就是音乐课的教案，以教舞蹈为主，配合其他的音乐内容来进行。编写舞蹈教案的要求如下：

（一）教材名称

教模仿动作《采茶》《绸带舞》，教基本动作"碎步"，教音乐游戏《放鞭炮》等。

（二）教学要求

写明有关教育和技能技巧的培养。教学要求要写得明确、具体，指出本课教什么教材，复习什么教材，在课上要达到什么目的，具体完成哪些任务，这样课后容易检查教学效果，有利于改进教学。

（三）教学准备

写明教学的基础和教具的准备。

（四）教学过程和教学方法

写明开始部分怎样组织，基本部分教什么，复习什么，用什么方式方法。教学方法不必写得十分详细、具体，但应让人看懂完成教学要求所使用的主要方法，以便积累教学经验，提高教学技巧。结束部分怎样总结评定，怎样安静地结束。有时还要写个别工作和教育工作的内容。例如，请怕羞的儿童出来表演舞蹈，请积极性不高的儿童来表演有趣的角色，还要写对儿童进行共产主义品德教育、情感教育、爱国主义教育等。效果检查是每课上完以后，教师应作效果记录，检查本课的教学效果，分析教学成绩和缺点，总结经验教训以提高教学质量。

效果记录应包括下面内容：

（1）教学纲要的完成情况，未完成的原因。

（2）教学方法的成功或失败，并找出其原因。

（3）儿童的表现，如表现一般，或特别好或特别差的典型事例，今后应做的个别工作。

（4）教学中的体会和收获。

（5）今后工作的建议、设想及其他。

写教案前，教师必须熟悉教材，一个新教材不能仅用一节课完成。因为教新教材时，先要让儿童欣赏乐曲，欣赏动作，引起儿童学习的兴趣。再教基本动作或角色动作，最后教舞蹈或音乐游戏。尤其是比较复杂的教材，要许多节课才能教完，因此教师在写教案时必须明确本节课的教学要求。新教师的教案要写得详细些，老教师的教案则可以简单些。

第二节　少儿舞蹈教学的任务和要求

儿童舞蹈教育是我国实施素质教育的一个重要组成部分，是塑造儿童真善美的心灵，促进他们德智体全面发展的良好途径，具有"辅德、启智、怡情、健身"的作用。现代教育观认为，在一切儿童教育活动中，必须确立儿童的主体地位。我们可以将此理解为主题性教育，即尊重孩子的人格、生存和发展的权利，全面考虑儿童的兴趣和需要，促进儿童主动地学习，并为他们创造一个自由完善的环境，让孩子得到充分地发展。由此，应强调教师与儿童的民主平等地位，将"教师为主导，学生为主体"的现代教育思想很好地贯彻落实。

进行系统的儿童舞蹈教育，一定要从儿童的心理特点和生理特点出发。在所有的教育类型中，舞蹈教育是比较符合儿童心理特点要求的施教领域。此外，还应认识到，具有科学性和创新意识的舞蹈教育，更加能够促进儿童的身心发展，培养儿童的健全人格。

一、儿童舞蹈教学的科学性

它包含两个方面，即对儿童舞蹈教育本身的科学认识以及儿童舞蹈训练的科学性。

（一）对儿童舞蹈教育本身的科学认识

舞蹈教育在人类的整个教育体系中，无论在东方、西方，古代乃至现代，都对其非常重视，我国的先贤孔子在这方面就有诸多论述。如今，对儿童进行素质教育的最终目的也是培养和谐的人，在儿童中自幼推行舞蹈教育，绝非简单的动作的学习、四肢的训练。在他们参加舞蹈活动的同时，不仅得到了一项为之喜爱的游戏活动，还会使他们在此过程中受到艺术的熏陶，得到充分和良好的艺术体验。儿童舞蹈教育不仅要看他们掌握了多少舞蹈知识，学会了跳些什么，而且对提高儿童的观察能力、模仿力、记忆力和想象力，培养他们对外界事物的刺激做出敏锐反应的能力，还有培养他们不畏艰苦的精神，都将起到潜移默化、难以估量的作用。

对儿童舞蹈教育本身的科学认识，还应包括如何理解舞蹈学科与其他学科的关系的问题。认识到舞蹈并不是孤立的，而是一门综合性艺术，同时也是一门人与自然的艺术。它与其他学科如音乐、美术、文学、体育、数学等，都有着千丝万缕的联系。认识到这一点，就应在儿童舞蹈教育教学中，充分调动孩子的积极性、主动性，丰富他们的情感体验和知识修养，使孩子们置身于舞蹈的意境中并充分感受舞蹈的丰富内涵和优雅气质。在舞蹈教育中，有许多教师还是单一追求学生腿的开度怎样，腰的软度怎样，跳的是否有高度，翻的能力等，使儿童对舞蹈的学习产生一种错误的认识，这些都可以通过教师原有的情感体验和知识修养，努力调动孩子的积极性、主动性，使其配合教师的教学，从而更有效地达到教学目的。

（二）加强儿童舞蹈训练的科学性

1.直观感受与思维想象相结合的教学方法

舞蹈学科技能的掌握首先是从建立感性认识开始的，尤其在儿童这样的年龄段更是如此。萌发他们感受美和表现美的情趣，培养他们感受美、表现美的能力，丰富他们的情感体验，在此基础上，再通过思维理解，建立起完整正确的动作概念。在教学中，教师要充分调动学生视觉、听觉、身体感受等感官来感知动作，获取直接经验与感性认识，同时启发学生思维，理解动作原理，从而为掌握舞蹈知识技能奠定良好的基础。例如，可以不做任何动作讲解，先观看教师做完整的示范动作，也可以观看一段优秀的影像资料，让学生有了感性的认识，然后再对所教授的内容进行分析和讲解。最后，在学生有了完整视听印象的前提下，学习这些内容，就很容易进入一种良好的学习状态。

2. 基本技能与能力培养为一体的教学原则

儿童通过舞蹈基础知识、动作、组合等不同特点的舞蹈动作的学习，学会运用形体动作表现美和进行情感表达的同时，要引导他们积极地、独立地进行学习，把所学的舞蹈知识和技能运用到综合艺术活动中，并要鼓励孩子们自觉地积极参加各种艺术实践活动。有些孩子学了多年的舞蹈，就只会老师教的那一点点动作，这就要求教师在平时的教学中引导学生创造性地表情达意，并能以多种形式来表现，如边唱边舞、做游戏等。

3. 有的放矢、因材施教的教育理念

舞蹈知识和技能教学一定要根据不同年龄儿童的心理和生理特点，还有他们的舞蹈基础来确定教学内容和目标，制订教学计划，使教学获得实效。由于人的身体条件的差异性，必须注意区别对待，确定大多数儿童经过努力所能达到的目标，从而选择合适的教学法及授课形式。

在儿童舞蹈训练方面，应该根据儿童骨骼发育的生理条件和实际接受水平来科学地把握教学内容、教学要求，将儿童身体体态的训练、动作节奏感和协调感的培养贯穿于基础训练的始终。

二、儿童舞蹈教学的创新意识

教师的创新意识是教学成功的关键，学生的创新意识和能力是教学的最高目标，教师的创新意识和能力主要体现在教学思路和教学模式上。

（一）教学思路的革新

必须确定以人为本的教育理念，培养有活跃思想、丰富情感，并善于用形体表达的富有个性的人。每一个孩子都是一个活生生的个体，如何让这一个个鲜活的生命发出光彩，绝不是单一的舞蹈技能训练所能赋予的，而应在舞蹈教育教学中，让孩子了解大量的丰富的舞蹈相关知识，培养儿童良好的舞蹈修养，从而造就一个充满活力、健康发展的儿童世界。新的教学思路，要求建立新型的师生关系，充分确立儿童学习的主体地位，发挥学生的主观能动性，教师做好教学指导，激励学生、爱护学生，超越传统的陈腐观念，创造教学的理想境界。

也就是说，在舞蹈课上，教师是一个舞蹈信息的传播者和舞蹈动作的欣赏者。在学习各种风格的民间舞时，应让孩子们置身在该民族的文化背景下，充分发挥想象，更积极主动地学习和掌握其舞蹈风格特征。

（二）教学模式的革新

传统的舞蹈教学模式是以模仿为主的，儿童舞蹈教学更是如此。虽然模仿是舞蹈教学中必需的，却不是唯一的，再高级的模仿也不能代替创造。在教学设计中，可以有以下方法：① 创设宽松的教学环境，提供丰富、系统、规范的舞蹈知识技能，使儿童的多元化表达成为可能。② 在各种舞蹈教学活动中，鼓励儿童自由地通过多种方式创造性地进行表现和表达。③ 在教学过程中为儿童提供相互交流的机会，相互观摩、取长补短。④ 教师要接纳儿童不同的自我表达和表现方式，接纳他们个体的独特性。

三、儿童舞蹈教学评价的艺术性

由于舞蹈既包括记忆也包括想象，既包括直觉也包括分析，具有即兴、变化生成的特点，因此不宜采取严格的科学量化评价方式。对儿童就更加应该注意评价的艺术，这将对他们的舞蹈学习起着至关重要的作用。

教师对儿童学习的评价，首先应具有针对性和真实性，不能泛泛地表扬或批评，表扬和批评更不能无中生有。其次，教师的评价应多采取积极的态度、鼓励的语言。教师应具备一双敏锐的眼睛，及时发现学生的点滴进步和存在的问题，做出恰当的评价，并能通过评价使学生对自己更加充满信心。最后，教师的评价应建立在师生真诚的情感沟通上，使学生深刻理解，无论老师批评还是鼓励，都是对他们积极的帮助和充分的认可。举例如下。

舞蹈教案 —— 藏族民间舞的课堂教学

（对象：小学高年级学生）

（一）课前准备

（1）让学生课前收集有关藏族的信息元素（历史、地理、文化、风俗、宗教等）。

（2）教师将相关资料收集到课件中。

（3）学生准备长袖一副。

（4）多媒体设备一套、数码摄像机一台。

（二）教学目的

（1）了解藏族的风土人情、历史文化。

（2）了解藏族舞蹈的种类及其风格特点。

（3）学习藏族弦子舞。

（三）教学重点

使学生置身于藏族的文化氛围中，学习并掌握藏族弦子舞的风格特点、动律和动作。

（四）教学过程

（1）交流信息。

（2）展示图片。

（3）观看一段优美的弦子舞。

（4）分组活动。

（5）多媒体反馈。

（五）总结讨论

（1）本教案的前半段给学生创设了一个良好的了解藏族、学习藏族舞的氛围。从开始的背景片段、音乐，到接下来一大段优美的弦子舞，都使学生有了大量的感官刺激，然后给学生提出问题。这样，学生在带着问题的基础上去学习，就更有目的性和针对性了，舞蹈动作的掌握也就快了许多，学习也有了更大的兴趣。

（2）本教案的后半段运用的多媒体反馈教学法，能够及时获取信息，及时反馈教学效果，从形式上更受学生欢迎，同时给了学生更多、更大的发挥个性的空间，这种反馈也给了学生自我评价和评价别人的机会。

（3）在本教案中，舞蹈教学已不是单纯意义上的舞蹈动作的学习，而是更加丰富了儿童的舞蹈相关知识，让学生在课上充分展示自我，从而更好地演绎藏族舞蹈的风格。学生在课堂上注意力集中，学习舞蹈动作认真，教学效果明显。

第三节　儿童舞蹈教案范例

一、基本动作"碎步"

（一）教学要求

（1）初步学会基本动作"碎步"。

（2）复习歌曲《摇啊摇》，要求儿童用好听（轻柔、亲切）的声音唱歌。

（二）教学准备

布娃娃一个。

（三）教学过程

（1）随音乐声边走边吹喇叭进教室，让儿童坐成圆圈，提醒儿童走步时脚稍抬起；随音乐声练习拍手、点头。要求第一拍在左肩前拍手，第二拍在右肩前拍手，第三拍、第四拍在胸前拍手，训练儿童有不同的节奏感。① 集体练习一遍。② 请一个儿童站在前面带领，集体再练习一遍。

（2）复习歌曲《摇啊摇》。① 教师出示布娃娃，摇一摇，娃娃发出"哇哇"哭声。教师讲："娃娃要睡觉了"，就抱娃娃边唱《摇啊摇》，边摇娃娃睡觉，唱完后讲"我们一起来哄娃娃睡觉好吗？"② 集体唱一遍，要求儿童像老师一样用好听的声音（轻柔、亲切）唱歌。③ 男女小朋友各唱一遍。

（3）教基本动作"碎步"。① 引导儿童反复欣赏"碎步"乐曲，让儿童感受音乐的节奏。② 教师边两手叉腰，脚跟提起，边请儿童站起来，人挺直，脚跟提起，比一比谁长得最高。③ 儿童站在椅子前面，提起脚跟比谁最高，做两次后坐下。教师巡回指导纠正动作，表扬做得好的儿童。④ 教师告诉儿童："今天我们要学碎步的本领，现在先看老师做一遍。"然后边哼曲调边两手叉腰做碎步，接着问儿童："老师的脚向前移动快不快？"儿童回答后，教师讲："对了，做碎步时脚跟要提起，人要挺直，两脚轮流向前移动得很快，现在跟着老师练练看。"⑤ 老师边哼曲调边两手叉腰，带领儿童一个跟着一个用碎步跑成圆圈，及时提醒人挺直，步子小而快。⑥ 教师弹琴，儿童随着音乐节奏依逆时针方向做碎步，再转过身来依顺时针方向做碎步。⑦ 教师简单评价后，告诉儿童："下次我们要加上手臂做小鸟飞的动作，现在先看老师表演，你们看看好看不好看。"接着边唱《鸟飞》律动歌，边示范鸟飞的动作，儿童拍手。

（4）教师带领，一个跟着一个，后面儿童两手放在前面儿童肩上搭成火车，听音乐走碎步出教室。

二、模仿动作 —— 小鸟飞

（一）教学要求

（1）初步学会鸟飞动作，并让儿童知道鸟飞是很轻柔、好看的。

（2）复习歌曲《我爱我的幼儿园》，用自然而甜美的声音表达歌曲内容。

（二）教学过程

（1）让儿童随音乐声两手叉腰，做碎步进教室，依次坐成圆圈。练习拍手、点头，要求按音乐节奏，两拍一次，动作协调。

（2）复习歌曲《我爱我的幼儿园》，要求用自然好听的声音表达歌曲的内容。① 集体唱一遍。② 男孩、女孩各唱一遍，比谁唱得好听。

（3）教模仿动作《鸟飞》。① 教师弹《鸟飞》乐曲，引导儿童注意听像什么东西在活动。② 启发谈话。教师讲："小朋友，你们都看见过小鸟在天空中怎样飞呀？上次老师已给你们做过鸟飞动作，今天大家来学鸟飞好吗？现在先听老师弹琴唱一遍《鸟飞》歌，你们轻轻拍手，小耳朵要仔细地听。"③ 教师边弹边唱《鸟飞》歌一遍。要求儿童两拍拍一次手。④ 教师边唱《鸟飞》歌，边示范小鸟飞的动作一遍，然后问儿童："刚才老师做鸟飞动作你们看清楚没有？飞得好看吗？脚用什么动作？手臂怎样摆动？脚的动作（碎步）你们已经学会，今天老师来教你们手臂摆动好吗？"⑤ 教师作手臂摆动，示范两次。第一次数节拍，第二次哼《鸟飞》曲调，儿童跟着教师练习。⑥ 教师弹琴。儿童坐在椅子上听琴声练习手臂摆动，提醒儿童挺胸、动作轻柔。⑦ 儿童站在椅子前面听琴声练习鸟飞动作（手脚连起来做），注意手臂摆动的节奏。⑧ 听琴声由能力强的儿童带头，一个跟着一个绕圈飞一周回原位坐好，比比哪只小鸟飞得最好看。教师随时提醒、检查。

（4）边弹边唱，儿童出教室。

三、音乐游戏 ——《小黑猪》

（一）教学要求

（1）初步教会儿童做音乐游戏《小黑猪》，培养节奏感，并随着音乐变换动作。

（2）复习歌曲《打电话》，要求儿童唱准曲调，注意休止符号，表达出歌曲中一问一答的亲切语气。

（二）教学准备

（1）小黑猪头饰三四只、玩具电话机一副、录音机一只、电铃一只。

（2）儿童已会唱《小黑猪》的歌，学过顺着圆圈做"大耳朵"和"翘鼻子"的动作。

（三）教学过程

（1）教师按电铃，儿童边讲"电话铃响了"，边从教室四周自由地跑步，坐成四行。

（2）复习歌曲《打电话》，要求儿童唱准曲调，注意休止符号，表达一问一答的亲切语气：喂、喂、喂、哎、哎、哎。① 出示电话机玩具，让儿童用手摸一摸，引起兴趣，启发感情。② 全班唱一遍，提醒儿童唱准曲调，注意休止符号。③ 男孩、女孩对唱（一问一答）。④ 两个儿童拿起电话机的听筒对唱（一问一答）。⑤ 前面两句全班齐唱，后面两句男孩、女孩对唱。⑥ 教师简单评价后，儿童在音乐声中搬起小椅子走成圆圈，音乐结束时面向圈里坐下。

（3）教音乐游戏"小黑猪"。① 听《小黑猪》音乐，启发儿童讲述歌曲名称。② 全班唱《小黑猪》歌一遍。③ 放录音，儿童跟着教师复习"大耳朵"动作和"翘鼻子"动作，要求动作符合节奏。教师纠正动作。④ 教师启发谈话："今天我们要做《小黑猪》的音乐游戏了，你们高兴吗？饲养员阿姨替小黑猪盖起了新楼房，小黑猪多么高兴呀！楼房怎样搭的呢？小黑猪怎样住进新楼房的呢？让老师来告诉你们好吗？现在老师来做小黑猪。"⑤ 教师边讲边示范，儿童跟着练习。⑥ 圈上儿童边唱歌边踏步，"小黑猪"再进入圈中跟老师连续做几遍邀请动作。⑦ 教师把游戏全过程再讲一遍，前奏音乐只做动作不唱歌，最后要拿起头饰戴在头上，进入圆圈做"小黑猪"；第一遍、第二遍音乐要边唱边做动作，并提醒儿童记住游戏的规则。⑧ 请三四个儿童戴上头饰做"小黑猪"，游戏进行三四次。⑨ 教师用游戏的口吻告诉儿童："现在饲养员阿姨在你们的座位上盖起了新楼房。老师弹琴时，大家就搬到新楼房去，等我回过头一看，发现小猪不见了，你们就高兴地告诉我：我们住进新楼啦！"儿童随音乐做"大耳朵"动作回座位。

（4）儿童随琴声出活动室。

四、歌表演 ——《幼儿园里好事多》

（一）教学要求

（1）让儿童自编《幼儿园里好事多》的动作，培养儿童为集体做好事的思想。

（2）用《小格桑》和《向阳花》曲调复习节奏音乐，要求儿童掌握拍子的节奏。

（二）教学准备

（1）儿童已学会《幼儿园里好事多》的歌曲。

（2）各种打击乐器若干件、红旗五面、带子每组五根、一个录音机。

（三）教学过程

（1）儿童听音乐做弹簧步，进活动室坐成三排。节奏乐练习（用打击乐器）。演奏第一首歌曲《小格桑》，要求儿童掌握 f 拍节奏（第一拍强，第二拍弱）。演奏第二遍时要求边唱歌边打节奏。演奏第二首歌曲《向阳花》，要求儿童掌握 f 拍节奏（第一拍强，第二拍、第三拍弱）。演奏一遍后，请个别儿童唱歌，其他儿童打节奏。

（2）复习歌曲《幼儿园里好事多》。① 教师弹歌曲，启发儿童回忆歌曲名称和内容。② 集体唱一遍，要求以愉快的情绪唱出询问的口气。③ 集体再唱一遍。

（3）教《幼儿园里好事多》的动作。① 教师说："小朋友，你们已学会唱这首歌，今天根据歌词你们自己来编表演动作，好吗？"② 放录音或教师边弹边唱，让儿童自由自在地拍手打节奏，并根据歌词想动作。③ 引导儿童自编动作。④ 教师把逐句或逐段编出来的动作连起来表演，儿童跟着练习。⑤ 教师弹琴请动作做得好的儿童出来示范，全体随着音乐边唱边做动作，教师及时提醒并纠正动作。⑥ 放录音或教师弹琴，儿童随着音乐练习统一的动作（但亦允许儿童在个别歌词中自由表达）。⑦ 放录音，师生一起表演。

（4）儿童随音乐用弹簧步出教室。

五、舞蹈 ——《水仙花》

（一）教学要求

教儿童学会舞蹈《水仙花》的跳法，巩固"三步"动作，培养儿童的审美力和表现力。

（二）教学准备

黑板架一副，录音机一台。贴绒教具一套（水仙花、太阳公公）。已学会"三步"的跳法。

（三）教学过程

全班儿童排成双行队形，两手交叉互握，边听音乐边做三步，坐成四行。要求儿童用自然、连贯、好听的声音唱。

（1）欣赏舞曲及舞蹈表演。让儿童反复听舞曲，先不告诉儿童乐曲名称，让他们感受三拍子节奏的特点和圆舞曲风格，然后告诉儿童这首舞曲叫《水仙花》，启发儿童想象出水仙花在空中舞动的形象和姿态，再看教师的表演，使儿童有完整的印象。

（2）分析舞曲，掌握节奏。启发儿童讲出舞曲的性质、节拍和有几段体。然后跟着音乐打三拍子的节奏，先用手，再用脚，然后手脚一起打出强弱弱的拍子。再用小乐器，如碰铃、铃鼓等来练习，使儿童掌握节奏。

（3）教师出示贴绒教具，交代内容。通过贴绒教具和谈话，让儿童知道这是水仙花，是白色的，冬天开花，并让儿童看图片（小朋友们在和水仙花高兴地跳舞），启发他们也来和水仙花一起跳舞。教师交代舞蹈叫《水仙花》，要求儿童认真仔细地看老师表演。

（4）放录音，教师自己扮小朋友，另请一位教师扮水仙花，示范整个舞蹈动作一遍。

（5）教师根据音乐节奏，用念儿歌的方法，分解、示范、讲述动作，儿童学习动作，教师及时指导。

（6）放录音，教师作口头提示，儿童安静地听一遍音乐，回忆全部动作后，第二行、第三行儿童转成面对面，拉手成里圈（面向圆心），第一行、第四行儿童拉手成外圈，变成双行圆圈，面向逆时针方向，两人并立成一对一对。教师站在圈中示范，随着音乐完整地跳两遍，跳到第三遍动作时，里外圈相对站立跳。钻圈时外圈先钻。

（7）儿童练习整个舞蹈。可以全班跳，也可以分成两组，一组跳，一组用小乐器伴奏，加强舞蹈的气氛，增加了美的享受。

（8）最后请两个儿童跳一遍，检查教学效果。

（9）儿童随着音乐出活动室。

六、歌表演 ——《泡泡不见了》

（一）教学要求

（1）初步教会儿童按歌词内容自编简单的歌表演动作，发展儿童的想象力、表现力，提高儿童对音乐、舞蹈的兴趣。

（2）复习歌曲《好叔叔》《泡泡不见了》。要求儿童用自然的声音演唱歌曲。

（3）复习音乐游戏《蝴蝶飞》，要求儿童做好蝴蝶飞和开花的动作，遵守游戏规则，并以愉快的心情投入游戏。

（二）教学过程

（1）随着音乐做采果子动作进教室后做律动。表演《采苹果》，要求动作和节奏姿势较优美。表演《猴耍》，要求动作灵活，两脚要蹲下来。表演《敲锣打鼓放鞭炮》，要求儿童表演得热烈、欢快。

（2）教师说："小朋友的本领真不少，这些本领是谁教你们的？"

① 复习《老师像妈妈》，要求儿童有感情地演唱。

② 复习《泡泡不见了》，要求儿童用自然的声音演唱。

（3）教歌表演《泡泡不见了》，要求儿童自编动作。

① 教师说："《泡泡不见了》这首歌真有趣，今天我们为这首有趣的歌编些表演动作，大家一起来动脑筋好吗？"

② 请儿童逐句编演动作，要求儿童积极开动脑筋，并能讲出自编动作的意义。每编一句就小结一次。

③ 教师把儿童编得好的动作汇成一起表演一遍，然后问儿童表演得怎样？并请跳得好的儿童跳一遍。

（4）复习音乐游戏《蝴蝶找花》。儿童每五人围成小圆圈做花，另请几个儿童做蝴蝶，做游戏两遍。要求儿童愉快地游戏，并遵守游戏规则。

（5）随着音乐出教室。

第四节　儿童舞蹈的记录方法

为了帮助我们记忆、收集、创编、教练和交流舞蹈，必须懂得儿童舞蹈的记录法。这是一种通过文字、曲谱、图示等来说明舞蹈作品全貌的书面记录。一般由"内容简介""音乐""基本动作""动作说明""跳法"（或"玩法"）、"场记""舞蹈美术"等部分组成。

一、律动记录法

（1）名称。写在中间。

（2）音乐。一般采用有主旋律的简谱，并注明音调、拍子、速度、表情等演奏上的要求，较长的音乐要注明小节数，如 [1][5][9]……要写清反复记号。

（3）动作说明。左面写音乐节数，右面写动作的做法，对照起来写。写动作要求简单扼要，但要能说明问题。一般先写起步的脚，再写手臂、躯体、头部的动作。要写清动作的方向，如上、下、左、右、前、后等。

二、歌表演记录法

基本与律动记录法相同，所不同的是，在动作说明中把音乐小节数改为写歌词，即歌词和动作对照起来写。有时还可将歌词的内容表达出来。

三、集体舞记录法

（1）名称和音乐的记录法与律动和歌表演记录法相同。

（2）跳法。把参加的人数，站成什么队形，面向什么方向，要不要报数，还有某种角色等都写清楚。然后把音乐（歌词）与动作对照起来写。如果音乐要反复几遍时，在上面必须写清楚第几遍音乐，或唱第几段歌词。动作的写法同律动。如果是邀请舞要写清楚邀请者和被邀请者。如果一对舞伴动作不同，则在同一节音乐中写清不同的动作。

四、音乐游戏记录法

（1）名称和音乐的记录法与集体舞记录法相同。如果有几段乐曲，则要注明曲一、曲二、曲三等。

（2）玩法。先写清多少人参加，成什么队形，有哪些角色、有些什么准备工作以及场地的布置等。再把游戏方法依次写下去。

（3）规则。写方法时往往结合游戏的规则。有时为了避免重复，可以不必写这一项。但有时为了强调游戏的规则，或者写方法时没有写到的地方，也可以将这一项单独写出。

五、表演舞记录法

（1）内容简介。用简练、生动的文字，把舞蹈作品的主题思想、时代背景和人物的思想感情以及主要情节介绍清楚。

（2）人数和舞蹈美术。记录多少人参加，有哪些角色。舞蹈美术包括服装、道具、布景、灯光等，它在舞蹈中为人物的活动提供典型环境，显示时代特征，烘托舞台气氛，使舞蹈更好地揭示主题和塑造人物形象。

（3）音乐的记录法。同前面的记录法。

（4）基本动作。主要是记录本舞蹈中反复出现的一些基本动作和一些较难做动作的跳法。其他动作放在"场记"部分。这样可使"场记"部分简练明了，同时也便于排练。写"基本动作"是按舞蹈中出现的先后次序，逐一用详细的文字说明其跳法。先写动作的名称（或动作一、动作二……），再写节拍、人体各部位动作和方向等。有些难说明的动作，可以用动作图来说明，动作图必须画得准确，要与文字说明相吻合。不能讲左脚却画右脚。动作图上最好画一条地平线，这样便于看清是站还是离地跳起。

（5）场记。通过队形变换（舞台调度）、动作说明及必要的动作图，把一个舞蹈的情节、动作、造型、队形与地位的变化、表演要求等分段记录下来，比较完整地反映其表演过程，也就是把舞蹈跳法作综合性说明。在"基本动作"部分已说明过的动作，在场记中只要写出某小节音乐，谁朝哪个方向，走到什么位置，做几遍某动作就可以了。为了清楚地介绍内容情节，除了用文字说明动作以外，还要把该动作所表达的内容和感情讲清楚。为了使人看懂队形、位置、动作路线等，还要用场记图（亦称队形图）来说明。

六、儿童舞蹈教学技巧

提到律动教学，教师的眼前自然地展现出孩子们闻声起舞的情景：小鸟飞，小兔走，摘果子，扭秧歌……看见孩子们整齐、优美的动作，教师的脸上绽开了笑的花朵。其实，在律动教学中，一味追求这样的效果往往会导致教学的注意力偏重到动作上去。例如，教摘果子的动作，先让孩子们听一遍音乐，接着就学动作，教师示范，孩子模仿；"摘果子时头要高高抬起，放果子时要斜看着篮子……"教师详细地讲解着动作的要领，对姿态的要求也一再强调，还借用口令"一、二、三、四"来练习动作，动作全部学会后配上音乐。分析一下这样的教学过程就会发现两个不足的地方。其一，没有充分发挥音乐的特点和作用。其二，教学方法是单纯的模仿。这种教学的结果是动作统一整齐了，可是动作缺乏乐感，孩子们创作动作和感受音乐的能力却未能得到培养。因此，在律动教学中，一定要让孩子感受乐曲的节奏、速度、力度、情绪等，想象音乐意境，然后创造即兴动作，让孩子用身体的动作来表现音乐的各种要素。

实践告诉我们，在律动教学中，一定要让儿童感受音乐，让音乐刺激听觉，产生形象，再以动作来表现音乐，这样可以激起孩子们表现音乐的欲望，也鼓励了孩子将自己对音乐的体会表现在动作中，保护发挥孩子积极的自我表现，即一种创造的欲望，蕴藏着丰富的创造能力。这不仅为国内外许多教育、心理学家的研究所证实，而且也越来越被幼教实践工作者所认识。

（一）激发儿童创造力

如何使儿童的创造能力得到激发并获得充分发展呢？首先教师心中要有培养儿童创造力的明确目标，那么就会发现儿童一天的生活中，处处有发展儿童创造力的机会，无论是上课、做游戏，还是散步等其他活动。由于儿童的创造力是在探索活动中得到表现、锻炼和发展的，所以在舞蹈教学中要改变过去一味传授、训练基本技能的方法，尽可能多地提供一些引导儿童自己去探索、想象、创造的机会。教学方法归纳起来有十个字："听听、想想、讲讲、做做、学学。"下面试以律动《猴耍》的教学为例。

（1）听听、想想。要求孩子们边听边想乐曲所表现的猴子是什么形象？在干什么？然后告诉孩子们，一边仔细听赏乐曲，一边要展开想象，将活泼、明快的旋律转化为一幅幅生动有趣的猴耍的情景画面。孩子们的想象是丰富生动的，他们聚精会神地听着，脸上露出喜爱、调皮、充满兴趣的神情，有的孩子干脆做出各种模仿的动作来。

（2）讲讲、做做。在听听、想想的基础上，要启发儿童用语言来描述猴子的外形特征。在讲讲、做做的同时，还要请一些儿童给大家示范表演，老师给以简要的评价和指导，使孩子们互相受到启发，增强兴趣，活跃气氛。进一步创造出逼真有趣、丰富多样的猴耍动作。

（3）学学。将孩子们一致喜爱的动作连接起来，组成一组猴耍动作。由于这组动作都是在孩子们充分发挥积极性、创造性前提下选用、提炼成的，因此深得儿童喜爱，学习的愿望非常强烈。他们会一边笑容满面地看着，一边忍不住就做了起来。连平时动作能力较差的小朋友也情不自禁地爬在椅子背的上面做起大猴子来，请另一个小朋友坐在椅子面上做小猴子，并让他弯着身子，由大猴子给小猴子捉虱子。

在"听听、想想、讲讲、做做、学学"的过程中，孩子们的所得不只是学到了猴耍的舞蹈动作，更重要、更可贵的是创造能力得到了锻炼。他们每个人都展开了想象，根据音乐创造出活泼、可爱、调皮机灵的猴子形象。当然，

"听听、想想、讲讲、做做、学学"十个字并不是所有舞蹈教学的唯一模式，各种舞蹈教材都有各自的特点，教学方法也应当因材而异。另外，这十个字本身也互相渗透。最根本的一点，就是要尽可能地引导孩子们自己去探索、去想象、去创造。

（二）培养儿童舞蹈的表现力

如何培养儿童舞蹈的表现力，有以下几个步骤：

（1）生动形象的教学方法。"好奇"是儿童的心理特征，"形象"是儿童的思维形式，将两者有机地结合起来，从感情着手，使儿童很快地领会意图，留下深刻的印象。

（2）创设歌舞的意境，展开联想的翅膀（让儿童身临其境），在游戏中教，在游戏中学。

（3）用生动、有趣的方法教会儿童基本动作和基本步法。儿童掌握了一些正确的基本动作，以动作、姿态和表情来表达音乐形象，才能有助于创造性才能的发展。教基本动作和基本步法时，要教得生动有趣，使儿童乐于接受。

（4）采用一些直观教具。儿童的抽象思维还没有充分发展，能引起他们注意的常常是更为有趣的形象思维，因为他们的想象往往是具体、直观、形象的。

（5）要认真地设计一节真挚传神、情趣盎然的课。在深入进行教学领域改革的今天，应重视课程的设计，努力寻求最佳方案，把一节课中的复习、新授、巩固几个环节组织在一个主题中，随着情节的发展，层层展开，环环紧扣，形成一个整体。

（三）儿童舞蹈教学技巧

儿童舞蹈教学两点体会：

（1）培养儿童从小有学习音乐舞蹈的兴趣。首先，要培养儿童的节奏感。儿童在没有经过训练前，就会拍手、走、跑、跳和唱。而这些自然性的动作会产生一种自然性的节奏，我们可以充分利用这些自然节奏结合音乐来训练儿童对一些基本节奏产生感性的认识。在训练时，基本节奏的速度和特点必须用声音来表示。其次，在教舞蹈时，可以先让儿童听熟音乐的曲调、情绪、节奏，然后用图片、歌谣等帮助儿童理解作品的内容。最后，让儿童仔细地看老师的示范，使儿童知道怎样进行动作（包括手、脚的位置，身体姿态，动作的路线，眼睛的方向等），只有这样，才能使儿童对舞蹈有兴趣。

（2）舞蹈的基本动作必须多看、多练习。要编一个舞蹈或排练一个舞蹈，最重要的是要熟悉基本动作，因为每一个舞蹈都有它的基本动作。

①集体实践，理解消化（以实物帮助掌握动作）。

②分组练习，便于教师检查效果。

（四）儿童歌舞创作的体会

舞蹈是美育的重要手段之一，它直观、形象、生动、活泼，是儿童极为喜爱的一项活动。它可以陶冶孩子的性情，使他们从小受到美的熏陶，得到潜移默化的启迪及教育，有利于身心健康成长。下面以《路上开满伞花花》为例，浅谈创作过程及体会。

（1）注意观察儿童生活，从生活中选材。笔者每天生活在孩子们中间，熟悉儿童生活，所创作的几个歌舞大都是从生活中选材，反映了孩子们的精神面貌。《路上开满伞花花》是注意观察儿童生活，努力捕捉他们的心灵特点创作出来的。孩子们的天性是好奇，常常看到他们喜欢在雨地中玩耍，脚踏雨水，手撑雨伞，忽而举高，忽而扛肩，转动伞面看着晶莹的雨珠一串串地飞出。有时两人同在一伞下，高兴地叫喊着、唱着，手舞足蹈，兴致勃勃，忘了一切，玩得异常高兴。也有的孩子在雨中嬉闹，用手接雨点或抖开手绢顶在头上。生活的启示使笔者产生了创作一个伞舞的念头。

（2）儿童歌舞的童趣是十分重要的。儿童年龄小，思维具体、形象，身体的骨骼肌肉都在发育之中，尚未成熟。他们的平衡能力和控制能力较差，但他们天真、活泼、稚气……儿童歌舞是演给儿童看的，也是儿童直接参加表演的，因此词、曲、动作的设计都要注意孩子的特点，因为这将决定舞蹈的成败。

对于具有儿童特点的典型动作要重复使用，避免动作太多太杂乱，失去形象。在教会基本动作后，可让儿童反复练习，便于他们进入角色，在熟悉中有所创造。编导要善于发现和鼓励孩子们的创造性，往往他们创造出来的动作更有儿童特点，如《多么幸福多么甜》，笔者教的是踢跳步，其中有个儿童在欢快的乐曲中用了小跑步，充分表达了儿童的欢快的形象，于是马上改用了孩子的动作。要做到有儿童特点，首先要童化自己，多观察孩子们的喜、怒、哀、乐及其表现方式，对于成人的舞蹈，要学习、借鉴，更重要的是将儿童特点结合进去，变成儿童可理解可接受的东西。

力求新颖的艺术处理。在如何运用道具上，不仅要考虑孩子的特点，还要力求新颖的艺术处理。《路上开满伞花花》要用伞，当时买的小布伞颜色杂乱暗淡不美，因而决定换伞面，把每个伞换成白底粉红花瓣，使每个伞成为一朵大花，象征着祖国的花朵，象征着孩子们美好的心灵。一开始设计的是每个人背着伞上场，到伞舞时，一转身把伞打开，但买来的小伞叉棍不灵，刚推上去就掉下来，有时需要边转边推才能打开。这是强孩子所难，于是将伞事先撑开固定好，身上背假的，到时一换就可以了。舞蹈不仅要找生动有趣的情节，还要抓细节。笔者没有学过舞蹈创作的理论，但在实践中感到创编儿童歌舞要有生活，熟悉儿童生活，在生活中选材。主题确定之后，要考虑有一个完整的结构。如何开始，情节怎样发展，怎样推向高潮，在高潮中结束。编导的脑子里要有典型形象，有画面。舞蹈是综合艺术，各方面都要力求反映孩子特点，这是笔者的一点体会。

第三章　儿童舞蹈教育的结构、特点和原则

第一节　儿童舞蹈教育的结构

儿童舞蹈教学作为一门独立的学科，有其自身的特点和规律，与成人舞蹈的教学或专业院校的舞蹈教学有很大区别。作为专业的儿童舞蹈教师，应清楚地认识到儿童舞蹈的教学并不是单纯地传授技能或娱乐，而是要根据本学科特点和受教育者的特点，科学合理地进行舞蹈教学。

现代教育理念认为，在一切儿童教育活动中，必须确立儿童的主体地位，即尊重儿童的人格、生存和发展的权利，全面考虑儿童的需要，促进儿童主动学习的兴趣，并为他们创造一个自由完善的环境，让他们得到充分的发展。

儿童舞蹈教学，是让儿童在充满艺术气息的学习环境中，学会自主学习、自主发展、促进知识转化为能力的活动过程。从总体上看，儿童舞蹈的教学主要分为校内舞蹈学习和校外舞蹈学习两大类。无论是校内还是校外，儿童舞蹈教学都是由施教者（舞蹈教师）和受教者（儿童）两个主要成分共同构成的。

一、施教者是教学的主导

在儿童舞蹈教学中，教师是实施教育的执行者、教案的设计者、知识的传播者、技能的指导者和教学活动的组织者，所起的作用至关重要，始终处于主导地位。

（一）"导"有目标

实施舞蹈教育的教师，理应熟悉该学科的教学目标、教学内容，并具备相应的专业知识。儿童就像一张纯洁的白纸，对真假善恶、黑白美丑的辨别能力尚未成熟。教师如果没有方向、没有目标，只把舞蹈教学当作跟儿童跳一跳、玩一玩，那么儿童不会有多大收获。因此，教师在舞蹈教学中必须有明确的导向目标，才能实现"感染人""教育人""塑造人"的目的。

（二）"导"有层次

在儿童舞蹈教学中，教师应从教学内容出发，遵循儿童的认知规律，有层次地引导儿童感受舞蹈、理解舞蹈、表现舞蹈，提高舞蹈的表演能力和审美能力。儿童不愿意学舞蹈的原因多数是被舞蹈的高强度训练吓怕了。看到教师示范的舞蹈动作那么复杂、那么难，看到同伴们那么辛苦地训练，儿童很容易产生恐惧心理和抵触情绪。

儿童舞蹈的教学不应该让儿童感到压力，教师要根据所教授班级的年龄特点和实际水平，由易到难、循序渐进地营造一种愉悦、宽松的课堂环境。例如，在教授舞蹈《金孔雀轻轻跳》时，可分以下几个层次进行：首先，让儿童欣赏音乐，想象孔雀在大森林中跳舞的情景；其次，欣赏傣族孔雀舞，了解孔雀舞特点和傣族民俗风情；再次，跳孔雀舞，学习舞蹈动律；最后，边歌边舞，体验表演的快乐。这样层层深入，既遵循了儿童的认知规律，又让儿童在学习时不会有吃力的感觉，有利于引导儿童自主学习，从而保证每个儿童在课堂上都积极主动地参与学习。

（三）"导"有修养

俗话说："学生是教师的一面镜子。"有什么样的教师，就会培养出什么样的学生。舞蹈教师除了传播舞蹈知识外，对学生人格修养的形成也起到示范的作用。

人的品德修养，是从日常生活中的举手投足、言谈举止上流露出来的。舞蹈教师本身就具备端庄高雅的气质，如果加上整洁大方的衣着、生动友善的言谈、优美得体的举止等，完全可以成为舞蹈艺术的代言人。

舞蹈教师的职业特点，决定了他们的身教重于言教这样一种特性。因此，舞蹈教师不经意的行为举止，有可能被儿童所效仿，并认为那就是正确的、是美的、是流行的。

要成为一名合格的施教者，舞蹈教师只有不断加强学习，不断提高自身的品德修养，才能够更好地教育和带动未来的社会栋梁健康茁壮地成长。

二、受教者是学习的主体

在舞蹈教学活动中，施教者的主导地位固然很重要，但受教者是学习活动的主体，一切教学活动都必须紧紧围绕这一主体进行。

教师主导的过程同时也是帮助学生"学"的过程。儿童舞蹈技能的掌握，智力的发展，思想、情感、意志的培养，都要通过儿童自己的积极思索和实践活动才能完成。如果儿童没有学习的主动性、积极性，舞蹈教学最终还是会以失败结束。处于生长发展过程中的儿童是不成熟的主体，教师要充分利用成人的认识与行动优势，有意识地为儿童创设优化的教育环境，指导他们正确选择，督促他们主动发展，让他们的主体意识与能力变得更加成熟，从而帮助他们从自发的主体向自觉的主体转化。

（一）"学"有意识

"我是学习的主人。"在舞蹈教学中，教师要让儿童意识到这一点，并要尊重和发展儿童的主体意识和主动精神。

教师不要把儿童看作无知的孩子，要把他们看成有血有肉、有思想、有感情的人。在课堂上，教师不要急着下结论或者灌输知识，而要把句号化为问号，让儿童在教师的启发诱导下积极思考，参与到教学过程中，使儿童的主体作用尽可能得到充分的发挥。例如，在儿童欣赏完舞蹈后"设疑"，让儿童自己总结舞蹈的风格、特点；发现儿童的动作有错误时，不要急于纠正，而是让他们自己找问题，解决问题。

实践证明，儿童学习的几个主要因素中，动机占33%，才能占33%，智力占20%，其他占14%。由此可见，在舞蹈课堂上，教师有必要帮助儿童树立明确的学习动机，使其在主观上产生动力，认识到自己是学习的主人，对自己的舞蹈学习提出适当的要求，督促自己主动学习。

（二）"学"有兴趣

美国心理学家布鲁纳说："兴趣是最好的老师。"儿童对舞蹈的兴趣是推动教学的内在力量，也是儿童学习的强大动力。有了对舞蹈的兴趣，儿童才会接受舞蹈，喜欢舞蹈，而不会把舞蹈当作枯燥、痛苦的肢体运动。

激发儿童学习舞蹈兴趣的方法有很多，教师可根据儿童的年龄特点，在教学中运用游戏法、口令法等富有童趣的教学方法及分组竞赛、小组展示等有趣的环节吸引他们的注意力；也可以充分利用多媒体教学手段，让儿童欣赏世界各国的精彩舞蹈，认识著名的舞蹈家；还可以将儿童的上课情况录下来，让他们欣赏一下自己优美的舞姿。

儿童舞蹈教学应尽可能将看、听、说、动、玩结合在一起，充分发挥多种感官的作用，引发兴趣，激发求知欲，让儿童全身心地投入学习活动中，在愉快和谐的教学气氛中满怀激情地学习。

此外，为激发儿童持久的学习兴趣，教师应让儿童感受到成功的乐趣，对他们的点滴进步给予鼓励。例如，在儿童舞蹈教学中，准备一些精美的小纸贴作为奖励，发给动作完成得好、遵守纪律的儿童。在儿童的心里，这些贴纸是他通过努力换来的，是老师和同学们对他的夸奖，这种感受让儿童内心得到极大满足。另外，教师鼓励性的语言，如"你的动作很漂亮""你做得真棒"等也能让儿童充满自信。如果有儿童做错动作，或因胆小、害羞不敢在大家面前展示舞蹈，教师要给予充分的谅解和适度的宽容，用"这样做可能会更好""老师陪你一起表演"等语言鼓励、帮助他们，使他们在学习中体验到成功的快乐。

儿童舞蹈教学过程是教师的主导和儿童的主动相互作用的过程。舞蹈教学光有儿童的积极性，没有教师的正确指导，达不到理想教学效果；光有教师的指导，而没有儿童的参与，那么教学只能是走过场。因此，教师不要只注重舞蹈动作的教授，要注意使用引导的方法，让儿童主动地学习知识，变"学会"为"会学"。

第二节　儿童舞蹈教育的特点

舞蹈往往要求改变身体的正常状态，达到舞蹈所需要的软度和开度，这需要承受常人难以忍受的皮肉之苦。从这方面来说，舞蹈是一门"残酷的"艺术。传统的舞蹈教学是强制性的，这种授课方式对于成人或是专业院校的舞蹈教学适用，但对于以培养舞蹈兴趣、提高审美情趣为主要目的的儿童舞蹈教学是绝不适用的。儿童舞蹈教学有其自身的特点。

一、趣味性

儿童舞蹈教学最大的特点是寓教于乐。它不单是简单的动作教学，如何让儿童喜欢舞蹈、热爱舞蹈也是儿童舞蹈教师要考虑的问题。

要让儿童喜欢舞蹈，就要使舞蹈学习变得快乐有趣，其方法有很多种。儿童好模仿、易想象，对各种事物容易产生好奇心，因此可以在舞蹈课堂上用神话与童话中的人物、科幻故事中的奇异怪兽、自然界的花草鸟兽等形象，引起他们的学习兴趣，使他们集中注意力。边歌边舞或是边玩边做也能满足儿童好玩的心理需求，激发他们的求知欲。此外，大多数儿童都有强烈的表现欲，喜欢争强好胜，哪怕自己根本不会的动作也争着一比高低。巧妙利用儿童的这一心理特点，将对舞蹈课堂起到催化剂的作用。

儿童舞蹈比成人舞蹈动作简单，没有太多复杂或高难度技巧。因此，儿童舞蹈教师应更多地注意活跃课堂，创设愉快的教学环境，让儿童在快乐中学习，学习中快乐。如果一味地练习动作，儿童对舞蹈容易产生厌倦心理，也就难以达到预期的教学效果。

二、游戏性

儿童舞蹈也是儿童游戏的一种形式。游戏性是儿童舞蹈教学与成人舞蹈教学最大的区别。

1959年11月20日，世界联合国大会通过的《儿童权利宣言》中规定："儿童有权利得到适当的营养、居住、娱乐和医疗服务。儿童享有游玩娱乐的全部机会，其目的应与教育目的相同，社会和公共权力机构应努力促进享受这种权利。"此项规定说明了儿童游玩的权利与教育权利同等重要。

根据儿童教育专家的研究，儿童时期可分为乳儿期、婴儿期、儿童期、学龄前期、学龄初期、学龄晚期六个年龄阶段。我们所说的儿童舞蹈大概从儿童时期开始到学龄期为止，对于这个年龄段的儿童来说，玩耍和游戏是他们在日常生活中不可缺少的活动内容。

毋庸置疑，儿童舞蹈的趣味性和游戏性应摆在儿童舞蹈教学中的首位。只有好玩、有趣，儿童才会喜欢学舞蹈，喜欢跳舞蹈，喜欢看舞蹈。儿童舞蹈教育的普及，并不是希望每一个上舞蹈课的儿童将来都能成为舞蹈家，而是希望每一个接触过舞蹈的孩子都能在快乐、幸福、有趣的学习环境中得到舞蹈艺术的熏陶。

三、规范性

趣味性、游戏性在儿童舞蹈教学中至关重要，但舞蹈教师也不能忽视舞蹈教学中动作的规范性。

如果说儿童获取其他学科知识的主要来源是书本，那么舞蹈的知识主要来自舞蹈动作。儿童对动作的体验和表现，是评判他们对舞蹈知识的理解与消化程度的标准。

舞蹈学科中，芭蕾舞、民间舞、古典舞、国标舞等经过长期的实践和研究，都有了科学、完整、规范的教学体系。儿童要表现芭蕾的高雅、民间舞的淳朴、古典舞的神韵等，必须通过规范、准确、反复的身体训练才能达到。如果舞蹈教师不清楚这些舞蹈的风格特点，不能准确地讲解动作要领，那么儿童就不可能体验到不同舞蹈的韵味。

儿童舞蹈的动作难度是根据不同年龄段儿童的接受能力设计的，相比成人舞蹈动作，更简单易学。即便如此，舞蹈教师也应在认真研究和吃透动作要领的基础上，对儿童进行舞蹈的教授。另外，由于舞蹈教学的特殊性，教师的示范动作往往就是标准动作，因此舞蹈教师平时应注意进行舞蹈基本功训练，用准确、生动、富有感染力的动作示范进行传道、授业。

四、情感性

任何一种教学过程都是师生情感交流，相互融洽、熟知的过程。

儿童舞蹈课堂应努力创造一种平等、互爱、轻松、愉快、和谐的气氛。舞蹈教师的语言要生动活泼、儿童化，表情亲切和蔼，声音洪亮，以鼓励和表扬为主，避免打击儿童和侮辱儿童人格的语句。当儿童完成一个较难的舞蹈动作，满怀希望地等待老师表扬的时候，老师一个欣喜的眼神，一句"你真棒！"会让他们充满自信，投入下一个挑战。而当儿童做错动作或因难以完成动作而忐忑不安的时候，老师坚定地说一声："多练几遍，我相信你肯定行！"将激励他们克服困难，奋发学习。

除了师生间的情感交流，舞蹈教学中的情感性还有另一层面的意义。在舞蹈课堂上，经常可以听到教师要求儿童"听音乐，注意感觉""要笑得灿烂、阳光""像解放军一样威武"等，这些都是舞蹈教学中特有的一种情感启示。儿童拥有旺盛的精力，时刻准备着去发现、去欢呼，所以相比成人舞蹈教学，儿童的舞蹈世界里更容易激发出绚丽的情感色彩。

舞蹈教师在教学时要注意赋予每个动作以感情，即使是一个简单的跳跃动作也要让它充满喜悦和快乐。这样培养出来的儿童才是真正会感受美、表现美、创造美的小小舞蹈家。

五、集体性

儿童舞蹈教学一般采取集体授课的方式。虽然目前也有个别请老师上小课的情况，但有经验的儿童舞蹈教师多数会提倡集体授课，主要原因如下：

（1）集体训练有助于培养儿童的竞争意识。在集体学习和训练中，儿童可以互相学习，互相比较，互相促进，互相激励，这是舞蹈教学不可缺少的动力。

（2）集体训练能增强儿童的集体观念。教学中舞蹈队形的变化、动作的协调一致等，都要求儿童团结协作，感受别人的呼吸和动作才能完成。长期的集体训练能让儿童之间形成默契，培养良好的集体意识。

（3）集体训练可以消除舞蹈教学中因反复练习带来的枯燥感。通过集体游戏、分组练习、观众与演员角色分配等形式，可以大大提高儿童学习舞蹈的兴趣和热情。

（4）集体训练可以锻炼儿童的意志。常规的舞蹈训练难免会有磕磕碰碰，出现破皮、扭伤等情况，在集体训练环境中，因为怕被取笑，怕掉队，儿童会变得坚强，逐渐培养出不怕苦、不怕累的精神和战胜困难的意志。

第三节　儿童舞蹈教育的原则

教育学中对"教学原则"这一概念的解释是，根据教育教学目的，反映教学规律而制定的指导教学工作的基本要求。儿童舞蹈教学原则与教育学中所指的教学原则是特殊与一般的关系。儿童舞蹈教学是一门独立学科的教学，既遵循普通教育的教学原则，又有儿童舞蹈教育的特点。儿童舞蹈教学原则概括起来有以下几点：

一、教学相长

孔子在《礼记·学记》中提出："是故学然后知不足，教然后知困。知不足，然后能自反也，知困，然后能自强也。故曰：教学相长也。"孔子对教与学、师与生关系的认识是深刻的。只有通过学习才能知道自己的不足，只有担任教学工作才会真正感到困惑；教也是一种学习，只有勤奋刻苦学习，包括向自己的教育对象学习，才能对教学规律有更深刻的认识。

多数儿童舞蹈教师认为儿童思维简单，自己没有必要也不可能向儿童学习什么。这样的思想观念，往往使儿童舞蹈课堂变得成人化、呆板、缺乏儿童的特性。舞蹈教师应该认真观察儿童想什么、要什么、怎么玩、怎么跳，不断向儿童学习，与时俱进地改革教学，才能称得上真正的儿童舞蹈教师。

二、启发诱导

古希腊哲学家苏格拉底曾提出："引导儿童自己学思索，自己得出结论。"他认为教学应该注重启发诱导，循序渐进。现代教育理念也认为，儿童舞蹈教学必须建立在儿童自觉需要的基础上。

儿童舞蹈教学过程中，教师要培养儿童自觉学习、积极学习的心态，使儿童有强烈的学习欲望和要求，这样才能达到事半功倍的效果。"授人以鱼，只供一餐，授人以渔，可享一生"，即要让儿童经过自己的思考获得知识，经过自己的反复训练形成能力，这也是儿童舞蹈教学的原则。用《礼记·学记》上的话说，"道而弗牵""强而弗抑""开而弗达"，教师应通过设疑，鼓励和启发儿童求异探新，感悟自得。这样儿童不但学到了知识，而且领会到开动脑筋、探求知识的快乐，并从获得知识中体验到成功的喜悦。

三、新旧交替

舞蹈课上，每一个动作就是一个"单词"。如同背单词需要重复地念、记一样，掌握舞蹈的这些"单词"，也必须通过大量的重复练习才能掌握，并在此基础上再获得新的知识。

有些舞蹈教师喜欢每堂课都教新内容，而不管儿童有没有消化前面的内容。这样授课容易给儿童压力，使他们总觉得自己的动作达不到老师的要求，又找不出原因，从而产生自卑感。有些舞蹈教师课程进度太慢，大量的复习课让儿童"吃不饱"，从而产生烦躁情绪和逆反心理。

有经验的舞蹈教师，善于运用新、旧内容相交叉的授课方法，为儿童设下有层次、有变化的努力目标。新课和旧课都有各自不同的训练要求和要达到的目标。这样授课，对儿童总是有吸引力。

儿童舞蹈教学中的每一个新动作、新组合，其实都是在旧的舞蹈基础上建立起来的。"新"与"旧"的知识之间存在着直接的、必需的逻辑联系，两者组成了连续的、不间断的知识序列。如果舞蹈教师在教授新知识时，能与儿童原有的知识联系、衔接起来，那么新知识会更加有趣，更易掌握。

四、循序渐进

任何教育的操作都要遵循循序渐进的原则。这是由教育发展客观规律和受教育者的认知发展规律所决定的。儿童舞蹈教学也同其他学科一样，要遵循由浅入深、由易到难的渐进原则。如果没有对舞蹈基础知识的学习，就不会对舞蹈作品有深刻的体验；如果没有单一动作的纯熟掌握，就谈不上表演舞蹈作品的风格。倘若舞蹈教师不遵循这一规律，任意打乱教学顺序，不按儿童认知发展规律组织教学，其教学效果可想而知。

儿童舞蹈教学从最初的培养儿童的学习兴趣，到培养儿童形成舞蹈审美能力的整个过程，都不能脱离循序渐进的原则。只有遵循这一原则，按照儿童认知发展规律和教学内容固有的逻辑顺序开展教学，并保持稳定发展的态势，才能使儿童一步一个脚印地步入舞蹈艺术的殿堂。

五、普及与提高相结合

本书所指的儿童舞蹈教育，是面向国民基础教育的普及型舞蹈教育。其教学目标是使全体受教育者通过舞蹈审美教育，陶冶情操，提高综合素质。因此，在教学内容的设置、教学活动的组织和教学方法上，都要照顾到全体儿童的客观实际，按照不同年龄段儿童的身心发展规律，科学合理地进行舞蹈教学。

除了强调全面普及的同时，教师还应兼顾部分身体条件较好、接受能力较强、舞蹈意识敏锐、有一定艺术表现力的优秀学生的学习。这部分学生能在学习过程中起到主动学习和带动学习的作用，从而促进舞蹈训练教学的有效运行。因此，教师应对这部分学生进行有目的、有计划地培养。

有普及才会有提高，有提高才能有更好地普及。这两者之间是相辅相成、相互作用的关系。在儿童舞蹈教学中遵循普及与提高相结合原则，是教学有序、高效开展的保证。

第四章 儿童舞蹈教育的教学内容与教学环节

第一节 儿童舞蹈课堂教学的基本要素与结构

儿童舞蹈教学的基本组织形式是课堂教学。它是以班或年级为单位，按一定时间，根据教学计划、教学大纲和教材，实行教与学的活动。

一、儿童舞蹈课堂教学基本要素

儿童舞蹈课堂教学同其他任何教育活动一样，都是在一定的思想观念指导下进行的有目的、有计划、有组织的活动。为了达到预期的教育目的，儿童舞蹈课堂应当具备以下几方面要素：

（一）课程标准

20 世纪 90 年代，国家颁布《教育改革和发展纲要》，提出教育事业发展的目标、战略和指导方针，制定了一系列教育体制改革和发展蓝图。

《基础教育课程标准》是依据《教育改革和发展纲要》的规定，以学生全面发展为核心，就一定学科课程的性质和价值、基本理念、课程目标、内容标准、实施建议等提出具体要求。它是儿童舞蹈课堂教学活动的指导性文件，儿童舞蹈教师要在认真学习《基础教育课程标准》的基础上，按照所承担学段的教学任务进行教学活动。

（二）课程安排

课程安排直接关系着培养哪些方面和哪一层次的人才。因此，课程安排实际上体现着一定的教育目的。面向素质教育的儿童舞蹈课程安排，既要体现国家的教育意志，又要依据受教育者的心理发展水平来进行。

（三）教材选定

毋庸置疑，好用、适用的教材是课堂教学顺利开展的关键。儿童舞蹈教育是国民基础教育的重要学科，然而又是所有基础学科中教材最稀缺的一门学科。因此，有必要根据教学实际需要，编写儿童舞蹈教育的教材。

需要特别指出的是，教材的研制、形成、使用是十分严谨、复杂的。选编儿童舞蹈教材要注重基础教育课程的综合性、选择性与均衡性。就选择性而言，强调课程结构要适应地区间经济文化的差异和不同学校的特点，并为地方课程和本校课程的开发留有余地。我们应当从本地区、本学校的实际出发，努力研制出适应素质教育需要的、具有地方特色的儿童舞蹈教材。

（四）教师和学生

儿童舞蹈课堂教学，按照不同班或年级分班上课，通常由一个舞蹈教师、一个钢琴伴奏教师及人数不等的学生共同组成。是否需要伴奏教师可根据课程内容而定，如基本功训练一般需要钢琴伴奏，而民间舞、歌表演、集体舞等课程可不用钢琴伴奏，这样更有助于舞蹈风格的训练。

在儿童舞蹈课堂上，教师与学生只有共同参与、共同感知，才能在审美体验调动、审美经验唤起、审美感知沟通等方面达到同步；只有共同努力，协调配合，才能保证教学活动顺利进行，达到预期的教育目的。

二、儿童舞蹈教室与师生位置

（一）舞蹈教室

标准的儿童舞蹈教室应在 $11m \times 9m$ 或 $14m \times 12m$ 之间。正面的墙壁上安装与墙面面积同样大小的镜子，供儿童对照训练；其余三面墙壁均设把杆，供儿童进行基本功训练时使用。

舞蹈教室的地板材质一般要求有弹性，以地胶为佳。地胶有一定厚度，加上适当的反弹性能，在舞蹈训练中起到保护儿童身体不受伤害的作用；且好的地胶不会反光刺眼，能保护儿童的眼睛。

舞蹈教室还应配备一台钢琴、一套音响、音像以及多媒体教学设备。基本功训练时一般由钢琴教师伴奏；跳民间舞、表演舞等时可以用音响播放舞蹈音乐；舞蹈欣赏时还需要有多媒体教学设备的支持。

舞蹈教室要明亮、通风，昏暗的光线和浑浊的空气都会影响儿童的身体健康。

（二）师生的位置

舞蹈教室与有课桌椅、讲台的文化教学教室不同，舞蹈的动态性决定了课堂位置的流动性和变化性。

舞蹈教师和学生的位置不是一成不变的，即使教师刚开始时站在学生前面教授舞蹈动作，在教学过程中也必须穿行于学生中间去纠正学生的动作。同时，儿童舞蹈组合常常伴着简单队形的变化，或出于提高课堂趣味性和游戏性的需要，学生的位置也在教学过程中发生着变化。

此外，不同舞种的教学有其各自相对固定的上课队形。一般基本功训练类的舞蹈课，如芭蕾基训、古典舞基训、现代舞基训等，把上练习在三面墙的把杆上进行，此时教师应在教室中央；把下练习时，学生则正对镜子分布在教室里，舞蹈教师在最前方，钢琴教师在前方的侧角上，既能看到学生，也能看到授课的舞蹈教师。民间舞教学多数采用学生分布在教室里、教师在前的队形。但由于民间舞蹈组合中常有圆圈、方形、前后对换等队形变化，因此师生的位置也不是一成不变的。

还有一种上课队形是学生围成圆圈，教师站在圈中，或是学生围成半圆，教师站在半圆前。这种上课队形是儿童舞蹈教育家们极力推荐的。因为站在圆圈内或半圆前时，教师能看得到每一个学生的动作和表情，而学生也因没有前、后、中、偏之分，而感到教师对他们公平、公正。

三、儿童舞蹈课堂教学基本结构

在儿童舞蹈课堂上，无论是基本功教学、民间舞教学还是其他舞种的教学，都是由教授动作、纠正动作、展示动作构成的。

（一）教授动作

教授动作首先从舞蹈教师正确地示范动作开始，同时要求教师用生动、简练、易懂的语言向儿童讲解动作规格和要领，说明动作形态和用力方法。

教师教授新动作时不能过于心急。一般来说，儿童掌握一个新动作往往是先从单纯的模仿开始，然后再注意到身体的变化，体验动作的感觉。因此，教师要循序渐进，逐步提高动作的质量。

以小鸟飞翔的动作为例，初学时儿童只顾着模仿教师的动作，并没有意识到自己的手臂是如何摆动，脚下是如何移动的。随着教师语言的提示和身体的反复体验，他们开始意识到自己身体的某些规律性动作，然后才注意教师提出的要求，注意美感，注意有感情地表演小鸟飞的舞蹈动作。

教授新动作前，教师一定要认真备课。儿童在初学时养成的毛病，日后纠正极为费力，甚至无法纠正。因此，每一个新动作在初学时的要求和方法，对儿童以后能否正确掌握这一动作，继而上升到精美的程度关系极大。

（二）纠正动作

纠正动作要着眼于方式方法，不能只从动作外形出发，看见什么毛病就纠正什么毛病，这样会造成课堂教学杂乱无章。

教师在纠正动作时首先要找出动作错误的根源。例如，基本动作训练时要求儿童双脚"外开"，不能只看双脚是否打开，还要看大腿根部是否外旋；要求腿绷直时不要只看脚背，还要看腿部肌肉是否充分延伸等，及时找出动作错误的根源后，就要用精练易懂的语言把动作纠正过来。有经验的教师往往用一个字、一句话或者一个手势、一个眼神就能让儿童领会，遵照改正。

教师纠正动作时还应有重点。如果每个动作、每个儿童都要去纠正，那么整个课堂都会忙于纠正动作，教师将处于被动的状态。但如果教师找出具有典型错误特征的学生进行纠正，就能引起全体学生对该错误的注意，从中吸取教训，自觉纠正自己动作的差错。

（三）展示动作

对于受教育者来说，展示动作是知识消化的具体表现，反映了自己对已学舞蹈的认识情况。同时，展示也是一种表演，一种自我表现的过程。当儿童兴致勃勃地展示刚学会的舞蹈动作时，即使动作还很生疏，达不到要求，教师也不需要忙着纠正他们的动作，而应站在一旁，面带微笑地欣赏他们的舞蹈。

儿童舞蹈培养儿童自信心的过程就是儿童在舞蹈的学习—纠正—展示中，通过自身努力最终得到教师肯定这一过程。当儿童好不容易掌握了一组对于他们来说比较难的舞蹈动作时，如果教师不及时给予肯定，他们就会产生挫折感，进而怀疑自己的能力，失去学习的自信心。反之，儿童通过反复艰苦的练习，品尝到获得成功的乐趣，这种成功的体验和经历，将增强他们学习训练的勇气，激励他们更加主动地向新的训练学习目标冲击。

四、儿童舞蹈课的类型

儿童舞蹈课的类型基本有四种：推新课、复习课、观摩课、排练课。

（一）推新课

推新课是指舞蹈教师根据教学大纲和教学计划的规定，向儿童教授新舞蹈或是新知识的课。

在儿童舞蹈教学中，儿童最喜欢的课通常就是新课。儿童好奇心强、对新课内容总是满怀期待，饶有兴趣。上新课时，教师首先应通过简明扼要的语言表述，介绍新课内容的种类、风格、特点和主要的审美特征等。在讲述的过程中，教师的语言要简练，示范动作要优美，要点要分明，尽量使舞蹈的美和语言的美有机地融为一体。

要上好推新课，教师就要在施教的过程中，善于运用儿童舞蹈教学法，如游戏法、观察模仿法、语言提示、讲解、口令法等调动儿童的学习兴趣。这些教学法将在下一章做详细介绍。

（二）复习课

复习课是指对原来学过的知识进行反复练习的课。它包括对上一次课的完整的重复练习，也包括对原有课程中的重点加以提炼或变化后所做的练习。例如，儿童的基本功训练若达不到教师的要求，教师就可以在某个阶段结束时让他们重复练习压腿、擦地、下腰等，待他们的身体柔韧性和肌肉伸展性达到一定水平后，再进行下一阶段的新内容学习。

如何将枯燥反复的复习课变得生动有趣，其难度不亚于上好推新课。有经验的舞蹈教师会采取分组练习、小组展示、舞蹈鉴赏等教学方法引起儿童上复习课的兴趣，并设定要达到的动作质量要求，使他们在每次复习课中都有新目标、新动力。

（三）观摩课

过去"闭门造车、闭馆育人"的舞蹈教学模式已不适合现代舞蹈教育，越来越多的师生走出班级或校门，观摩他人的舞蹈课，在互相学习和互相交流中得到提高。再者，有观众的舞蹈课会让儿童更加兴奋。因此，通过上观摩课提高儿童的表演兴趣也是有效、可行的方法。

观摩课根据参观者的不同和需要，可对原课程计划进行取舍编排、重新整理，但总体要求简短、干净、紧凑，不会使参观者感到沉闷。观摩课上，由于受外界干扰和兴奋过度，儿童的注意力容易分散，因此教师要控制好课堂秩序、上课节奏，快慢相间，张弛有度。

（四）排练课

排练课是指正常教学计划之外的，为迎接比赛、演出等临时活动排练舞蹈节目的课。如果说基本功、民间舞等课堂教学内容是舞蹈教学的"根"，那么排练课就是舞蹈教学之"花"。根基打好了，花开得也灿烂。

在创作或选择排练剧目时，教师要根据每场演出活动的主题和儿童的实际能力制订不同的排练计划，并给儿童提出严格细致的排练要求。排练课的最终目标是演出活动，演出活动是具有一定质量和观赏性的文娱活动，因此每一个动作、每一个表情、每一个队形变化等都要严格细致地落实到每个表演者身上，才能整齐划一，达到演出的要求。

排练课不仅能提高儿童的舞蹈技能，锻炼艺术实践能力，对他们的身心健康与全面发展也有不可估量的促进作用。

第二节　儿童舞蹈教学的内容

一、律动

（一）律动的定义和特点

律动（有规律的动作）是随着音乐的节拍和旋律进行的一种有规律的动作或运动，也就是说律动是随着音乐节拍进行的动作活动。儿童律动是以儿童身体动作为基础、以节奏感训练为中心的音乐舞蹈综合艺术活动。

律动作为儿童学习舞蹈的一种基本教学形式，有益于培养儿童的节奏感、提高儿童学习兴趣、锻炼儿童身体的协调性和发展儿童的形体动作。因此，律动这种教学形式虽然在幼儿园广为运用，但在小学阶段，律动同样适用于低年级的唱游课。律动教学是幼儿园对儿童进行节奏和协调性训练的一门主课。在幼儿园里几乎每节课的开始、每次的游戏都有律动存在于其中。它以音乐为基础，以模仿为标志，以舞蹈为手段，通过艺术特殊的美感作用，使儿童加深对音乐形象的理解，提高对自然事物的艺术表现能力，给儿童艺术美的享受。

律动是儿童舞蹈活动中最简单的形式，是儿童舞蹈训练的基础。在幼儿园、小学的教学活动、课间活动、舞蹈训练中，都可以进行律动活动。

儿童律动根据体裁分为形象模仿律动、身体活动律动、情趣表达律动。就形象模仿律动而言又可分为人物形象律动、动物形象律动和自然形象律动等。

（二）教学内容

适合小学低年级学生学习的律动，其教学内容如下：

1. 转圈

学习脚尖立起，原地自转一圈，并且注意身体的直立和平衡。

（1）教学过程

教师在音乐中做示范动作，用脚尖向左自转一圈回原位，向右自转一圈回原位。

学习律动的基本动作。

（2）教学建议

本律动适合小班教学。

2. 拉绳

（1）教学要求

要求儿童掌握拉绳动作及横弓箭步的步法。

（2）教学过程

教师可给儿童看拔河的图片，并介绍拉绳的动作。

教师在音乐中做示范动作。

学习律动的基本动作。横弓箭步：左腿向旁横迈一步，右腿直膝，身体的重心及头在左边，同时双手握空拳，向右倾斜，上方上下交替拉动。

律动的做法：全体儿童可先坐在小椅上按音乐的节奏上下拉绳，一拍拉一下，演奏第二遍音乐时可叫儿童站起来做弓箭步拉绳。

（3）教学建议

本律动适合于小班。

3. 大象走

（1）教学要求

模仿大象走的动作，掌握大象的"甩鼻"和"吹气"动作。

（2）教学过程

教师先弹奏"大象走"音乐（或放录音），告诉儿童大象走路的特点。

教师在音乐中做示范动作。

学习律动的基本动作。

（3）教学建议

音乐的节奏较慢，要求大象走得要稳重。在集体做时，不要排队形，可以在教师指定的范围内随便走动。做大象吹气时，可以两人一组或几人一组同时把象鼻抬起。

本律动适合于小班。

4.开飞机

（1）教学要求

听音乐模仿飞机飞的动作。学习脚尖碎步走的动作。

（2）教学过程

用图片或玩具飞机让儿童认识飞机。

教师在音乐中做示范动作。

学习开飞机动作，两臂侧平举，手心向下和肩平行。胸要挺起来，头稍往上抬。脚跟离地，脚尖碎步走。可前进，可后退，可向左右转弯。

（3）教学建议

可做乘飞机的游戏。

本律动适合于小班。

5.蛙跳

（1）教学要求

模仿青蛙跳的动作，学习双脚蹦跳。

（2）教学过程

让儿童观看青蛙和青蛙跳的动作。

教师在音乐中做示范动作。

学习青蛙跳：两腿弯曲，两膝盖稍向外侧分开；两臂屈肘放在体侧，双手五指张开，手指尖向上，手心向前。双脚往上跳一次，身体侧向右边，再跳一次，身体侧向左边。

律动的做法：全体儿童按照音乐的节奏每两拍跳一次，不排任何队形。

（3）教学建议

这一课可安排在夏天有青蛙的季节进行。没有青蛙的地方可用图片进行教学。

本律动适合于小班。

6.划船

（1）教学要求

模仿划船的动作。

学习按照音乐的节拍使手臂和身体动作协调。

（2）教学过程

出示图片，让儿童了解船夫划船的动作。

教师在音乐中示范划船的动作。

学习划船的动作。

（3）教学建议

本律动适合于小班。

7.刷牙洗脸

（1）教学要求

培养儿童爱清洁、讲卫生的生活习惯。模仿刷牙、洗脸的动作。

（2）教学过程

教师出示牙刷和毛巾，让儿童了解怎样刷牙和洗脸。

教师在音乐中示范刷牙洗脸的动作。

学习律动的基本动作。

律动的做法：全体儿童围成圆圈，面向圈心，第一遍音乐做刷牙动作，第二遍音乐做洗脸动作，然后重复做一次。

（3）教学建议

本律动适合于小班。

8.小鸡叫

（1）教学要求

模仿小鸡叫和走路的动作，培养儿童的节奏感。

（2）教学过程

让儿童观察实物小鸡。

教师弹奏"小鸡叫"的乐曲两遍（或放录音）并示范动作。

学习律动的基本动作。

律动的做法：音乐开始，四拍做小鸡走路，两拍做小鸡叫，以后重复。

（3）教学建议

小鸡叫要轻一些；可以不排队形，在教室里随音乐随便走动，也可以站成圆圈朝一个方向走，最好每个儿童都戴上小鸡的头饰。

本律动适合于小班。

9.骑上我的小竹马

（1）教学要求

模仿马跑动作，学习马跑步和举鞭动作，培养节奏感。

（2）教学准备

为每个儿童准备一根小竹竿。

（3）教学过程

出示骑马的图片，让儿童认识马和骑马。

教师在音乐中做示范动作。

（4）教学建议

跳的时间由教师掌握，有小竹竿，所以要注意安全。

本律动适合于小班。

10.骑马

（1）教学要求

学会儿童舞蹈中几个骑马动作：勒马、拉缰绳、举鞭、甩鞭、马跑步等。

（2）教学过程

教师用图片让儿童认识马和骑马。

教师在音乐中做示范动作。

（3）教学建议

本律动适合于小班。

二、歌表演

（一）歌表演的定义和特点

歌表演是在歌曲中配上简单形象的动作、姿态、表情来表达歌词的内容和音乐形式，边唱边表演，是一种深受儿童喜爱的初级歌舞形式，它符合儿童的心理特征和兴趣爱好。歌表演顾名思义，既有"唱"又有"表演"，小型、多样，生动活泼，边唱歌边跳舞。可以一个人做，也可以几个人或多个人做。优秀的歌表演作品总能赢得孩子们满心的喜悦，其自唱、自舞、自娱、自乐，当然也在自娱中娱人（主要是小朋友之间互相娱乐）。

歌表演是以歌曲为创作依据，以简单、形象的舞蹈动作和情感表现来帮助儿童理解歌曲、抒发情感的教学方式。

歌表演有益于培养儿童动作与音乐表现的和谐一致，有益于发展儿童动作，加深并提高儿童对音乐形象、舞蹈动作的理解和感受。

歌表演是面向全体儿童的一种普及性歌舞，它以歌曲的意境、动作形象共同去表达内容，抒发情感，是一种载歌载舞、为孩子们所喜爱的艺术表现形式。

歌舞表演包括歌表演和小歌舞两类。二者都是边歌边舞：歌表演以歌为主，以舞为辅；小歌舞则以舞为主，舞蹈十分丰富。

（二）歌表演的教学内容

1. 小宝宝要睡觉

（1）教学要求

模仿大人哄小娃娃睡觉；学习抱拍娃娃、摇娃娃等动作。

（2）教学过程

教师对儿童说：今天我们来比赛哄娃娃睡觉，看谁先把娃娃哄睡着。

教师教唱歌曲。

教师在音乐中做示范动作。

学习舞蹈的基本动作。

动作一：抱拍娃娃动作——儿童坐在小椅子上，左手屈肘，手臂弯里抱着一个小娃娃。右手自外向里拍小娃娃，左脚绷脚伸向右前方，右脚弯曲于后。

动作二：摇娃娃——右脚在前，左脚在后，一小节一次向前动重心，双手扶椅背，前后摇动，表示摇摇篮里的娃娃。

舞蹈的跳法：全体儿童每人抱一个布娃娃，每人一张小椅子做摇篮，每人坐在小椅子上，两手把好娃娃。

第一遍音乐，1～12小节：做动作一。

13～14小节：原地站起将小娃娃轻轻放在摇篮里。

第二遍音乐：做动作二。

（3）教学建议

本歌表演适合于小班。

2. 这是小兵

（1）教学要求

模仿小兵吹号、打铜鼓、开枪、开炮等动作，学习弓箭步、单腿跪等基本动作。

（2）教学过程

教师给儿童讲解放军英勇作战的故事，在故事中告诉儿童军号、铜鼓、手枪、大炮的用处和发出的声音。

教师可叫小朋友按音乐节奏整齐地走步，要求走得雄壮、威武。

学会唱这首歌曲。

学习舞蹈的基本动作。

动作一：吹喇叭——右脚向右前方迈一步，重心移到右腿上，左脚在右脚后，脚尖点地，同时右手屈肘握拳放嘴前，做吹喇叭状，左手叉腰，头往上抬，胸要挺起。

动作二：敲鼓——两腿正步站好，双臂曲肘放胸前，两手食指伸出，上下做敲鼓动作，半拍敲一下。

动作三：打枪——右脚向右前方迈一大步，屈膝，左腿在后，膝伸直，脚尖点地，成弓箭步，同时双手食指和拇指伸出，其他三指弯曲做成手枪形，右臂伸直向前，左臂屈肘在胸前。二拍打一下。

动作四：开炮——左腿跪地，右腿屈膝，双手交叉互相握成大炮状，头向前方抬，手臂一拍一次前后屈伸，做轰炮状。

舞蹈的跳法如下：

1～2小节：做动作一。

3～4小节：动作同1～2小节，头向左右摆动三下。

5～6小节：头转向右侧，双臂屈肘放胸前，做准备打鼓状。

7～8小节：做动作二。

9～12小节：做动作三。

13～16小节：做动作四。

（3）教学建议

本歌表演适合于小班。

3.龟兔赛跑

（1）教学要求

培养儿童谦虚谨慎的品质。掌握脚尖碎步自转、蹦跳步等动作。

（2）教学过程

教师向儿童讲龟兔赛跑的寓言故事。

教师教唱歌曲。

教师边唱边表演动作。

学习舞蹈的基本动作。

动作一：脚尖碎步转。两脚跟抬起，用前脚掌轮流踏地，快速均匀地向左自转一圈，同时双手叉腰。

动作二：蹦跳步。两腿并拢轻轻向前跳一步，双脚前脚掌落地，膝自然弯曲。同时，双手食指、中指伸出，两臂屈肘放在头的两侧，做兔耳朵状。

舞蹈的跳法如下：

①第一遍音乐时，按以下顺序做动作。

1小节：两脚并拢正步，左手叉腰，右手臂伸直，用食指指向右前下方（指龟儿），然后换左手，指向左下方（指兔儿）。

2小节：两臂屈肘在身旁，两手握拳，似做跑步姿态。

3小节：做动作一。

4小节：两脚稍分开，双臂在胸前向两侧分开摊手，头低下，向左右看一下。

5～6小节：做动作二，二拍一次左右两侧蹦跳一步。

7小节：做动作二，二拍往前蹦跳一步，二拍往后退跳一步。

8小节：向前蹦跳三步。

9小节：动作同第1小节。

10小节：两腿并拢屈膝，双手向左前方伸出，手腕下压，手指翘起摇摇手。

11小节：两脚并拢，提压脚后跟（脚跟抬起，落下），双手叉腰，头向左右两侧摆动。

12小节：两腿并拢屈膝，双手合掌在脸右侧，做睡觉状。

②第二遍音乐时，按以下顺序做动作。

1～2小节：动作与第一遍音乐12小节相同，头向左右两侧小摆动一下。

3小节：原地两脚碎步，两臂屈肘放胸前，用手背做揉眼睛状。

4小节：两脚正步，双手握拳，向上举，做伸懒腰动作。

5～6小节：动作同第一遍音乐1小节，两腿屈膝。

7～8小节：右脚向右前方迈一步，右脚为重心，左脚在后，脚尖点地，右手臂上举，左手臂抬于胸前，掌心向上。

9～10小节：左脚原地不动，右脚在前踢地（好像踢石子），双手放嘴前，做低头、羞愧状。

11小节：右手向右前方伸出摇摇手，左手背在腰后。

12小节：动作与第一遍音乐12小节相同。

（3）教学建议

本表演适合于小班。

4.光着小脚丫

（1）教学要求

模仿雨天光着脚丫嬉戏的状态，教师要启发学生，感受生活状态。

（2）教学过程

准备：孩子们在雨天里把鞋脱掉，每人手中拎一只鞋跑出。

1～4小节：小跑步，双手在体侧甩动。

5～6：双吸腿跳步（踩水状），双手随着上下摆动。

7～8：左脚向右前方跳踏一步；右脚原地跳步；左脚收回在右脚旁跳踏；右脚向左脚跳踏，同时双手扇动四次。

9小节：左脚跳落半蹲，右腿吸腿靠左腿（躲状）。

10小节：做9小节的对称动作，身体向右转90°。

11小节：重复9小节动作，身体再右转90°。

12小节：动作同10小节，身体再右转90°。

13～16小节：左脚向右跳落成弓步；右脚向左跳落成弓步；左脚向右斜则方跳落；右脚向左旁7方向跳落；左脚向6方向跳落；左脚再跳一次，右脚向5方向踢起；左脚再跳一次，右腿后吸腿；右脚向7方向（旁）跳落成大八字步半蹲。

（3）教学建议

在13～16小节的八拍动作中，双手做与脚相协调的甩动。

在13～16小节的八拍中，前四拍面向1方向，然后向左转，最后一步再转向1点。本歌表演适合小学低年级和中年级学生学习。

5.海鸥

（1）教学要求

热情、欢快地模仿海鸥手势。

（2）教学过程

准备面对1方向，大八字步站立。

1小节：双腿屈伸一次，双臂在侧平举位提腕一次。

2小节：双腿屈伸一次，重心移至右腿，双手提腕一次（左手斜上举、右手侧平举），眼看左手。

3～4小节：做1～2小节的对称动作。

5小节：重复1小节动作。

6 小节：左脚向 2 方向右脚的斜前方上一步并半蹲，双手提腕一次，右臂对 2 方向，左臂上举，眼看 2 方向。

7～8 小节：做 5～6 小节的对称动作。

9～12 小节：左脚开始踮步四次，方向分别是 7 方向、5 方向、3 方向、1 方向，双臂随之摆动。

13～14 小节：左脚向左做一次横踮步，重心在左腿，右脚在旁点地，同时双手在身前提腕一次，然后分至侧平举提腕一次。

15 小节：双腿屈伸一次，右脚在左斜前点地，双手提腕一次，左臂于左斜上举，右臂侧平举。

16 小节：双腿屈伸一次，右脚在旁点地。

17～18 小节：右脚走四步并向左转一圈。

19～20 小节：双腿屈伸两次，重心在右腿，左腿在左旁点地，双手提腕两次，左手斜上举，右手侧平举。

21～24 小节：做 17～20 小节的对称动作。

25～28 小节：做 9～12 小节的对称动作。

29～32 小节：做 13～16 小节的对称动作。

第二段：重复第一段动作。

（3）教学建议

本歌表演适合小学低年级和中年级学生学习。

三、集体舞

（一）集体舞的定义与特点

集体舞是全体儿童参加的、用来自娱和交谊的集体性舞蹈。这种舞蹈形式比较自由，有的舞有队形，有的舞没有队形。一般站成单圈或双圈。舞伴之间要有和谐一致的动作，还要有互相之间的统一配合和相互的感情交流。这种舞蹈形式结构简单、动作统一、轻松愉快、活泼健康，可以培养孩子们文明礼貌的习惯和热爱集体、团结友爱的精神。

儿童集体舞是一种儿童舞蹈游戏。一般是在歌曲或舞曲伴奏下，用较简单的形体动作，按规定的游戏法则去进行，如队形的变化、位置的交换等，是儿童非常喜爱的舞蹈活动形式。

儿童集体舞有益于发展儿童集体动作能力，培养儿童在集体中统一协调动作的兴趣，满足儿童社会交往的需求，增强集体意识。

儿童集体舞的音乐短小，动作单一，易学易记，在游戏中舞蹈显得活泼、有趣。

儿童集体舞按其不同的表现形式可分为"表演式""邀请式""游戏式"等。

（二）集体舞教学实例

1. 我开旅游车

（1）教学要求

通过开旅游车这个游戏，让儿童初步知道祖国名山大川的美丽风光。学习开汽车、踩油门等动作。

（2）教学过程

用图片或玩具告诉儿童什么是旅游车，并和公共汽车、电车、卡车做比较。

教师教唱歌曲。

教师在音乐中做示范动作。

舞蹈的跳法：全体儿童坐在小椅子上，分成几组围成一个大圈，由一名儿童扮司机。

第一遍音乐：1～8节：由一名儿童当司机，顺着圆圈跑一圈，最后一小节在一组儿童面前停住，两脚并拢，左手屈肘在胸前，右手平伸向旁打开（做邀请状），说："乘客请上车，要到哪儿去？"答："要到北京去。"间奏音乐的前二小节，被邀请的这组儿童从座位上站起排成一行，跟在司机后面，同时双手向前平伸搭在前面儿童肩上，间奏后二小节小司机原地做动作。

9～13小节：小司机一人做握方向盘动作，其他儿童跟在后面做小跑步，一拍跑两步。

14～16小节：汽车停下，司机两腿并拢屈膝，右手拇指向下按喇叭，做刹车动作。并喊："北京到了，请乘客们下车，参观游览。"

第二遍音乐，小司机再去请另一组儿童，重复动作。

（3）教学建议

教师可先介绍几个城市、名山大川、名胜古迹的名字供儿童选择，每组儿童选一个，也可根据本地情况让儿童选择几个熟悉的地名。

本舞蹈游戏适合于小班。

2.你是我的好朋友

（1）教学要求

掌握踏跳步的跳法，培养动作的协调性。

（2）教学过程

教师给儿童示范唱一遍。

请一名儿童和教师做示范动作（可在课前做好准备）。

学习舞蹈的基本动作：踏跳步。左脚原地踏跳一步，第二拍右脚屈膝吸腿，并带动左脚原地跳一下，左右交替。

舞蹈的跳法：全体儿童面向圈心站成圆圈，圈内请若干小朋友做邀请者。

1～4小节：圈内儿童做踏跳步，找朋友。圈上的儿童两腿并拢正步，原地拍手，一拍一下。

5～6小节：圈内的邀请者面对被邀请者，正步站好。两人同时右手五指并拢上举做敬礼和握手动作。其他圈上儿童原地继续拍手。

7～8小节：两儿童面对面拉双手，踏跳步向右转一圈，互换位置，由被邀请者到圈内继续邀请别的儿童。

（3）教学建议

本集体舞适合于小班下学期或中班上学期。

3.伦敦桥

（1）教学要求

教育儿童要关心集体，不怕困难，和灾害做斗争。学习外国的行礼动作。

（2）教学过程

教师可用故事的形式讲伦敦桥要垮了，去抢修。

教师教唱歌曲。

教师边唱边示范动作。

学习舞蹈的基本动作。

动作一：横一步。左脚向左侧横迈一步，右脚紧跟一步，同时双手向斜上方举起，和对面的儿童搭成小拱桥状，上身及双手随着脚步移动向左右摆动。

动作二：行礼。① 右脚在前，左脚踮在右脚后，踏步半蹲，双手在体侧45°似提裙状。② 两腿并拢直膝，右手五指并拢扶胸前，左手背在身后。

舞蹈的跳法：人数不限，但必须男女成对数，站成里外两个圈，女孩站在内圈，男孩站在外圈，两人一对，面对面拉双手向上举，搭成拱桥站好。

第一段歌词：1～3小节：两圈儿童同时沿逆时针方向做动作一。

4小节：里外圈互相行礼。① 里圈儿童做动作二；② 外圈儿童做动作二。

第二段歌词：1～2小节：两人面对面，双手互相交叉拍手，一拍一次。

3～4小节：伸手向上，两手交替相扶，表示木料架起。

第三段歌词。1～4小节：动作与第一段相同。

第四段歌词。1～4小节，动作与第二段相同，只是把手形变成握拳，表示石头垒起。

第五段歌词并加一遍音乐：由中间一对儿童原地搭起拱桥，其余双双在桥下循环穿过。音乐结束时，拱桥落下，套住对小朋友，下一次再跳时，"拱桥"就由被套住的这对小朋友来搭。

（3）教学建议

本舞蹈游戏适合于中班。

四、表演性舞蹈

（一）表演性舞蹈的定义与特点

表演性舞蹈是指由少数儿童在台上表演的舞蹈形式，通过舞蹈动作和表情来表达舞蹈作品的内容或某种情绪。表演性舞蹈的特点是题材广泛，体裁丰富，动作较复杂，有主题、情节、角色、舞台调度等，内容更丰富，舞蹈性更强。在这种舞蹈表演中，要有主题、情节、段落，还要有节奏上的变化，要有服装、队形、舞台布景的变化。通过这类舞蹈的表演，能充分展现儿童的艺术天分，更能诱发儿童的想象力和创造力。

孩子们在表演和欣赏中，共同感受真善美，获得美的陶冶，有利于激发儿童表演舞蹈的兴趣和爱好，培养广大儿童欣赏舞蹈的能力。儿童表演舞是反映儿童生活情趣、理想、风貌的舞台表演形式，是由部分孩子参加，供广大儿童欣赏的舞蹈，包括儿童歌舞剧、童话小歌舞等。

儿童表演舞题材广泛、主题突出、动作性较强，有构图的变化，有舞台美术和效果的绘编等，是一种欣赏性较强的舞蹈形式。

儿童表演舞根据其性质和体裁（结构）特点，分为"情节舞"和"情绪舞"；根据其表现形式的特点，又分"独舞""双人舞""三人舞""群舞"（以群舞为主）及童话小歌舞。

（二）表演性舞蹈的教学实例

1. 小格桑

（1）教学要求

要求儿童从小学习解放军，长大保卫祖国。学习西藏舞的单靠步、退踏步等基本舞步。

（2）教学过程

教师向儿童介绍西藏居民的生活特点。

教师教唱歌曲。

教师在音乐中做示范动作。

学习舞蹈的基本动作。

动作一：单靠步。小八字脚准备。第一拍左脚向左侧踏一步。第二拍右脚在左脚旁，脚跟点地。同时，两手握拳，双臂屈肘于胸前，似握枪状，两脚左右交替，一拍一步。

动作二：退踏步。正步准备，第一拍前半拍右脚向后踏一步，后半拍左脚全脚原地踏一下，第二拍右脚全脚向前踏一步。同时，双手在腕前做握枪状。

舞蹈的跳法：前奏音乐时全体儿童面向正前方，两脚小八字脚准备，双手在胸前拍手，一拍一次。

1～4小节：做动作一。

5～8小节：第一拍前半拍左脚原地踏一下，右脚吸腿屈膝向上抬起，同时双手握拳，两臂向右侧上方举，头向右侧上方看。身体重心向左倾，后半拍右脚踏出，第二拍前半拍左脚踏地，后半拍右脚踏地，同时双臂从右侧上方落下。两脚交替进行。

9～12小节：做动作二。

13～16小节：动作同5～8小节。

17～18小节：同动作二。

（3）教学建议

本舞蹈适合大班，也适合小学低、中年级学生学习。

2. 小孔雀，告诉你

（1）教学要求

学习傣族舞蹈的旁点步、冠形手、翻手腕、掏手等基本动作，表现傣族舞蹈柔美的风格。

（2）教学过程

向儿童介绍傣族是我国少数民族之一，主要分布在云南省。简单介绍傣族舞的特点：动作柔美灵活，感情内敛。

教唱这首歌。

教师在音乐中做示范动作。

学习舞蹈的基本动作。

动作一：冠形手、旁点步。食指拇指相对，指尖相靠，其余三指伸直，像扇形张开，右手臂向上举，肘稍弯，左手臂在体侧胯骨旁、弯肘。同时，两脚在右大丁字步位置上，右脚跟抬起，脚掌着地，右膝向外侧打开，两腿在半蹲状态下，随音乐节拍半拍一次均匀地上下屈伸。

动作二：翻腕动作。右脚向右前侧伸出，右脚跟着地，两腿同时屈膝，半拍一次上下屈伸，同时双手臂向右侧平举，手腕上下翻动，前半拍掌心向上，后半拍翻手腕掌心向下，身体重心稍向右倾，动作左右交替。

动作三：掏手动作。两手于胸前，左手向下盖手、右手由下向上掏手，然后右手向下盖手，左手由下向上掏手。脚的动作与动作一同。

舞蹈的跳法：前奏时双手叉腰原地不动，脚掌着地，头看左前方。

第一段歌词时动作如下：

1～2小节：做动作一。

3～4小节：原地脚尖碎步，同时双手臂从体侧慢慢向上举，手背相靠，头稍向前抬起。

5～6小节：第一拍左脚屈膝向右前方上一步，第二拍左腿直膝，右脚在后点地；同时双手由胸向下往上打开，右手臂上举，掌心向上，左手臂在体侧平伸，掌心向下，左右脚交替一遍。

7～8小节：两脚原地脚尖碎步，向右自转一圈，同时双手臂在体侧上下交替摆动。

9～10小节：做动作二。

11～12小节：动作同9～10小节，方向相反。

间奏音乐：两手在体侧做提裙动作，同时两脚原地提压脚后跟，一拍一下，头向左右摆动。

第二段歌词时动作如下：

1～2小节：和第一段音乐动作相同。

3小节：两腿原地稍分开，向左右移动重心，同时双手交叉搭于胸前，头向左右摆动。

4小节：左腿屈膝，右腿直膝向旁伸出，脚跟点地，同时双手拇指伸出，四指收拢，手臂向右前伸出，表示赞扬。

5～6小节：前二拍左手叉腰，右手屈肘在胸前，摆摆手，同时脚尖碎步自转一圈。后二拍双手屈肘放胸前，掌心向上做看书动作，两脚正步，头向左右摆动一次。

7～8小节：动作与第一遍音乐相同。

9～12小节：做动作三。

13～14小节：前二拍两脚正步，双手在胸前向下往旁打开，后二拍手脚同时做动作一。

（3）教学建议

这个傣族小舞蹈可以让儿童排成早操的队形原地跳一遍，也可以挑选部分儿童稍加队形变化作为节日舞台演出。

本舞蹈适合大班，也适合小学低、中年级学生学习。

3.小白船

（1）教学要求

要求儿童掌握三拍子的舞蹈步法，学习移动重心、踏点步、进退步、交替步等基本动作。

（2）教学过程

教师向儿童介绍大自然星空的美丽。

教师让儿童熟听歌曲。

教师在音乐中做示范动作。

学习舞蹈的基本动作。

动作一：两脚移动重心。

动作二：两腿站成八字形，稍蹲向右移动重心，左脚脚尖点地，左右两腿交替着做，三拍移动一次，同时两臂同上举，手心相对，左右两旁迈一步，第二拍、第三拍不动。第四拍右脚踮于左脚后，第五拍、第六拍不动，做半蹲状，同时双手从胸前向上往旁打开划弧，然后手背在腰后，背要直，头向左上方抬。两脚交替做。

动作三：进退步。正步准备，右脚向前迈一步，身体重心还原，左脚也跟着还原。同时，双手握空拳屈肘放胸前，往前下方伸直，然后向后再收回原位。

动作四：交替步，也叫三步。第一拍右脚绷脚向前一步，第二拍左脚掌在右脚内侧处落地，第三拍右脚再向前上一步，右腿屈膝，同时左脚向前抬起，准备下一步，左右脚交替起步，哪一步起脚，身体重心侧向哪边。两人方向相反，侧身拉手。

舞蹈的跳法：前奏音乐时，全体儿童排成若干横队，原地小八字脚站好，同时双手臂伸直放体侧成 45°。

第一遍音乐时动作如下：

1～4 小节：做动作一。

5～8 小节：脚的动作同 1～4 小节，同时双手臂在胸前交叉，右臂上举成托掌（手心向上），左臂在体侧平举，手心向下。

9～12 小节：做动作二。

13～16 小节：脚的动作同 9～12 小节，双手臂从下方往右前方指，右手斜上举，左手在胸前，双手再由右上方向下绕两圈，往左上方指，食指伸出。

17～24 小节：做动作三。

25～28 小节：原地两脚小碎步向右自转一圈，同时双手臂在体侧上下交替摆动。

29～30 小节：两脚向左右移动重心，同时右手臂在前平伸，左手臂在体侧平伸，手心向下。

31～32 小节：右脚直膝，左脚尖在旁点地，右手伸直斜上举，左手在胸前斜上举，手心向下，头向右上方抬。

间奏音乐：前四小节保持以上动作造型原地不动，第五小节开始半脚尖小碎步向前走，双手从上向体侧慢慢打开，与另一儿童交叉拉手。一人正面，一人反面。脸向里互看。

第二遍音乐时动作如下：

1～4 小节：做动作四，逆时针方向转。

5～8 小节：做动作四，顺时针方向转。

9～16 小节：动作同 1～8 小节。

17～24 小节：原地正步蹦跳，左脚向右前交叉做进退步。同时，双手臂在胸前交叉，右手臂向上举托掌，左臂在体侧平举，手心向下。

25～28小节：脚的动作与第一遍音乐时相同，双手臂伸直向上举，手心向下。

29～30小节：与第一遍音乐29～30小节动作相同。

31～32小节：右脚屈膝向右前方迈一步，左脚直膝在后，脚尖点地成弓箭步。手臂动作与第一遍音乐31～32小节相同。

（3）教学建议

本舞蹈适合大班，也适合小学低、中年级学生学习。

4.秧歌舞

（1）教学要求

要求儿童掌握陕北秧歌的平扭步、十字步、后踢跳步等基本舞步。学习双摆手、半壳花等基本手位。学习交换简单的舞蹈队形。

（2）教学过程

教师让儿童听熟音乐。

教师在音乐中做示范动作。

学习舞蹈的基本动作。

动作一：平扭步双摆手。儿童每人手中可拿两块方绸，正步准备。两脚随音乐节拍交替向前平走直线，同时大臂架起，动作时靠小臂和手腕来甩动绸子，由下向左右侧摆动，强拍向上甩，不要超过脸。

动作二：十字步半壳花。正步准备，第一拍左脚向右前侧上一步，双手屈肘在胸前，肘架起，手心向下；第二拍右脚上一步在左脚内侧旁，双手臂伸直向上举打开，手心相对；第三拍左脚向后退一步，手动作与第一拍相同；第四拍右脚退回原位，手的动作与第二拍相同。

动作三：后踢跳步。两脚绷脚用力均匀地向后踢起，双手臂向上举，手心向前，向两边摆动方绸。

舞蹈的跳法：八名儿童每人手拿两块手绢大小的方绸，分别站在台的两侧准备。

第一遍音乐时动作如下：

1～4小节：做动作一，由两侧相对走出来。

5～8小节：做动作一，变队形成二竖排。

9～15小节：做动作一，由二竖排走成两个圆圈。

16～17小节：做动作一，变队形成一横排，单数方向朝右侧，双数方向朝左侧，背靠背。

第二遍音乐时动作如下：

1～8小节：做三步一停，即单数右脚起步，双数左脚起步，向侧平走三步，第四步两腿并拢停步。双手仍做双摆手，同时一横排交叉对穿，两小节交换一次。

9～10小节：做动作二，面对正前方，队形是横排。

11～12小节：方向对左前侧，第一拍两腿并拢屈膝，双手弧形垂于体前，手心向上。第二拍两腿直膝，前脚掌点起，同时右手臂上举，手心向上托掌，左手在体侧平举，手心向下。

13～17小节：动作同9～12小节。

第三遍音乐时动作如下：

1～8小节。由原来二横排变成一个大圆圈，双数儿童向圈心做动作三，两小节向圈里，两小节向圈外，单数向后退一步做动作一。单数、双数四小节一次交换位置。

9～17小节：一小节做动作一，一小节做动作三，交替进行，由圆形走成二竖排，再向左右两侧走下场。

（3）教学建议

这个舞蹈可作为舞台演出舞蹈。

本舞蹈适合大班，也适合小学低、中年级学生学习。

5. 黑猫警长

（1）教学要求

要求儿童学习黑猫警长机智、勇敢的好品质。学习儿童迪斯科基本动作：原地动胯、登山步。

（2）教学过程

教师向儿童选讲一个黑猫警长机智勇敢指挥作战的故事。

教师朗读歌词，并让儿童熟听歌曲。

教师在音乐中做示范动作。

学习舞蹈的基本动作。

动作一：原地动胯。两腿并拢正步准备，向左右两侧动胯，一拍一下。同时左手叉腰，右手臂屈肘，五指伸直张开，手心向里放脸前，慢慢向旁打开往下落，眼睛要睁大。

动作二：登山步。右脚前脚掌着地屈膝，左脚全脚掌落地，直膝同时双手五指张开，两臂靠体一侧向前后摆动。左右脚交替向前行进（也可原地走），一拍一步。

舞蹈的跳法。

全体儿童排成若干横排，两脚并拢正步准备。

第一段歌词时动作如下：

1～4小节：原地做动作。

5～8小节：动作同1～4小节，方向相反。

9～12小节：原地动胯，双手臂向上举，屈肘，五指并拢，手心向外，拇指碰头顶两侧，扮作猫耳朵状。

13～18小节：原地动胯，两手食指伸出，在胸前交叉向下往两侧划个弧形，右手臂屈肘指太阳穴旁，左手臂在体侧平举，眼看左手指。

19～20小节：两脚向上跳一步，落地时两腿分开屈膝成大八字形，身体要直，同时双手拇指、食指伸出，其他三指弯曲，两臂伸直平举由体侧旁向前平举做打枪状。

21～22小节：动作同19～20小节，双手做打枪状，由前向左侧慢慢移动。

23～26小节：两脚原地跑跳步，向左自转一圈，同时双手在胸前拍手，一拍一下。

27～29小节：两脚稍分开站成大八字形，两腿直膝，原地提压脚后跟，同时双手臂伸直，在体侧打开成45°。五指张开，手心向前。

30～32小节：左脚向左前侧迈一步，向前后动胯，同时左手叉腰，右手臂屈肘，五指并拢于脸右侧做敬礼状。

33～36小节：动作同27～32小节，方向相反。

37～42小节：两腿稍分开，向左右两侧移动重心，同时双手臂上举，向左右摆动，掌心向前，五指张开，二拍一次。

43～46小节：两脚并拢，左手叉腰，右手臂屈肘，五指并拢，放脸右侧，做敬礼状。

第二段歌词时动作如下：

1～4小节：向左侧方向做动作二。

5～8小节：面向正前方做动作二。

9～12小节：左脚向左侧迈一大步屈膝成横弓箭步，同时左手五指并拢，手臂屈肘放头顶前，慢慢向旁打开，右手臂在体侧旁平举，似观察敌情。

13～18小节：两腿原地并拢屈膝，双手臂握拳向前平举。肘稍弯，头向两侧摆动，二拍一次，似骑摩托车。

19～42小节：动作与第一段歌词相同。

43～46小节：左脚向前迈一步，重心在左脚，右脚在后，脚尖点地，同时右手臂向上举，手心向前，左手在体侧平举，两手不停地摆动，以示招手致意。

（3）教学建议

本舞蹈适合大班，也适合小学低、中年级学生学习。这个舞蹈可作为舞台演出舞蹈。

第三节　儿童舞蹈教学的基本环节

儿童舞蹈教学有备课、上课、课外辅导、考核评价四个基本环节。

一、备课

备课是舞蹈教学的基本环节之一，也是首要环节。"凡事预则立，不预则废"，无论新教师还是老教师，要想上好一堂儿童舞蹈课，都必须认真做好课前准备。即使儿童舞蹈课使用的教材是一样的，年级是一样的，但由于教学对象、时间、环境的不同，在教法、程度、节奏处理上都会发生变化。为适应这种变化，充分有效地备课对于完成教学任务而言至关重要。

有些舞蹈教师不太重视备课，认为教儿童舞简单，信手拈来，不用准备。事实上，对备课这个环节的忽略常会导致这样或那样的问题，如教学目标设置太低或太高、重点不突出、教学方法选择不恰当、出现突发问题无法解决等。备课环节准备不充分，必然影响到教学效果。因此，要保证课堂教学的有效性，首先必须把课备好，不能打无准备之仗。备课应注意以下几点：

想象·构思·形成：儿童舞蹈教育与创作实践

（一）确定教学目标

备课应按照教学大纲的要求确定教学目标，决定课程的进度和质量要求。大纲中所规定的标准是教师备课的主要依据，教师要根据这一依据和教学对象、自身的教学经验，精心设计每一节课，正确把握好每一节课的教学目标、重点、难点，并根据预测的难点，设计出解决的方法。

（二）研究教材

在教学过程中，教师所面对的是具有不同个性特点的儿童，如果机械使用教材，按照单一的思路去进行教学，可能会导致一部分接受能力差的儿童"吃不消"，部分接受能力强的儿童"吃不饱"。因此，教师要在深入研究和全面把握教材体系的基础上，根据所教儿童的认知特点和心理特点，形成自己的教学思路，合理调整、充实教材。

（三）分析儿童特点

儿童特点是备课中必须考虑的重要因素。教师需要分析的主要是儿童已有的知识基础和儿童个性发展的年龄特征。

从儿童层面来看，教师课前分析儿童特点能使教学更符合儿童发展需要，为培养儿童学习兴趣，使其主动参与、主动学习、主动发展创造条件；从教师层面来看，课前分析儿童特点能使教师充分了解自己的教育对象，提高教学的针对性，为教师调整教学设计、改进教学方法提供可靠的依据。

（四）确定教学方法和手段

教师在教学设计中，一般依据教学目标、教学内容、儿童实际特点、自身的经验等多方面因素，考虑选择什么样的教学方法和教学手段。

儿童舞蹈的课堂教学中既有示范法、分解组合法、观察模仿法、游戏法等教学方法，也有分组练习、小组展示、看课评课等教学手段。这些方法和手段既符合儿童特点，也符合舞蹈教学的一般规律，教师可根据课程需要合理设计或自己创造出适合教育对象的教学方法和教学手段。

二、上课

上课是舞蹈教学的中心环节。课上得好与不好，很高程度上取决于舞蹈教师的专业能力和职业道德。因此，通过上课既可以检验舞蹈教师的专业能力和教学能力，也可以检验舞蹈教师的思想政治水平和教师职业道德。

合格的儿童舞蹈教师，应做到以下几个方面：

（1）准时进入教室，准时下课，中间不随意离开课堂。

（2）按照备课时设计的教案、内容、方法讲课。

（3）注意调动儿童积极性，课堂保持活跃、兴奋的气氛。

（4）妥善处理课堂上出现的意外干扰，保证教学顺利进行。

（5）注重仪容教态，穿练功服和练功鞋进教室。

（6）上课时精神饱满，语言清晰、简练、生动，动作示范准确、富有感染力。

（7）对儿童以诚相待，注意照顾到所有的儿童，不说讽刺、讥笑的话打击儿童。

（8）注意课堂节奏处理，整体教学快慢相间、张弛有度，避免沉闷。

（9）课结束时及时表扬和总结，并坚持写课后反思，将经验写入教案。

（10）课堂与课后，除了传授知识还要育人传道。

三、课外辅导

课外辅导是课堂教学之后的补充，一般由教师根据课堂训练及作业和课中发现的问题，有目的地进行课外辅导。

舞蹈教学一般不留书面作业，要求儿童复习上课内容或是重点练习自己做不好的动作，称为作业回课。舞蹈作业相对单一、单调，舞蹈教师可以通过形式多样的课外辅助手段，如单独对课堂上接受能力较差的儿童进行辅导；带儿童到其他班或其他年级观摩，学习他人的优点；组织儿童观摩儿童舞蹈演出、比赛，扩大眼界、增长知识等。这些课外辅导的形式可有效地弥补舞蹈作业的单调，丰富课后练习内容，调动儿童课后练习的积极性。

四、考核评价

儿童舞蹈教育的教与学开展的情况怎样，要靠考核与评价来进行检验。考核是儿童舞蹈教育活动中不可或缺的重要成分。儿童舞蹈教育的考核可以分为阶段考核和项目考核两种。

（一）阶段考核

阶段考核是学校管理机构针对教学进展到达一定阶段后进行的检验活动。它一方面可以使学校领导了解不同班级的教学情况和学生的学习情况，以便有的放矢地指导、管理教学；另一方面，可以使学生了解过去一个时间段自己学习的客观结果，有助于在肯定成绩的基础上，找出差距，以取得更大进步。

（二）项目考核

项目考核是针对某些单项教学目标完成情况的检验活动。儿童舞蹈课的项目考核建议从以下几方面进行评定。

1.出勤率

学生参加舞蹈教学活动，保证足够的出勤率是前提，是基础。没有足够的时间保证，儿童很难通过舞蹈活动获得身心的健康发展。

出勤率可以由学生考勤员评分，每次课前由负责考勤的学生负责登记出勤率，到期末考试时根据记载适当给分。本项评分，建议设置全勤奖，激励那些每次都能坚持上课的学生，以此带动全班下个学期保时、保量地投入舞蹈学习中。

2.学习态度

学习态度的评价直接影响学生能否主动、自觉地积极参与教育活动，在活动过程中能否全身心地投入，能否积极主动思考、反复练习，能否认真接受老师的指导等。学习态度的评价还可以激励那些成绩较差的学生，他们的努力将得到老师的肯定。

本项评分建议采用小组互评的形式，每五人为一小组，根据平时学习的表现，给本小组的成员打分。学生对自己所在小组成员的情况最了解、最有发言权，加上教师最后的把关，这个评分应该是公正、客观的。

3.舞蹈技能

本项评分是对学生一个学期所学舞蹈的技能评分，由教师掌握。儿童舞蹈的评分不主张用百分制，而提倡用优秀、良好、合格、不合格四个等级的评价。

（1）优秀：动作完成好，姿势正确，熟练到位，自然优美，带有表演情绪。

（2）良好：动作完成较好，动作连贯、协调，无明显错误。

（3）合格：基本能完成动作，连贯性差，动作不够完整。

（4）不合格：在老师的提示下也未能完成动作，动作质量差。

在基础教育中，舞蹈教学评价不仅是对学生已学知识的检阅，更重要的是，它是了解学生身心发育情况，了解学生学习舞蹈的行为表现和努力程度的一种教学手段。因此，要善于发现学生的进步，积极鼓励学生的点滴进步，以全面、合理的评价手段关注学生的发展趋势。

第四节　儿童舞蹈教案的设计

教案即教师在授课前准备的教学方案。儿童舞蹈教案是舞蹈教师实施舞蹈教学活动的具体内容。有些舞蹈教师对写教案感到厌烦，认为舞蹈是一种肢体语言艺术，用文字很难表达其意，即使自己写了教案也从来不看。其实，这是对舞蹈教案的错误理解。有了具体的教学方案，教师有备而来，就能应对课堂教学过程中出现的各种具体情况，提高教学效果，确保课堂教学的顺利实施。

一、儿童舞蹈教案的设计

舞蹈教案不应该注重写动作、组合顺序、感觉，而应根据教学大纲的要求，以课时或课题为单位，对教学内容、教学步骤、教学方法等进行具体的安排和设计。对于舞蹈课堂上所要教授的动作，可以用摄像的方法将组合动作记录下来，这样更符合舞蹈专业的教学特点。

（一）儿童舞蹈教案的基本结构

一份完整的儿童舞蹈教案应包括基本信息、教学目标、教学过程和课后反思几个部分。

1. 基本信息

基本信息主要包括课程名称、授课内容、教学日期、授课教师姓名与职称、授课对象、授课人数、授课时数以及教材名称与版本等与教学有关的信息。基本信息对教师了解学习者的学习基础，掌握授课的时间，分析每堂课的教学内容在整个课程教学中的地位、作用，以及了解教学目标要求、重点难点等起到关键性的作用。

2. 教学目标

对每堂课教学的安排和设计要有明确的目标。教学目标的制订要符合教学大纲和学生的实际情况，要在规定的教学课时内实现。教学目标包括知识、能力的要求，也包括德育、智育的要求。根据这些目标要求确定每堂课的重点和难点。

3. 教学过程

教学过程就是教学步骤，是教案设计的重点。换言之，教学过程就是教学活动的整个流程，其中包括课堂提问的顺序、内容、课件的演示等细节。为掌握好教学的进度，有时还需要标记每个环节大约所需要的时间。

4.课后反思

课后反思是指教师在教学活动结束后，就本节课目标的达成、环节的安排、师生互动情况、教育效果与质量等方面进行反思，并将自己在教育活动中的感受、体会、想法与疑问，通过文字的形式表达出来，并提出思考，为日后的教学提供重要的依据。

（二）儿童舞蹈教案设计的原则

儿童舞蹈教师在设计教案时应遵循下面几个原则：

1.方针性

儿童舞蹈教育同其他任何教育活动一样，都是在一定的思想观念指导下进行的有目的、有计划、有组织的活动。

《基础教育课程标准》根据我国教育部发布的《教育改革和发展纲要》（以下简称《纲要》）精神，以学生全面发展为核心，就一定学科课程的性质和价值、基本理念、课程目标、内容标准、实施建议等提出了具体要求。它是学校、教师开展教育教学活动的指导性文件。

2.科学性

儿童舞蹈课的教案，要根据不同年龄阶段儿童的心理和生理特点，以及他们过去的舞蹈基础来确定教学目标、教学内容、重点、难点等。

那种远离儿童，脱离课标、教材，随心所欲写教案的做法是不可取的。儿童舞蹈教学所面对的是一个个活生生的有思维能力的儿童，而且每个儿童的思维能力不同，对问题的理解程度也不同。教师在备课时，应充分考虑学生的个性差异，估计学生在学习时可能提出的问题，确定好每堂课的重点、难点、疑点和关键点。学生会在什么地方出现问题，会出现什么问题，怎样引导等也需要认真考虑并设计在案。

3.创新性

教师的创新意识是教学成功的关键，教材是死的，但教法是活的，如何上好儿童舞蹈课，培养思想活跃、感情丰富、身材健美的舞蹈人才，需要教师发挥创新意识，设计个性化的舞蹈课。

新课标明确提出，在教学思路上，教师要充分确立学生学习的主体地位，发挥学生的主观能动性。也就是说，在儿童舞蹈课上，教师要打破过去"我教、你学"的传统教学模式，积极调动学生的学习主动性，创造快乐和谐的学习环境。要做到这一点，教师应敢于创新，然后在不断钻研和实践的过程中形成自己富有个性化的教学模式。

4.专业性

既然是儿童舞蹈的教案，那么就应该区别于成人舞蹈的教案，也应该跟其他学科的教案有区别。

具体来说，儿童舞蹈教案内容上不要过于详尽，形式上不要过于琐碎，结构上不要过于程式化和封闭化，而要体现内容上的概要性、形式上的模糊性、结构上的不确定性，以便能够适应变化，容纳新内容，确定新策略。这是针对学生常常提出稀奇古怪的问题、出现不可预测的情况等特点写出的教案，为儿童舞蹈教学中师生互动共进、互生新知、互建新情留有余地。

儿童舞蹈教师必须在吃透《纲要》精神的基础上，认真研究新课标的新理念、新要求，按照所承担学段的教学任务，研究学生情况，设计教学方案，促进学生的知识、能力、情感和谐发展。

（三）儿童舞蹈教案设计的步骤

1.编写教案前的准备工作

（1）确定教学目的

在钻研大纲、教材的基础上，掌握教材的基本思想，确定本次课的教学目的。教学目的一般应包括知识和技能两方面。教学目的要定得具体、明确、便于执行和检查。确定教学目的还要以学生的身体素质、教学手段等实际情况为出发点，考虑其可能性。

（2）确定教学重点、难点

在钻研教材的基础上，明确本次课的内容在整个教材中的地位及重点和难点。所谓重点，是指关键性的知识，学生理解了它，其他问题就可迎刃而解。当然，不是说教材重点重要，其他就不重要。而难点是相对的，是指学生常常容易误解和不容易理解的部分，不同水平的学生有不同的难点。

（3）选择教法

根据教学原则和教材的特点，结合学生的具体情况和学校教学条件来选择教法，初步构思整个教学过程。在选择教法时，必须充分重视和考虑如何集中学生的注意力、启发学生的学习积极性。

（4）设计教学时间

授课的内容如何展开，强调哪些重点内容，如何讲解难点，最后的巩固小结应如何进行等程序及各部分所用的时间，都应在编写教案前给予充分的考虑。

（5）设计多媒体课件

多媒体课件是现代儿童舞蹈课堂上不可或缺的一部分，因此在编写教案时应给予足够的重视。

2.教案的编写

（1）阐述教学目的

所谓教学目的是指教师在教学中所要达到的最终效果。教师只有明确了教学目的，才能使"教"有的放矢，使"学"有目标可循。教学目的在教案中要明确、具体、简练。一般应选定1~3个教学目的。

（2）确定教学重点和难点

教学重点和难点是整个教学的核心，是完成教学任务的关键所在。重点突出，难点明确，有利于学生掌握教学总体思路，配合教师完成教学任务。

（3）设计教学方法和教学过程

儿童舞蹈的教学方法虽然多种多样，但每次课的教学方法必须依据教学内容和学生的接受能力来确定。教师的教学艺术如何，很重要的是看其教学方法的运用是否巧妙得当。教学过程也称教学步骤，即用于指导和规范教师课堂活动的步骤。只有安排好教学过程，教师才能在课堂上有条不紊地圆满完成每一个教学环节。

（4）设计教学内容的导入

教学内容的导入就是上课的导语。教师应该根据确定的教学目的、内容，针对学生的心理，精心设计上课的导语，巧妙地导入新课，以激发学生的兴趣，使学生能全身心地投入学习中。

好的导入，能激发学生学习的兴趣，迅速集中注意力，明确学习目标，产生直接动机，使学生迅速转入教学目标所需要的情景。儿童舞蹈课的导入有游戏导入、故事导入、旧课导入、欣赏导入、歌曲导入等，教师可根据本节课的教学需要，合理运用导入法。

（5）编写教学内容

教学内容是课堂教学的核心，因为备课的其他环节都是为它服务的。写教案时，必须将教学内容分步骤、分层次地写清楚，必要时还应在每一部分内容后注明所需的时间。这样，可以使所讲授的内容按预计时间稳步进行，不至于出现前松后紧或前紧后松的局面。

3.编写教案需注意的问题

（1）填写齐全、教学环节完备

教案项目包括题目、教具、教法、教学重点、教学难点、教学目标、任课专业班级、授课时间等，一般都有固定表格，填写要规范，如有变动必须马上注明。教学环节完备，教学过程才能完整。

（2）重点、难点突出

重点、难点和教学目标不能仅停留在表格中，必须在教学实施过程中予以体现，教学内容的组织必须紧紧围绕这一课的重点、难点和目标展开，对重点给予重视，对难点要分析明白。

（3）教学材料处理灵活

教案不能写成教材的缩写，不能写成教材的提纲，也不能完全脱离教材自搞一套。因为教材是死的，教学是鲜活的，教材只是提供了教学参考材料，不能代替全部教学，更不能代替教师备课。所以，教案中对教学材料的处理要紧紧围绕教学目标形成有机整体，一要完整，二要逻辑严密，三要通过创新形成特色。

（4）多媒体设计力求生动

多媒体课件是使用计算机辅助教学的工具，它直观、容量大，许多用讲授法难以实现的教学目标可以通过多媒体手段的展示、演示、模拟得以实现。所以，教师备课时要在充分研读教材的基础上，为每一次课设计出生动活泼、能开阔学生眼界的多媒体方案，用最新、最鲜活的声像效果，提高教学水平。

（5）不断充实完善

儿童舞蹈的教案撰写不是一次性完成的，初稿完成后，需要不断充实和完善，使教案的各环节完整、结构合理、思路清晰、繁简得当、时间分配科学，对课堂教学活动真正起到指导性作用。

二、儿童舞蹈教案设计案例

面向普通受教育者开展的儿童舞蹈课，由于受教育者的年龄、阅历、文化背景的不同，其组织教学的方式和方法必然存在着一定的差异。当今教育改革发展的良好趋势，使儿童舞蹈教学内容综合性强、弹性大，教材为教师留有的空间大，这就为教师因地制宜地创造性开展儿童舞蹈教学提供了便利。

下面两篇教案是民间舞和芭蕾基本功的教案，希望作为引玉之砖，对儿童舞蹈教师们今后组织开展舞蹈教学有所裨益。

（一）教案一：民间舞

教学内容：墨西哥草帽舞

教学时间：2009年11月17日

教学对象：四年级六班

教学分析：

本节课之前，该班学生已学习了藏族、傣族、维吾尔族等中国民族民间舞蹈小组合，具备了一定的舞蹈基础，掌握了一定的民间舞蹈素材。

本节课的内容是《小学义务教育课程标准实验教科书》四年级上册的"拉丁美洲之旅"之《墨西哥草帽舞》。舞蹈以男、女队伍的集体舞形式进行表演，其中有跑跳步、点步、敬礼等动作，在两人面对面、背靠背、肩并肩等不同站位上完成动作。

草帽舞热情欢快，动作简单易学，该班学生在完成动作之余，还可以进行舞蹈创编的练习，提高学习兴趣和培养创造力。

教学目标：

（1）学习《墨西哥草帽舞》的基本动作，能随音乐快乐地舞蹈。

（2）了解外国民间文化特色，体验异国风情，培养学习舞蹈的兴趣。

（3）进行简单的舞蹈小创编，培养想象力和创造力。

教学准备：

（1）让学生课前收集有关墨西哥国家的地理、历史、文化、风俗等资料。

（2）教师准备课件，介绍墨西哥民俗风情，介绍草帽舞的动作风格。

（3）每个学生准备一顶帽子。

（4）多媒体设备一套、摄像机一台。

教学重点：让学生踏上墨西哥之旅，感受异国的文化氛围，学习并掌握墨西哥具有代表性的草帽舞的基本动律和动作。

教学难点：该舞蹈是男女面对面、肩并肩的舞蹈，因此两个人的舞步要统一，协调配合。

教学过程：

1．交流信息

（1）学生交流各自收集的关于墨西哥国家的信息。

（2）教师播放准备好的多媒体课件，学生欣赏。

（3）教师提问：谁了解墨西哥的地理、环境、文化？草帽舞的来源是什么？

（4）师生总结：墨西哥是拉丁美洲第三大国，为中美洲最大的国家。位于北美洲南面，拉丁美洲西北端，是南、北美洲陆路交通的必经之地，素称"陆上桥梁"。墨西哥的文化混合了不同历史时期留下的传统和习俗。墨西哥是奥尔梅克、玛雅、托尔特克、阿兹特克等多个古印第安文明的发祥地，经历了16～19世纪的西班牙殖民统治，印第安和欧洲两种文明融汇于墨西哥社会生活的方方面面。

墨西哥人生性开朗，待人友好、宽厚、随和，比较容易交往。在墨西哥，熟人见面通常以拥抱和亲吻面颊相互问候。墨西哥人普遍重视外在的穿着打扮，其服装既有现代的，也有民族的。在墨西哥各地，特别是在传统节日里，都可以看到身着"恰鲁"、头戴草帽、留着髭须的彬彬有礼的男士和身穿"奇那波波兰那"长裙、头戴鲜花的妩媚女士。草帽舞起源于墨西哥民间广场舞蹈，其动作热烈、节奏欢快，脚下舞步自由多变，充分表达了墨西哥人民热情奔放的性格。

2．学习动作

（1）放音乐，教师做一次完整示范。

（2）学跑跳步、点步、敬礼等单一动作。

（3）教师按舞蹈的顺序教草帽舞，配合音乐练习。

（4）男女两人一组，练习面对面、背靠背、手拉手的舞蹈动作。

（5）围成两个大圆圈，女生在里圈，男生在外圈，集体练习舞蹈。

3．创编动作

（1）两个人一组创编舞蹈最后定格的造型。（2分钟自由创编）

（2）每组展示自己编排的造型，其他人欣赏并给予掌声鼓励。

（3）教师点评，学生互评。

（4）集体练习草帽舞，最后都以自己编的造型结束表演。

4．课堂小结

（1）教师播放课堂录像，学生观看自己上课情况，找出动作上的不足。

（2）教师归纳动作要点，需要时可将录像定格或重播，以便学生更好地理解。

（3）教师肯定本节课学生的努力和收获，对个别学生提出表扬或要求。

5.布置作业

让学生收集关于巴西桑巴舞的相关资料，特别是巴西狂欢节的来历、活动内容等，为下节课《桑巴舞》做课前准备。

教学反思：

（1）本节课学生做了充分的课前准备，创设了良好的了解墨西哥民族风情和认识草帽舞风格的课堂氛围。

（2）本节课设计了创编造型、自我展示环节。学生能够积极开动脑筋参与到创编活动中，并愿意展示自己的佳作，学习兴趣浓厚，注意力比往常更集中。

（3）在两人一组练习舞蹈时，个别纪律差的男同学出现打闹、玩帽子等影响其他小组练习的现象。以后要加强课堂纪律性，让班委员发挥作用协助教师管理纪律。

（二）教案二：芭蕾基本功

授课班级：舞蹈兴趣班（幼儿园大班）

授课时数：2学时（第5周）

授课教师：张xx

教学时间：2009年3月16日

教学地点：舞蹈1室

教学目的：

（1）克服身体的自然状态，获得正确的直立感。

（2）学习旁压腿组合，加强腿部软度训练。

（3）培养舞蹈动作的协调性和延伸的美感。

教学重点：

掌握旁压腿的动作要领，加强软开度训练。

教学难点：

压旁腿时脚背绷直，膝盖伸直，胯根外旋。

教学过程：

1.导入

（1）师生问好。

（2）师：今天天气比较冷，我们先玩一个热身游戏——《我是小小舞蹈家》吧。小朋友们边拍手边后踢步，当说到"我是小小舞蹈家，流血、流汗、不流泪"的"泪"字时停住，并摆出自己最可爱的造型。老师要看看哪个小朋友的造型最好看、最特别。

（3）玩热身游戏，鼓励学生积极开动脑筋编好看、好玩的造型。表扬大胆做动作和认真投入游戏的学生。

2.新授知识

（1）教师示范旁压腿，学生围在把杆的周围观看。动作要领：双手扶把站一位，右脚外开放在把杆上，右手上举侧身下压。压时脚背绷直、膝盖伸直。

（2）学生各自回到自己把杆的位子，做旁压腿练习。教师个别辅导。

（3）在钢琴教师的伴奏下，集体练习压腿。二拍压，二拍起，共做8个八拍。

3.复习上节课内容

（1）蹲组合

重点：体态挺拔，蹲时仍要保持直立感。

（2）擦地组合

重点：体态挺拔，脚背充分弓起。

（3）压前腿

① 师：小朋友们，谁记得老师上节课教的压前腿有什么特别要求？

② 生：脚背绷直，膝盖伸直，弯腰时两肩向前找"好朋友"（脚背）。

③ 师：无论是前压腿还是旁压腿，都是训练腿部的软度。我们看到的芭蕾舞演员在舞台上轻盈柔美的舞姿，是他们长期持之以恒地练习才能达到的。我们要不怕疼、不怕累，坚持压、耗、拉才能达到腿部柔软的效果，小朋友们想不想拥有美丽优雅的舞姿呀？（想！）好，大家一起努力吧！

④ 重复练习。

⑤ 师：我请一位做得比较好的小朋友示范，大家围过来看一下，看看她哪些地方做得好，哪些地方还可以做得更好。

⑥ 学生参与观察、讨论、纠正。

（4）芭蕾手位组合

① 集体练习。注意动作节奏以及抬头、挺胸、挺拔体态及舞姿的优美。

② 分组表演。每组评选出最佳动作奖、最佳表情奖。儿童参与评选，老师发小贴纸奖励。

4.结束语

师：小朋友们，谁能告诉老师今天我们新学的组合叫什么名字？

生：旁压腿。

师：旁压腿时应该注意些什么？

生：绷脚、外开、拉长、膝盖伸直。

师：对，小朋友们都记得非常清楚，说明今天的训练大家都很认真、刻苦，老师要表扬全班。

5.布置作业

（1）每天练习压腿十分钟。

（2）给家长表演芭蕾舞手位组合，并带回家长的表扬信。要求：表演时舞姿优美、表情甜美。

第五节 儿童舞蹈教学方法

在舞蹈教学中，应当采用什么样的方法组织教学，是摆在每一位施教者面前的经常性课题。由于儿童舞蹈教学的特殊性，在教学方法上既包含了舞蹈的一般教学方法，也包含了针对儿童这一特殊人群的教学方法。下面介绍儿童舞蹈教学中最常用的几种教学方法。

一、示范法

示范法是儿童舞蹈教学中最常用的，也是儿童最容易接受的一种直观的教学方法。它以教师具体动作为范例，帮助儿童了解所要学习的动作形象、结构、要领和方法。

我们常说，舞蹈教师应具备舞蹈演员的素质，这是因为儿童的舞蹈学习多数是从观察模仿教师的动作开始的。一个不会示范、不会跳舞的人无论如何也当不了儿童舞蹈教师。舞蹈教师的示范要引起儿童学习舞蹈的愿望，激发他们学习的兴趣。教师准确、熟练、优美、富有感染力的动作示范，就是儿童心目中最准确的动作。

（一）示范法的种类

儿童舞蹈教学中的示范法分为完整示范法和分解示范法两种。

1. 完整示范法

完整示范法是教师将舞蹈动作或组合完整地示范一次或多次，让儿童对所学舞蹈内容有个初步了解，对舞蹈形象形成整体的概念。例如，教授西班牙斗牛舞时，教师可以在教学初始将舞蹈完整地示范一次，用夸张生动的表情、挺拔微仰的姿态、热情欢快的动作，让儿童感受斗牛士英勇飒爽的风姿。

教师在课前的完整示范，一定要准确把握风格，因为儿童的模仿力强，错误的示范会引起错误的模仿，到后期再想纠正将非常困难。舞蹈教师有必要在平时多练功，这样才能在儿童面前展现最优美的动作。

2. 分解示范法

分解示范法主要用于教授较难动作或复杂动作，由教师把动作分解成几部分并做示范，以便于儿童学习。对于年龄偏低、接受能力较弱的儿童，分解示范法可以帮助他们更容易弄清动作的方向、路线、上肢和下肢的配合，能够更快、更好地掌握动作。例如，教授"秧歌步"时，儿童的上肢与下肢动作配合较困难，教师可以将动作分解成脚下"十字步"和手上"交替花"两部分进行示范。这样，儿童能看清下半身动作和上半身动作的运动路线，更容易理解动作要领，从而有效地缩短掌握动作的学习时间，达到事半功倍的效果。

（二）示范法的注意事项

示范法是为了让儿童更好地观察、思考、模仿动作，从而顺利进行儿童舞蹈教学。在示范法教学中，我们要注意以下几个问题：

1. 示范的次数

儿童舞蹈教学中，教师示范的次数不宜过多，过多的示范一方面会影响儿童表演的积极性，另一方面消耗大量的时间观赏教师的示范，容易使儿童注意力分散。掌握适当的次数，才能吸引儿童的注意力，激发他们表演的欲望。

2. 示范的面

儿童舞蹈教学多采用镜面示范。镜面示范即教师在教授舞蹈动作时，与儿童面对面，所做动作的方向一致，学生如同看着镜中的自己做动作一样。镜面示范便于儿童看清教师的面部表情、动作、体态。更重要的是，教师背对儿童示范时，儿童只看到教师的背部，影响学习的效果。

分解示范动作时，教师要多采取镜面示范的方式。如果有需要，也可根据个别动作特点采取侧面、背面示范等。

3.示范的位置

示范的目的是使儿童通过直观的感性认识学习正确的动作技术。因此，选择合适的示范位置至关重要。

教师应当站在让全体儿童都能看到的位置，如圆圈的中心、半圆的前面、左右插空错位的队形前方等。如果班级人数较多，也可以采取让儿童坐地观看教师示范动作的方式。

4.引导观察

当教师提出"今天我们要学舞蹈×××"时，儿童心里会急于想看到这个舞蹈到底是什么样子。这时，教师如果能因势利导，用生动活泼的示范表演满足他们的好奇心，并注意引导他们观察教师示范动作的表情、体态、动律、风格等，这将给儿童接下来学习舞蹈、理解舞蹈有很大帮助。

二、练习法

练习法是指儿童亲身参与到舞蹈教学活动中来的一种基本学习方法，它是儿童形成各种舞蹈技能的必经之路。练习法根据不同年龄段的不同教学任务，有目的地重复某一动作或某一个组合的练习，通过这种反复的亲身练习，正确掌握、提高、巩固所学的知识和技能。

（一）练习法的种类

舞蹈的学习，必须经过反复多次的重复练习才能达到掌握技能的目的。但在儿童舞蹈课堂上，特别是提倡课程改革的今天，我们不主张儿童盲目、枯燥，甚至无目的地练习。而应采取形式多样的练习方法，提高儿童的学习兴趣，让儿童喜欢舞蹈，喜欢练习舞蹈。这样，无形中也培养了儿童学习的主体意识。儿童舞蹈教学中的练习法可分为以下几种：

1.单一动作练习

单一动作练习，一般指教师教授一个新动作后，儿童对这一动作从模仿到消化过程的重复性练习。

舞蹈是一门肢体的艺术，即使一个简单动作，都需要身体各部位互相配合与协调才能完成。有些动作，儿童可能在第一次模仿时就已经做得很好，但稍难一点的动作，则必须在老师讲解动作的基础上反复练习才能掌握。当然，舞蹈教师不必把每个单一动作都拿出来让儿童练习，而只需有针对性地对重点动作或难点动作重复练习。

2.组合练习

舞蹈组合一般由很多单一动作组成，分为律动性组合、风格性组合、表演性组合、综合性组合等。组合练习中，教师应强调每个组合的风格要求以及每次练习的新目标，这样儿童才有不断攀登高峰的动力，练习才有成效。

一般来说，舞蹈组合动作丰富、富于变化，比单一动作练习有趣，如果再配上好听的音乐伴奏，就更容易引起儿童练习的兴趣。

3.循环练习

循环练习是指儿童在掌握了一定数量的舞蹈组合后，对所有已学过的组合反复练习。这种练习特别能让儿童产生学习满足感。因为每个风格各异的舞蹈组合，都是他们日积月累的学习成果，都能证明他们已经掌握了相当数量的舞蹈语汇。循环练习中还需要迅速转换舞蹈风格，这一点又恰好迎合儿童善于变化、挑战难度的心理特征，能够引发儿童练习后的成功感。

4.自主练习

自主练习是在课堂上留给儿童一定的时间和空间，让他们自己发现问题、解决问题。这一类练习主张尊重儿童的自立性和自发性，保护儿童自我学习的私人空间，培养儿童的学习积极性和主动性，从而提高教学质量。在自主练习的时候，教师并不只是袖手旁观，而要处于指导的地位，留心观察，必要时适当地给予纠正。

5.小组练习

儿童舞蹈教学中，教师经常会采取小组练习和小组竞赛的形式，调动儿童的学习积极性。例如，分男女小组、五人小组、大个子组、小个子组等。教师布置任务后，小组先自己练习，然后再比比哪组跳得最整齐、最好看。

小组练习打破了过去沉闷呆板的课堂气氛，使课堂充满竞争和欢笑，不仅发挥儿童的主体作用，还能激发儿童的学习潜能。小组练习还有助于培养儿童团结协作的精神。为了在比赛中获胜，小组成员必须互帮互助。接受能力强的儿童想尽办法帮助接受能力弱的学生提高；而接受能力弱的儿童为了不影响小组成绩也会加倍努力。在这样的练习过程中，儿童得到的不仅仅是舞蹈技能的提高，人际交往能力也将大大提高。

6.集体练习

集体练习是指教师带领全体儿童共同进行动作练习。这种方法在全体儿童节奏上的统一、动作上的整齐、队形变化的准确调度等方面有明显的优势。

儿童在各类舞蹈演出、舞蹈比赛活动中跳独舞、双人舞的机会较少，主要以群舞形式为主。因此，课堂上集体练习的教学方法有助于儿童群体磨合和通过重复练习后达到整齐划一的效果。不仅如此，集体练习还可以克服独生子女娇气、任性、以自我为中心的坏毛病，在快、慢、收、放的群舞大场面中，逐渐形成集体意识。

（二）练习法的注意事项

1.练习要有目的

练习法是一种有目的、有步骤、有指导的教学方法。它要求教师在布置练习内容时，紧紧围绕教学目标来精心安排，也就是要确定通过这个内容的练习促进儿童哪方面的技能发展，侧重哪方面能力等。例如，在一节藏族民间舞课中，通过嘀嗒步、冈达、连三步等脚下难点动作的单一重复练习，重点解决脚下灵活协调、膝盖松弛颤动的动作特点，以使儿童尽快掌握藏族民间舞敏捷、松弛、欢快的整体舞蹈风格。

2.练习要正确

不管何种练习，都要求儿童积极开动脑筋，按照教师提出的要求正确练习动作。练习开始时，教师应做简单的讲解或示范，使儿童获得有关练习的方法和实际动作的清晰过程。然后，再进行各种形式的练习，即先求正确，后求熟练。错误的练习会使儿童离目标越来越远，付出辛苦，效果却适得其反。

3.练习要适当

教师要掌握好练习的分量、次数和时间的分配。舞蹈的技能需要足够的练习才能掌握，但是练习的分量和次数要根据儿童的年龄特点来确定，并不是越多越好。

练习的时间分配，一般来说，适当的分散练习比过度的集中练习效果更好。开始时，练习的次数要少些，每次练习的时间不宜过长，之后可逐渐延长练习的时距，每次练习的时间可略增加。

4.练习要有层次

每个儿童的身体素质、接受能力等都有差异，练习的设计要依据儿童的特点创设一定的"层次"，以满足不同程度儿童的学习需要。例如，在小组练习时，接受能力强的儿童除了自己跳好，还要教接受能力弱的儿童提高；集体练习时，站在前排的儿童要带领后面的儿童共同进步等。这样一来，就不会出现接受能力弱的儿童"吃不消"、接受能力强的儿童"吃不饱"的现象。

5.练习要多样化

儿童的注意力易转移，如果在练习中只是简单重复某一内容，儿童会很快失去学习的兴趣。因此，教师要针对某一教学单元的特点组织多样化的练习，来激发儿童的练习兴趣。可以将单一动作练习、组合练习、集体练习、分组练习、自主练习等穿插安排在教学过程中，使儿童练得不累、不烦，提高课堂学习效率。

三、语言提示、讲解、口令法

语言提示、讲解、口令法是舞蹈教师向儿童传授知识，引导儿童掌握技术动作和学习方法所经常使用的重要教学方法。

在儿童舞蹈教学过程中，教师常常用语言提示或讲解舞蹈的内容、情节、动作要点、思想感情等，也常运用口令让儿童掌握基本动作的节奏和规律。舞蹈艺术的特殊性决定了舞蹈教师讲解动作时语言应简练，重点突出。滔滔不绝的讲解会使儿童的身体长时间处于休息状态，不利于舞蹈教学的开展。

（一）舞蹈教学语言的种类

各门学科都有自己特有的教学语言，儿童舞蹈教学中也有一般性语言和专业性语言，现归纳如下：

1.口令词

发布口令和运用口令词进行训练在舞蹈教学中最常见。这类课堂用语在教学中起着统一节奏、统一动作的作用，属舞蹈教学特有的语言。

一堂舞蹈课可以没有音乐，但不可以没有教师的口令，舞蹈教师的口令词是保证教学顺利进行的关键。"打拍子""喊鼓点""数节奏"均属于口令词。教师发布口令和运用口令词时声音要洪亮，节奏要鲜明、准确无误，以起到振奋精神、集中精力的作用。

2.专业术语

舞蹈专业术语是一种特定的舞蹈常用语言，是人们在长期的舞蹈教学中积累的便于教学的专业语言。它有许多约定俗成的习惯语言，外行一般不太理解其含义。

除"起泛儿""造型""基训""韵律"等属于舞蹈教学的专业术语外，教师在舞蹈教学中还常用一些"眼睛送出去""呼吸要拉长""鼻尖高高的"等外行听起来莫名其妙的语言提醒儿童做动作。这些语言比普通语言夸张，容易引起儿童的注意，随着师生共处的时间渐长，儿童能够从中体会到教师所指的动作感觉和要求。

3.讲解语言

讲解语言是对所传授的基本知识、技术要领，或为了纠正儿童在练习中产生的错误动作而采用的讲解说明。在舞蹈教学中阐述动作要领时，要抓住关键，高度概括，不宜长篇大论。过多的讲解易使儿童产生厌烦情绪。教师讲解的语言准确、简练、生动，儿童的舞蹈感知会更为清晰明确。

4.教育语言

儿童舞蹈教学除了传授舞蹈技能之外，对儿童的思想品德及个性发展也有不可推卸的教育任务。

教师不仅通过一系列舞蹈教学活动使儿童受到艺术教育，还要通过表扬、鼓励、批评、指导以及有意识地说服等语言进行舞蹈美育教育。

（二）语言提示、讲解、口令法的注意事项

1.语言儿童化

儿童舞蹈教学中，教师应注意使用儿童化口吻。教师用儿童化语言进行教学，儿童会觉得教师亲切和蔼，愿意接近教师、接受教师传授的知识。

儿童化的教学语言生动活泼，能激发儿童的学习兴趣，提高教学质量。要做到这一点，教师除熟悉教材外，还要善于观察儿童生活，捕捉平凡而又贴切的生活例子，根据动作要领加以融合、设计。

2.语言艺术化

教师的语言表达能力对完成教学活动起着十分重要的作用。教学语言的艺术性主要体现在语言的形象化、生动而有趣味等方面。教学中运用风趣的教学语言能深深吸引儿童，使儿童产生乐于学习的心理，高度集中注意力，使课堂气氛活跃，有效促进教学质量的提高。

3.语言准确

舞蹈教学语言的准确，主要指传递知识信息的准确性。也就是说，无论是阐述舞蹈理论知识，还是讲解动作要领，都必须正确且通俗易懂。为了达到教学语言的准确，教师可以针对儿童掌握知识的情况，联系其他学科的知识讲解动作要领。例如，教授"交替步"时，教师把两脚比喻为"好朋友"，"你一步，我一步，永远都是好朋友"。这些都有助于增强语言的准确性、生动性，达到良好的教学效果。

教师需要认真钻研教材，掌握教学重点和难点，了解教学对象的素质情况等，这样才能够深入浅出、准确无误地运用教学语言讲解舞蹈。

4.语言精练

教学语言的精练，指教师以简明扼要的语言表达出丰富多样的教学内容。

为了让儿童在舞蹈课堂上有充分的时间去实践，教师的讲解必须精练。精练的语言体现了教师的智慧和干练的教风。这在潜移默化中也培养了儿童敏捷的思维力、反应力。为达到舞蹈教学语言的精练，教师可以采用"浓缩"语言进行讲授。例如，用"开""绷""直"三个字来要求芭蕾基本功训练，把东北秧歌中的前踢步动作归纳为"快踢""慢落"。这类"浓缩"的口诀式语言，儿童听起来易记，能达到良好的教学效果。

四、游戏法

玩是儿童的天性，儿童喜欢游戏。游戏教学法充满活力，教法灵活多变，为儿童营造一种自由、和谐的课堂氛围。

从玩中找到舞蹈的乐趣，体验成功带来的喜悦。带有玩乐性质的舞蹈游戏与动作技术、素质练习相结合，将枯燥乏味的技术动作练习、身体素质练习变得活泼有趣，从而使儿童能积极地投入到学习中。

游戏法是现代课堂教学中的一种重要教学方法。通过游戏形式教授新的动作，利用游戏来复习巩固动作练习的教学效果也越来越明显。

（一）游戏法的种类

根据游戏的性质，儿童舞蹈教学中的游戏法可分为以下几类：

1.模仿性舞蹈游戏

儿童喜欢模仿，尤其是喜欢模仿小动物。在舞蹈教学中运用模仿游戏法，既满足了儿童模仿的愿望，又培养了儿童的创造力和想象力。例如，教授跳跃动作时，让儿童自由分成青蛙组、袋鼠组等，分别模仿小动物的跳跃动作；教授动物律动时，让儿童自己模仿蝴蝶飞、青蛙跳等动作。

模仿游戏的模仿对象除了动物之外，还可以是各种各样的自然物、人物，如天上的星星、身边的爸爸妈妈等。

2.情节性舞蹈游戏

情节性舞蹈游戏的特点是包含角色，有开始、有发展、有结束。

儿童舞蹈游戏法的目的，是通过玩游戏促进舞蹈的训练效果。因此，设计舞蹈游戏时情节不宜太复杂。可以选择儿童容易理解、较熟悉的故事情节，如"老鹰捉小鸡""小兔子乖乖""小猫钓鱼"等，进行有目的的动作练习。如果选择比较难懂的题材，儿童忙着记游戏内容、想动作顺序，就会忽视舞蹈游戏本身的动作训练意义，达不到舞蹈游戏的最终教学目的。

3.竞赛性舞蹈游戏

竞赛性舞蹈游戏是互相比赛、分出胜负的一种舞蹈游戏，可以分单人竞赛或小组竞赛。儿童都有争强好胜的心理，当教师提出"看哪组下腰能坚持更久""看谁扳的腿最直"等比赛要求时，谁都不甘落后，想一比高低。

进行竞赛性舞蹈游戏时，教师可以用小贴纸或同学们的热烈掌声作为奖励，奖给获胜的一方。当然，也不要忘记用鼓励的语言激励失败的一方。

儿童舞蹈教学中的竞赛游戏，胜负不是关键，重要的是利用竞赛心理激发儿童学习的积极性。

4.道具性舞蹈游戏

为了提高课堂教学的趣味性，道具成了儿童舞蹈教学中的"常客"。手绢、帽子、板凳、球、扇子等道具给儿童带来无穷无尽的快乐。例如，把板凳举到头顶排成一条大龙；手中的扇子一会儿变成花朵，一会儿变成风筝等，既让儿童感到新奇好玩，又渲染了课堂气氛。

道具在舞蹈教学中的运用和变化，不仅提高了学习趣味性，还丰富了儿童的想象力、创造力，并使儿童身体的灵活协调能力在与道具相配合的舞蹈过程中大大增强。

（二）游戏法的注意事项

1.组织安排好游戏

根据游戏的内容、活动量，以及教学目标和儿童的生理情况，科学合理地组织安排参加游戏的人数和先后次序。可以组织全班同时进行，也可以分成小组同时或轮流进行，暂时不参加游戏的人员和小组，可以安排当观众、裁判等角色。

舞蹈游戏人数不宜过多，持续时间也不宜长，注意使每个孩子自始至终保持积极状态。

2.根据年龄特点选游戏

为发展儿童舞蹈动作而设计的游戏很多，但难易程度并不一样。教师必须根据所教授儿童的接受能力、年龄特点选取游戏。如果在高年级进行太简单的舞蹈游戏，儿童容易产生幼稚、无趣的感觉；在低年级进行太难的舞蹈游戏，儿童会感到吃力、不会玩。选择游戏时，必须考虑所授班级的实际情况，难易程度适宜，并循序渐进地进行游戏，不可操之过急。

3.讲解游戏规则和动作要求

在进行新的舞蹈游戏时，教师要先向儿童介绍游戏的玩法，讲解游戏的动作和规则，使他们对游戏有一个全面的认识。

教师的讲解首先应简短、准确，有时可适当示范（教师或儿童皆可），以便帮助理解。其次，教师的讲解要有重点，提醒儿童特别注意某一动作和规则，以免发生不必要的争执。最后，教师的语言要生动、形象，引起儿童的想象和兴趣。

4.注意角色的分配

按照游戏内容，有时要将全班进行分组。此时要注意身体素质的差距、男女儿童的搭配、活泼和内向性格的混合等，使各组能力基本相近。

有些游戏要选个别儿童担任主要角色。分配角色时应按角色要求的难易程度，分别挑选不同能力的儿童担任，还应注意面向全体，尽可能地使每个儿童都有担任角色的机会。

5.指导游戏

在进行舞蹈游戏时，儿童往往沉浸于情景之中，而忽略动作的姿势和游戏的规则。因此，教师应在旁边注意观察，及时给予指导。例如，玩"老鹰捉小鸡"游戏时，儿童投入于追赶和逃跑，忘记了小鸡跑步的姿势。教师要及时提醒和纠正，以达到预定的教学效果。在进行游戏的过程中，教师还应注意培养儿童认真、诚实、遵守规则的品质。

6.总结游戏

教师要善于利用时机，在儿童结束游戏还沉浸在愉快情绪时，及时进行本次舞蹈游戏的总结。总结时，教师一方面要表扬自觉遵守游戏规则的儿童，因为自觉服从游戏规则是良好的自我控制能力和意志品质的表现；另一方面，要总结舞蹈动作完成的情况，通过分析动作、讲解动作，达到通过舞蹈游戏提高舞蹈技能的目的。

五、多媒体教学法

多媒体技术已成为现代教育技术中的重要手段，在幼儿园、小学、中学等基础教育学科教学中起着重要作用。

多媒体教学具有形象、直观、生动的特点，能更快速、更准确地传递教学信息，与儿童认知水平和思维方式相适应。根据儿童的年龄特点，在舞蹈教学中利用多媒体教学手段，可加速教学进度，提高教学质量。例如，在舞蹈教学的开头，播放有声有色的影片作为导入部分，把儿童带入辽阔的大草原、茂密的大森林，让儿童感受我国美丽的大地和异彩纷呈的民族民间舞蹈，使儿童对所学舞蹈产生浓厚兴趣，萌发学习的强烈愿望。更重要的是，儿童在观赏影片的过程中能感受动作的美，感受民族的情，并把这种感受表现在接下来的舞蹈学习中。

此外，多媒体设备还可以将各种舞蹈记录下来，并随时可以拿出来欣赏、学习和研究。舞蹈毕竟是一种以肢体为载体的动态活动，影像类的资料比起书本上的动作描述更容易让儿童接受和理解。儿童可以通过荧屏认识舞蹈，认识舞蹈名人、名作，提高舞蹈鉴赏水平。

多媒体设备还可以拍摄儿童自己上课的情况，让他们欣赏自己的舞蹈动作，在教师的指导下及时纠正动作。有些条件较好的学校，上舞蹈课时，旁边就架着一台录像机，教师随时将录像机与投影机连接，让儿童观看，必要时还可以选择定格、回放、慢放等效果。这大大提高了儿童舞蹈的教学质量。

多媒体技术，在儿童舞蹈教学中对处理实际问题，获取新知识新技能，启迪儿童的思维，激活儿童的兴趣，帮助儿童自我分析问题、解决问题等诸多方面起到了有效作用。儿童舞蹈教师要尽力把多媒体教学手段应用到教学的各个环节之中，为儿童创造更优越的教学环境。

六、创新方法应用的思考

教学效度的检验是教学方法推广的前提，活动中涉及的原则与要求是教师应用方法的重要依据。依据教学活动中对出现问题的思考，笔者认为对于新方法的应用应该注意如下要求和原则：

（一）对新方法的有效应用有赖于观念的改变

当代儿童舞蹈教育方法的应用，首先要改变传统的舞蹈教育观念，尤其是一味地让学生模仿老师动作、学习舞蹈作品的观念。创新的舞蹈教育理念与传统的舞蹈教育理念是截然不同的，一个是把儿童的发展作为教学目的，一个是把舞蹈学习作为教学目的。需要明确的是，创新的教育方法重视孩子独特的表达与感受，以激发孩子的表现力创造力为出发点，孩子在课堂中是否投入思考，是否快乐，是否热衷表演，是否有所成长是评价课程是否有效的标准。因此，教学观念的转变包括对教学目的的转变和对儿童动作评价标准的转变。

（二）对新方法的有效应用要求教师改变角色

教师是观察者。蒙台梭利认为，教师的首要角色就是作为一名儿童的观察者，教师要观察儿童的发展情况、活动动机、学习方式、思维习惯、个性特征等，试图发现儿童的心灵秘密，提供对儿童最适合的教学方式。事实上，教师作为观察者而非控制者的主张也存于瑞吉欧教育体系及美国成功的早期教育项目当中，他们坚信，教师的观察角色有助于以科学的研究方法开发更优质的早期教育模式。儿童舞蹈教师要在教学中观察儿童喜欢的主题；观察不同年龄段儿童利用感官学习的特点，以此改变教学策略；观察儿童的动作创造能力与特点。

教师是儿童的帮助者。维果茨基的社会文化理论中最重要的莫过于"最近发展区"理论，最近发展区是指儿童在与优于自己的成人、同伴、同龄的互动中所能进入的发展领域。显而易见，教师是儿童最近发展区中的关键人物，儿童的发展需要得到教师的支持与帮助。这里所言的支持与帮助并非替代性的，而是在尊重儿童行为主体之上的协助。马斯洛著名的需求理论将人的需求分为五种类型：生理的需求、对安全的需求、对归属感及爱的需求、对成就及尊重的需求、对自我实现的需求。这五种类型的需求按照次序一个比一个高级，每一个的实现都是在前一需求实现之后。儿童的学习过程也是一个不断需求的过程，儿童教师作为一名帮助者，应该满足儿童基本的生理需求、满足儿童的安全需求、满足儿童对爱的需求、满足儿童对成就感的需求、满足儿童自我实现的需求。教师职能由决策者向帮助者转变：帮助儿童掌握动作要素；帮助儿童探索动作；让儿童感受到爱与欣赏；选取合适的音乐，让儿童表演自己发明的动作，从而获得自我效能感。

教师是环境创设者。由于儿童是自动自发学习的，教师需要为儿童创设环境。环境的创设包括物质条件（教室的设计、教具的使用）和心理环境（对个体学习差异的认同、激发学生动作探索的欲望、提供成功的可能性、对学生主动性学习成果的肯定等）。

（三）因人施教——不同年龄段儿童应采用不同的教学思路和方法

（1）主题的选择。蒙台梭利在研究中发现，较小的儿童对自然现象感兴趣，较大的儿童对动物感兴趣。教学活动的主题要从儿童的兴趣出发，因此，笔者给小班的儿童选择了自然主题，给大班的儿童选择了动物主题，而中班的儿童选择了食物主题。从课堂效果来看，这样的主题安排的确能引发儿童的兴趣。亲子舞蹈的主题选择可以多样化，因为家长可以成为儿童的参照，帮助儿童进行动作体验。亲子舞蹈要考虑到亲子间的亲密依恋，鼓励亲子共同探索身体不同的接触方式，以此区别其他儿童阶段的舞蹈教学形式，来递进亲子感情，发挥亲子舞蹈的最大教育功效。

（2）教学结构的选择与教学策略的运用。通过实践研究发现，大班的儿童动作控制力较好，注意能力较强，开始喜欢合作性游戏，课堂纪律较好，理解能力也较高。因此，在教学上，教师可采用图片引导的方法进行教学，图片的选择要多样和丰富，在教学过程中鼓励儿童进行观察，引导儿童进行合作性的动作创造，从而促进儿童社会性能力的发展。大班教学，教师也可用提问的方式鼓励儿童思考、创造。中班的儿童纪律性较差、自我控制能力较弱，但创造力较高，课堂活跃度较高。若教师在引导的过程中使用的讲解或提问的策略过多，孩子的注意力容易分散。因此，可以采用规则性游戏舞蹈活动，让儿童在游戏中自觉能够遵守规则又不失创造力，还能让孩子们在熟悉的游戏活动中自动生成舞蹈动作，增强儿童的自我效能感。小班儿童的经验较为局限，各方面的能力较弱，而且由于社会性情绪——害羞、愧疚等的影响，主动性较差。因此，应选择表演游戏教学，教学可用讲故事的方法进行，教师可将故事用动作表演出来，故事要生动且有新意才能激发孩子的内在兴趣与表演欲望。研究发现，完全使用孩子熟悉的故事、使用孩子半熟悉的故事、完全使用新故事的教学效度比较而言，半熟悉的效果最佳，其次是使用新故事，再次是完全熟悉的故事。在小班进行教学要学会等待，孩子起初也许只会跟着看，他们在观察和学习，后来会慢慢融入教学，努力学着老师的样子表演，最后会自信地以自己的方式表演。这是较小的儿童教学的共性，教育者应学会等待。

（四）教学应以儿童个体的体验和表达为重

创新的舞蹈教育方法重视儿童表达的个体差异，它以每个孩子用动作体验、探索、创造为核心。受传统舞蹈教学的影响，笔者常常希望在教学中能提炼出由儿童创造的较好的动作，让别的儿童学习。结果发现，模仿和创造是有冲突的，孩子在动作创造时思维活跃且不希望被打断更不喜欢模仿别人的动作，若是强制性要求，儿童的主观意愿就会减弱，使教学效果不佳，甚至可能使教学中断。因此，创新的儿童舞蹈教学要把握好教学的性质，以学生的体验和表达为主，要给予孩子充分思考与动作探索的时间。切不可违背初衷，使其成为传统舞蹈教学的手段。

（五）应注重选择匹配的音乐，提高舞蹈教学的成效

创新性的舞蹈教学强调对动作的探索、表达和创造，笔者在教学中常常感觉此为动作的创造学习而非舞蹈的学习，此教学缺乏动作的组合和情感的表达。由于配合音乐有利于舞蹈情感的表达，而且动作也可根据音乐节奏组合，因此笔者在教学中非常重视音乐。或是先让儿童听音乐，数节拍，之后让儿童在此节拍和音乐中创作动作；或是进行完动作体验后让儿童自己选择认为合适的音乐，配合音乐的节奏，把刚才探索的动作进行串联性的表演；如果难以寻找合适的音乐，可以根据教学主题自己创编口诀及歌谣；甚至可自己使用钢琴，编创简单的旋律，让儿童根据钢琴音乐表演舞蹈。实验结果表明，此教学策略能将儿童单个的动作串联成动作组合，使儿童带着音乐的情感进行创作和表达，从而保证了舞蹈教学的舞蹈性。

（六）建立有序的纪律和规则，保证舞蹈教学的完成

探索能够充分发挥儿童的主动性、创造性，将要求孩子统一性转变成尊重孩子个性表达是教学的关键。但是，笔者发现，由于孩子们的注意时间短、注意力差、自我控制能力差，在这种相对开放的教学情境中课堂纪律是问题。

蒙台梭利教学法中对于规则建立的观点认为，孩子的自由是有限度的，如果孩子的主动性影响了其他孩子的学习，那么就要做出制止。因此，笔者在每堂课前先宣布课堂纪律：①举手回答老师的问题。②除老师提问外，舞蹈课用动作表达，不能用嘴说。③老师说"小冰棍"就要迅速直立站好，老师说"小棉被"就要立刻盘腿坐在地上。④不能影响别人学习。这样的课前纪律规范起到了很好的效果。蒙台梭利教育法中还提及，如果孩子某些表现只是在体验和思考，则可被允许。有一次，笔者在讲硬的动作时让孩子们认真听，大家都安静下来，只有一个小朋友一直在一边晃动，笔者悄悄观察了一会儿，发现他已经创编出了一套有意思的硬硬的舞蹈，因此笔者没有阻拦，继续往下讲。结果发现，孩子们有一种能力，他们在做其他事情时，也可以认真听别人说话，而且说不定效果更好，因为接下来的一堂课，这个男孩子表现得特别好。

（七）舞蹈与相关学科的统合要明确教学目的

学科统合的内容应该是儿童熟悉且有能力完成的，必须对儿童的能力与学习现状充分了解。笔者曾在教学中引导儿童表演较难的数学内容，希望儿童能够通过舞蹈学习提高数学能力，结果发现，儿童对科目的无效能感影响了舞蹈的学习兴趣，孩子们纷纷以各种理由拒绝表演。因此，笔者认为，统合学习的基础是学生对统合内容的熟悉，统合学习的目的是借助其他课程的内容要素，丰富儿童的动作体验，提高儿童的动作技能，在此基础上教学可增强儿童对相关科目的学习兴趣。

（八）坚持将身体作为学习探索元素的中心

高低、快慢、轻重、软硬这些要素都不能脱离身体而独立存在，否则就不能成为动作要素。具体来说，进行元素教学，要么围绕这些要素在身体各部位上的体验与探索，要么围绕这些要素在移位动作或不移位动作上的变化而进行。儿童舞蹈教师，应将身体元素作为元素探索的中心与基础，身体为动作的本体，而其他元素则是动作的性质，可以有本体而不讲性质，但不能只讲性质而没有本体。笔者在教学中犯了类似的错误，导致教学思路模糊，元素探索没有效度。

（九）注意将节奏要素作为学习的重点

快的和慢的舞蹈活动是最容易组织的，可将不移位动作直接在快的和慢的节奏中表现，孩子们容易掌握。但是，软与硬、高与低、轻与重则不行。比如，在软与硬的教学中，尝试了不同身体部位软与硬的运动方式后，必须选取不同质感的音乐让孩子们在音乐中表演软与硬；在高与低的教学中，与孩子们一同体会了不同身体部位在不同空间上的变化后，要设计一些节奏，让孩子们在这些节奏中表演高低的组合动作；在轻与重的教学中，要将不移位动作、质感与时间要素统合起来，可以是节奏，可以是快慢，也可是时间性。总之，时间是感觉舞蹈教学的保障，它让动作体验与探索变得有意义。

（十）应重视感觉——概念教学方法

感觉——概念教学方法解决了创造性舞蹈"玩"与"舞"的冲突，孩子们在学习的过程中能够认真感觉动作，并有意识地记忆舞蹈元素内容。值得注意的是，孩子学习舞蹈元素后能够将其拓展性运用。当孩子们能够努力地用动作表现这些要素时，动作的准确度要比模仿式学习更好，孩子们也更有兴趣，更自信。感觉——概念舞蹈课符合儿童学习规律，不仅能培养儿童的表现力与创造力，还能训练儿童的思维能力，让儿童真正有所学。

感觉——概念舞蹈教学可以分几部分进行。一为感觉元素的学习，就是以上述的方式让儿童学习舞蹈的元素。二为元素在传统舞蹈教学中的应用，待儿童掌握了舞蹈探索元素后，按照舞蹈的类型与儿童逐一探讨这些舞蹈中的元素是怎样组合的，然后孩子们通过分析元素学习或创造传统舞蹈。三为利用元素的舞蹈创编。孩子们在学习和掌握了元素并且利用元素积累了舞蹈经验之后，可进行进一步的创作活动，给儿童主题让儿童自觉组合元素进行创造。此教学思路和教学方法，应该能成为幼儿园舞蹈教学行之有效的新方法。

（十一）重视男孩子在舞蹈教学中的重要性，性别教育具有合理性

不同于传统儿童舞蹈教育"重女轻男"的现象，创新的舞蹈教育方法充分践行男女平等的科学儿童观。不仅如此，笔者从教学实践中发现，亲子舞蹈班、小班、中班、大班中学习欲望最强烈，表现力相对较好，理解能力相对较强，创造力相对多产的都为男孩子。他们往往在课程中扮演着"小代表""小老师""小领导者"的角色，班里的女孩子会被男孩子启发和感染，积极投入到舞蹈活动中。他们也会建立起性别竞争意识，从而推动课程更加有效地实施。

（十二）应用创新方法生成舞蹈小品的有效途径

创新的舞蹈教学活动并非只能停留在"玩""育"阶段，利用有效的途径也可将儿童的创造性成果生成可用于表演的"舞蹈小品"。笔者在教学中利用的有效方法有两种。第一种为录像拍摄教学过程，教师课后挖掘动作，创编舞蹈小品。第二种为教学实施过程中利用口语引导的"准确性"原则，用口语引导个别儿童修正动作，教师现场记忆动作，将其作为舞蹈作品的动作语汇。第三种为与儿童一起分析音乐结构，分别引导儿童动作表达每部音乐，此方法不要求提取固定的动作语汇，尊重儿童表现的差异性，只需将舞蹈根据音乐进行串联。

（十三）创新方法的应用有助于实现教育的本体目标

实践证明，应用创新方法能够尊重儿童、满足儿童、培育儿童。第一，尊重儿童。当代创新的儿童舞蹈教育方法重视儿童的个性表达；尊重并欣赏儿童独特的表达方式；尊重儿童自发的学习，相信儿童具有的发展潜能；以儿童为教育的中心。第二，满足儿童。当代创新的儿童舞蹈教育方法能满足儿童的需求，儿童在舞蹈活动中，能够快乐地玩耍、尽情地创造、充分地表达，能够充分发挥自己的主观能动性，做自己学习的主人。第三，培育儿童。创新的教育方法，能够切实激发儿童的创造力、培养儿童的发散性思维能力、满足儿童的好奇、培养儿童主动学习的能力、提高儿童的环境适应能力等。总之，这是一种科学的舞蹈教育方法，应该被我国儿童舞蹈教育广泛应用与推广。

第五章　儿童舞蹈创编的原则与要求

第一节　儿童舞蹈创编的首要条件

目前，我国的儿童舞蹈创作事业蓬勃发展，形势令人欣喜。"小荷风采""蒲公英"等高水平的大型儿童舞蹈赛事，推出了大量儿童喜欢看、喜欢跳的儿童舞蹈作品。此外，享有盛名的中国艺术节、CCTV 电视舞蹈大赛、全国群星奖舞蹈比赛等大型舞蹈活动中，也为少儿舞蹈留有一方天地，显示出儿童舞蹈创作的繁荣之势。

如今的儿童舞蹈作品，集欣赏性、教育性、趣味性于一体。优秀的儿童舞蹈作品，能抓住儿童每一个美好瞬间，充分延伸想象的空间，塑造出儿童喜爱的艺术形象。

儿童舞蹈的创作与成人舞蹈的创作既有共性也有其各自不同的特性。无论是投身于美育园地的教师，还是从业于儿童舞蹈教学和编导的艺术工作者，都应该努力掌握儿童舞蹈创编的相关知识，了解儿童舞蹈的创编要求，学习儿童舞蹈的创编方法，紧随时代的步伐，创造出更多、更好的儿童舞蹈作品。

进行儿童舞蹈的创作之前，编导首先要深入幼儿园、小学，在和儿童共同生活、学习、娱乐的过程中观察并了解他们的性情和喜好，懂得他们的追求和希望。因此，研究儿童的心理特征是儿童舞蹈创编的首要条件。

一、儿童的心理特征

（一）贪玩、好动

几乎每一个儿童都有贪玩、好动的心理和行为特征。这不仅是儿童精力旺盛、身心健康的表现，也是他们探索自然和社会的一种正常表现。

儿童在玩的过程中得到启发，产生探究自然、认识世界的兴趣。很多儿童喜欢爬树摘树叶、趴在地上挖蚂蚁洞、看马路上川流不息的车辆和人流等。这些在大人眼里看似调皮捣蛋或者是极为无聊的事情，对于儿童的成长却至关重要。他们通过爬树认识了花草树木，通过挖蚂蚁洞认识了动物世界，望着马路认识了各种车辆，知道了红绿灯的用途。

（二）善于模仿，好奇心强

从一个字一个字地模仿语言到模仿成人的表情、行为，儿童的成长历程中无不渗透着模仿的过程。

在儿童的各项能力中，模仿能力高于其他各项能力，如记忆力、判断力、理解能力等。儿童爱模仿是出于好奇心，他们通过主动模仿，不断接触新事物，认知新事物，从中寻找乐趣并得到满足。

在这个世界里，最让儿童感到新奇的莫过于自然界的各类动物。很多儿童舞蹈中可爱生动的艺术形象，如小企鹅走路、老鹰翱翔、鱼儿游动等，都是通过模仿动物的形态而来的。这些模仿动物形象的舞蹈艺术行为，满足了儿童的好奇心和新鲜感，使他们对表演舞蹈和观赏舞蹈产生了浓厚的兴趣。

（三）喜欢幻想

3～6岁的儿童以形象思维为主要思维方式，具有丰富的想象力，而且这种想象常常带有夸张性、多变性等童话化的特点。著名的儿童文学家严文井说过："童话在孩子生活中天天产生，处处产生。"那些充满神奇力量和变幻莫测的、带有童话色彩的舞蹈作品，常常带给儿童无限的欢乐。

在儿童舞蹈创编中捕捉儿童的奇思异想，帮助儿童明白事理、增长知识的例子有很多。例如，舞蹈《拔萝卜》，通过孩子们边唱边跳"小耗子拉着小花猫，小花猫拉着小花狗，小花狗拉着小姑娘……嗨呦嗨呦拔萝卜"，告诉孩子们"团结就是力量"的道理。在儿童的眼中，小鱼能跳舞，雪人能活过来，鸭子会说话，人世间的一切物象实体都能激发儿童的幻想。

（四）争强好胜

儿童喜欢与别人"比"，处处不甘落后，要与别人争个输赢，论个高低。从心理学的角度看，儿童的这种争强好胜心理是一种正常现象。因为儿童的自我认知度不强，他们总是希望自己能做得更好，比别人强，并从中获得周围人对自己的认可。同时，儿童争强好胜也是有上进心的表现，是进步的动力，对于提高自尊心、自信心有帮助。但是，如果总想争第一，并将这个作为现实目标，不可避免地将会受到挫折，这样反而会打击自信。因此，教师也应适当引导儿童，竞争的最终目的不是争第一、赢别人，而是为了获得成功后的快乐和自豪感。合理利用儿童的这种心理，在舞蹈中适当增加竞争因素，舞蹈会变得更加快乐有趣。

二、儿童心理特征与儿童舞蹈创编

贪玩、好动、喜欢模仿、爱幻想、争强好胜等心理是儿童的普遍心理特征，也是最为典型的心理特征。

如果儿童舞蹈编导在创作中忽视以上特征，那么编出来的舞蹈将会缺乏童真、童趣，儿童舞蹈特有的魅力也将荡然无存。作为儿童舞蹈的编导，首先要了解儿童的这些心理特征并在舞蹈作品中表现童心，这是儿童舞蹈创作取得成功、显现活力的先导。

大量创作实践已表明，儿童舞蹈不考虑儿童的心理特征，就难以成功。凡是卓有成就的儿童舞蹈编导，都能够考虑到儿童的所思所想、所作所为，在童心的牵动下，不断推出新作，创编精品，为广大儿童乃至成人献上格调高、品味纯的"精神粮食"。

在儿童舞蹈《我是解放军》中，编导抓住了孩子们贪玩的心理特点，描述了一群幼儿园的小朋友，在午休时间不睡觉，装扮成解放军玩起打仗游戏。舞蹈中，孩子们一会儿射击，一会儿搏斗，一会儿跃起冲锋，一会儿躲藏隐蔽，玩得不亦乐乎，最后累得玩不动了，才东倒西歪地倒在床上睡着了。该作品巧妙地将孩子们玩耍的游戏情景搬上舞台，真实展现出一颗颗纯净的童心和一派质朴的童趣。

儿童歌舞剧《这里的春天最美丽》，以对多种物类的模仿为舞段，形成了独具特色的艺术风格。舞剧中有模仿海洋里水母、珊瑚、章鱼的舞蹈片段，有模仿森林中小鸟、小猴、梅花鹿的舞蹈片段，还有模仿太空中星星、月亮、机器人等的舞蹈片段，真切地反映了儿童善于模仿、富于幻想的情趣。

儿童舞蹈《步步高》，则以儿童的争强好胜心为切入点，描写一群孩子在一棵椰子树下互相比高的游戏场景。编导敏锐地观察到孩子们希望自己快快长大的热切心情，通过与椰子树比高、与小伙伴比高等舞段的设计，自然流露出孩子们那种总想比一比的潜在竞争意识。为了胜出，有些孩子悄悄踮起了脚跟，有些孩子不肯罢休，比完一次还要比。这些诙谐幽默的情景，于哄然一笑中给人留下甜美的回忆。

当然，在儿童舞蹈创作中，对儿童几种典型的心理特征的把握和表现手法，均属于一个不可分割的统一体。例如，舞蹈《步步高》，既反映了孩子们逞能的心态，又流露出贪玩的兴致；舞蹈《我是解放军》是体现孩子们游戏的舞蹈，也是模仿解放军的舞蹈。舞蹈内容中关于儿童心理特征的表现手法，相互间既有区别又有联系，既有一定的独立性又有互通的渗透性。

"童心"这一特点是儿童舞蹈区别于其他一切舞种最根本的支撑点。这个支撑点越亮丽，儿童舞蹈越风光，越能焕发出特有的艺术魅力。如何把握童心、运用童心、研究童心，是儿童舞蹈编导首先要解决的重要问题。

第二节　儿童舞蹈创编的主要因素

舞蹈作为一门时间与空间相结合的艺术，用肢体动作表现出空间的伸展性和时间的延续性，并通过观者的联想、想象，达到与舞蹈作品情节及舞蹈中人物情绪的共鸣。舞蹈离不开动作、时间、空间这三个基本要素，这也是儿童舞蹈创编的主要因素，没有了这三个因素，舞蹈就失去了自己特有的意义，不能称之为舞蹈。儿童舞蹈编导应掌握这些因素及其融合、发展、变化、重组的方法和功能。

一、动作

动作是舞蹈的第一基本要素，也是舞蹈区别于其他艺术门类的重要特征之一。动作因被赋予的形态、速度、力度的不同而产生不同的变化，又因动作时间的长短、包含的美感层次不同，可分为单一动作、舞句、舞段三个级别。

（一）形态、速度、力度

1.形态

动作的形态即动作的表面形状，包括静止的和流动的姿态形状。动作形态是动作的外表形式，它界定动作的轮廓，如圆形的、菱形的，对称的、不对称的等。动作的形态不仅来自四肢，也可以由整个身体或借助物品产生。例如，表现书法艺术的舞蹈作品中，表演者可以用手臂的舞动画出某个字的形状，也可以用整个身体的静止姿态表现这个字的轮廓，还可以借助手中的大笔，在与身体的融合中勾勒出字的线条，表现出时而抑扬顿挫，时而行云流水的书法韵味。

2.速度

动作的速度也可以称为动作节奏，指动作进行时所占有的时间，它通过节拍或小时、分、秒等时间单位来计量。一个动作在运动过程中所用的时间长短及节奏类型不同，会产生跌宕起伏、快慢缓急的效果。速度是舞蹈作品在连绵不断的动作中展示内容、表现人物情感的保证。没有速度，展示的场景就犹如静止的场景。

3.力度

力度就是人们常说的动作的"劲儿""法儿"，是动作进行中力量的分配。力度是人体肌肉的紧张度，肌肉的快速绷紧会产生力度比较大的动作，肌肉的缓缓松弛会产生相对较柔的动作。力度是构成动作情感倾向的重要元素，同样一个"指"的动作，动作力度不同，会呈现完全不同的两种情绪。例如，用力指向某个地方，表示愤怒或讨厌；而轻柔地指向某个地方，则表示喜欢或高兴。舞蹈编导通常用爆发、延伸等动作力度与情感的强度相结合来发展舞蹈情节，抒发人物感情。

形态、速度、力度是构成动作的基本成分，也是使动作具有造型美、流动美、情感美的内在成因。舞蹈编导掌握了这些元素的性能之后，便可根据舞蹈内容的需要，对这些元素加以变化。例如，保留两个元素，变化一个元素，即形态、速度不变，改变力度；保留一个元素，变化两个元素，即形态不变，改变速度和力度等。每一种变化都会产生不同质感和美感的新动作，这样就能使已掌握的舞蹈动作变化无穷，无限地扩大和丰富舞蹈的表现手段，从而拓宽创编舞蹈动作的途径。

（二）单一动作、舞句、舞段

正如音乐有乐句、乐段一样，舞蹈语言也是通过单一动作、舞句、舞段来展示某种特定的风格魅力或表达某种特定的情感、情绪。我们可以把舞蹈语言比作文章中的单词、句子、段落，舞蹈编导要运用这些舞蹈的单词、句子、段落来阐述自己的创作意图，与观众进行无声的交流。

1.单一动作

单一动作是舞蹈语言最小的单位，也可称之为舞蹈单词。犹如建楼房的一块块砖瓦一样，单一动作就是构成舞蹈语言的基础材料。从功能和作用的角度出发，单一动作可以分为表现性动作、再现性动作和装饰性动作三类。表现性动作是具有表情功能的动作；再现性动作是具有达意功能的动作；装饰性动作是具有组织功能的动作。

每一位舞蹈编导都有各自擅长的舞蹈语言表述方式，有些编导善于用表现性动作来煽情，有些编导喜欢用夸张的戏剧性动作传情达意，有些编导乐于用装饰性动作把舞蹈动作加以美化。虽然舞蹈语言的使用因人而异，但无论哪种功能的动作，都应该是准确、生动、独特、有趣的。舞蹈编导要把不同功能的单一动作合理地组织、发展和变化成舞蹈语言中的短句和段落，达到与观众之间的心灵沟通。

2. 舞句

舞句是动作形式的升级，也是动作意义的升级，是比单一动作高一层次的具有形式美与欣赏价值的舞蹈语言。它是由几个单一动作组成的动作组合，在没有任何文字说明或歌词解释的前提下，能够表达编导的某种想法。

胡尔岩曾提出舞句组成的三个条件：① 形式相对完整与独立；② 有较强的射意性；③ 在不附加其他手段的前提下"射出"某种含义，唤起观赏者的视觉"回应"及心理联想。具备了这三个条件的舞句，才有"形式"和"意义"的上升，才有"质"与"量"的升级。例如，儿童舞蹈《我爱大扫除》中就有这样一个情景。孩子们每人手里拿着一个大扫把，从舞台的一头一口气扫到另一头，再扫回去，重复两遍后，扔下扫把，猛地坐在地上大口大口地喘气。虽然这个舞句只是由简单的三个单一动作（扫地、坐地、喘气）组成，却有了意境和形式背后的意味，可以说是一个主、谓、宾齐全，最后还加了个感叹号的句子。如果只有扫地，那么它仅是一个单一动作，但设计了扫地、坐地、喘气这样一连串动作后，就有了"孩子们勤劳地扫地，最后累了，休息一下"等含义，能让观众联想到生活中孩子们扫地的场景和劳动时的情绪。

3. 舞段

舞段是大于舞句的结构单位，是数量不等、长短不一的舞句的组合，在功能上较之舞句更为完整、稳定、丰富，能更鲜明地体现舞蹈形象与情感。到了舞段这一层级，也就到了舞蹈语言的最高层级，即舞蹈语言的实质性层级。

舞段根据在作品中的不同功能可分为描写性舞段、戏剧性舞段、抒情性舞段。不同性质的舞段在作品中有不同的作用和不同的表现功能。舞蹈编导如何安排舞段、什么时候安排舞段、舞段要多长等，可以因题材而定，因编导个人创作特点和喜好而定。

值得注意的是，某些舞蹈编导在创作有故事情节的儿童舞蹈时，往往为交代故事的情节而用大量哑剧动作代替舞蹈动作，忽视了舞段的发展，让人弄不清到底是话剧还是舞蹈。叙事性舞蹈也应注意舞段的安排和处理，用戏剧性舞段展开故事，交代情节。舞段在任何形式的舞蹈中都是体现作品的主题及塑造人物的重要手段。例如，叙事性舞蹈《盲童与海鸥》是比较成功的儿童情节舞，该舞蹈由四个舞段组成：第一个舞段是一群海鸥在空中矫健翱翔，这是为介绍环境、渲染气氛的描写性舞段；第二个舞段是一只淘气的小海鸥意外跌伤的戏剧性舞段；第三个舞段是盲童为受伤的小海鸥包扎救治，这是推动剧情发展的戏剧性舞段；第四个舞段是小海鸥与盲童依依惜别的抒情性舞段。

在抒情舞蹈中，舞段是根据人物的情绪发展和音乐节奏的变化来进行分段的。例如，儿童情绪舞《小荷才露尖尖角》分为五个舞段：第一个舞段，通过朵朵花蕾在水面上幽静地移动，展示出荷塘环境的优美；第二个舞段，音乐由中板变为慢板，舞蹈也由流动转向平静，每朵小花蕾旋转出桃红色的手绢花，宛若在一片片荷叶中摇曳的花朵；第三个舞段，三朵可爱的小花蕾，在微风吹动的荷叶中跳跃着、旋转着；第四个舞段是舞蹈的高潮，一群娇姿艳态的小荷花，荡漾于清风里，沐浴在阳光下，那情景着实令人心旷神怡，美不胜收；第五个舞段是尾声，音乐和舞蹈都回复到第一段的基调，一群可爱的小荷花，以轻盈流动的舞步慢慢地漂向了远方……

舞蹈编导们苦苦追求的就是作品的舞蹈语言能够准确、生动、精彩。成熟的编导能够将舞蹈的单词、句子、段落运用自如，并能将它们组织得语句通顺、感情丰富、表演流畅。单一动作、舞句、舞段之间没有刻板的时间长短的规定，更没有刻板的动作力度的规定。只要舞蹈语言具有了表现力，观众不仅会认可它，理解它，甚至会赞赏它的恰到好处与创作者的别出心裁。如果生硬刻板地限定时间与力度，哪里还会有不同风格、不同情调的舞蹈作品？就像五谷杂粮，各有不同的营养价值，怎样合理搭配，多放什么，少放什么，全由厨师来把握。也正是有了编导们自由而有个性的融合、发展、创造，才有了今天如此丰富多彩的舞蹈作品呈现在观众面前。

二、时间

舞蹈是占有时间的艺术，舞蹈动作在时间中存在，在时间中流动，在时间中变化。在这种存在、流动、变化中，表演者能够通过舞蹈传情达意，与观众进行交流，引发观众对作品的理解与共鸣。可以说，脱离了时间，舞蹈就变成了雕塑，而在时间流逝过程中，连绵不断的运动状态则是舞蹈的生命。

想象·构思·形成：儿童舞蹈教育与创作实践

　　根据具体内容的需要，舞蹈作品可以采用倒叙、分叙以及不同时空交叉的表现形式。例如，儿童舞蹈《星星赞》以倒叙的手法，由一位老爷爷给孩子们讲述少年英雄潘冬子的故事展开舞蹈。该舞蹈穿越时空，把孩子们从现实生活带回到硝烟弥漫的革命战场。儿童舞蹈《蓝天下的博士娃》以长大后戴上博士帽的孩子为题材，通过当代儿童在未来宇宙与星星、月亮和太阳同歌共舞的艺术表现，让观众通过时空隧道看到了美好的未来世界。儿童舞蹈《古韵新姿》采用左半身是古代儿童、右半身是现代儿童的表现手法，孩子们时而摇头晃脑背诵古诗，把观众带到古代的学堂，时而又劲歌热舞，把观众带回到现实生活，亦真亦幻，于时空交错之间展开舞蹈情节。

　　舞蹈中的时间，除了具有交代作品时间环境的作用外，还有表现舞蹈情感的作用。这里以情绪舞蹈和情节舞蹈来说明舞蹈的时间表现。

　　（一）情绪舞蹈的时间表现

　　情绪舞蹈的表演形式决定了它不一定要表现具体的时间观念。这类舞蹈通过对舞蹈动作的时间处理来表达某种情感。舞蹈中的快、慢、缓、急，即动作时间的长短以及停顿、延伸等动作节奏点的配置，可产生高兴、愤怒、忧伤等不同情绪效果。《黄河鼓娃》《希望》《春天》等儿童情绪舞蹈作品，既没确定是哪个年代，也未指明是哪个时间，而仅仅运用动作时间的巧妙处理表现了孩子们快乐、兴奋、激动的情绪。还有很多民间舞蹈、儿童律动、集体舞等也没有固定的时间、地点、情节，只是着眼于表演形式本身，用肢体动作抒发情绪和情感。

　　情绪舞蹈中的时间表现，除了动作过程中的快、慢、缓、急处理，还有对整个作品结构的时间处理。其中，比较常见的是，舞蹈开始是缓慢的，中间逐渐加速达到高潮，然后静静地结束。也有开始就激烈地加速，随之又静慢下来，然后再次激烈地上升，在高潮顶点结束等。

　　无论是动作上的时间处理还是结构上的时间处理，都是情绪舞蹈作品表现情感的关键元素。舞蹈动作有强有弱、时快时慢，能表现人们时强时弱、有悲有喜的情感。通过严谨地安排动作的时间值，能够恰到好处地表现出作品所要表达的情绪。但如果对时间处理不当，则会出现动作与动作简单罗列、作品拖沓无味等问题，更谈不上产生舞蹈所要表现的强烈的感性效果。

　　（二）情节舞蹈的时间表现

　　情节舞蹈是通过一定的人和事表明某种意义，抒发某种情感的舞蹈。舞蹈中出现了比较具体的人物，叙述了一个事件或片段，这在舞台上就构成了时空的限制。毫无疑问，情节舞蹈中除了要交代作品的时间环境外，还要依据所要表现的主题事件和内容，进行时间的构架和划分。

在情节舞蹈中，舞句和舞段是阐述故事的重要语言，设计舞句的时间显得尤为重要。不分舞句、连绵不断的舞蹈耗心劳神，不间断急促动作的舞蹈使人急躁不安，异常短促的舞句令人不舒服。优秀的舞蹈作品应有清晰的时间分配，舞句的长短、舞段和舞蹈整体线条的起落，都恰到好处。这样才能说清故事，抒发故事所应表现的情感。

当然，情节舞蹈中所表现出的时间概念与我们日常生活中的时间概念有一定区别。

（1）情节舞蹈无法表达精确的时间观念，只是提供一个大致的时间范围。例如，我们可以通过表演者的着装、表情看出春、夏、秋、冬，或是白天与黑夜，但具体是上午还是下午，甚至细微到几时几刻却很难表述。

（2）抒情则长，叙事则短，这是情节舞蹈的特有规律。一般用于表现情节、事件、行为的舞蹈篇幅都是短的，而用于这些事件、行为引发的情感的舞蹈篇幅则是长的，即抒情要连绵不断，叙事则点到即止。舞蹈中时间长短的安排不是生活时间观念的再现，情节舞蹈中的时间并非与生活时间同步，观众不可能等待事件发展的整个过程。情节舞蹈主要表现的是重要情感的发展过程，而非着重交代具体事件的发展过程，因此事件发展过程应点到即止。例如，创作舞蹈《抓螃蟹》，不能把生活中的抓螃蟹事件整个搬到舞台上，而应该把重点放在抓螃蟹过程中的某个亮点上。

（3）情节舞蹈中的时间是虚幻的时间。无论是运用道具，还是表演者自身的模拟，舞台上所展现的时空始终是一个虚幻的世界。但也正因为舞蹈的这种假定性，才可以在小小的舞台上展现大千世界。情节舞蹈的时间环境，是用虚拟的方式建立的，这种表现形式适应于舞蹈自身的特征。舞蹈通过这种独特的表现形式，向观众传达舞蹈的情感，但只有当观众进入或沉浸在其舞蹈意境中时才能够体验到。也就是说，舞蹈作品要有足够的吸引力，才能激发观众的想象。

三、空间

舞蹈，是在特定的空间范围内移动肢体，变化动作，演绎出各种动态形象。舞蹈的空间，是无形的空间，是表演者所呈现出来的艺术空间。不同的舞蹈空间构成不同的特性和气氛。方形、圆形、八角形等严谨规整的几何形式的空间，给人以端庄、平稳、肃穆、庄重的气氛；不规则式的空间，给人以活泼、自然、流畅、无拘无束的气氛；封闭式空间，给人以内向、肯定、隔世、宁静的气氛；敞开式空间，给人以自由、流动、爽朗的气氛。高耸挺拔的空间使人感到崇高、肃穆以至神秘；低矮平坦的空间则使人感到温暖、亲切、富于人情味。空间以无形的力量影响观众，感染观众。舞蹈编导可根据作品主题和气氛的需要自由构建舞蹈的空间。

舞蹈的空间除以上几种形式外，还有大空间和小空间之分。大空间指的是由舞台的布景、照明、装饰、道具等实体部分构建的空间，而在这一个大空间中又存在着小空间，即人与人之间的空间和表演者的动作空间。大空间宏伟、开阔、自由，能渲染环境气氛；小空间亲切、近人、安定，能传达细腻的感情。例如，儿童舞蹈《蓝天下的博士娃》，那些大小不等的星星、月亮、飞船等实体，构建了美丽神奇的宇宙大空间，让人身临其境般地感受到宇宙空旷神秘的气氛。而在这个大空间里的孩子们，时而集中，时而散开，时而欢声笑语，时而交头接耳，形成了温暖、近人、安定、欢快的小空间气氛。

舞蹈中的大空间和小空间并非是独立分开的，它们之间是互相流通、渗透、穿插，甚至是自然融合的一种状态。

（一）舞蹈的大空间

大空间一般借助道具、布景等构建舞蹈的环境，让观众在舞蹈一开始便进入编导设计的场景中。但大空间不能孤立地构成演出环境，它总是和表演者的表演紧密联系在一起。有时，大空间要服从表演，可以随舞蹈发展的需要组合、变动，从而创造出富有特色的新的空间形象；有时，舞蹈表演要顾及大空间的结构，巧妙地穿插、流动在大空间中，创造出充满情趣和魅力的舞蹈空间。例如，儿童舞蹈《蛐蛐谣》，拉开大幕，一轮明月、一棵老槐树、一群手拿竹笼的儿童身影映入眼帘，向观众交代了舞蹈的大环境，即"夜晚的乡村田野"。随着舞蹈的展开，孩子们时而排成一排走过弯弯曲曲的乡间小路，时而围成小圈趴在地上挖蚂蚁洞，时而奔跑在田野上追赶蛐蛐，时而举灯跋涉越过小山坡，时而靠在那棵老槐树下乘凉休息。舞台上虽然没有变动任何道具和场景，但孩子们的表演让观众浮想联翩，仿佛进入了几个截然不同的空间。

（二）舞蹈的小空间

小空间是由表演者的身体活动来构成较为安定、亲切、近人的环境。但在舞蹈中，表演者也能用身体的模拟或是动作的表演，使观众的想象自由驰骋，创造出无边无际的艺术大空间。例如，身穿绿色衣服的表演者铺满整个舞台并做出形态各异的造型，能营造广阔无际的大森林的意境；表演者肩搭着肩从舞台的一头排到另一头，形成一长排，并错落有致地起伏，能把观众带到波涛汹涌的大海边；张弓射敌造型、骑马奔驰造型、擂鼓助战造型等错落有致的画面，构成硝烟四起的激烈战场；表演者忽而以手遮雨，忽而旋转、艰难跋涉的情景，又能把观众带到风雨交加的夜晚。这种通过想象创造出来的由人构成的"大空间"，是舞蹈独有的。

"小中有大、大中有小"，舞蹈的空间是人和物共同构建的空间，也是大空间和小空间共同建设的艺术空间，是综合的空间复合体。它们共同完成一个舞蹈作品的艺术效果，共同构成舞蹈艺术的空间审美特点。这种空间的互化、渗透、自由转换是舞蹈特有的形式，是舞蹈编导的一大法宝。

第三节　儿童舞蹈创编的关键

3～12岁的儿童，骨骼较软，容易变形；肌肉纤维细，弹力小，收缩力差，容易疲劳；关节韧带伸展性大，但容易脱节。因此，儿童舞蹈不能与成人舞蹈相提并论。研究儿童的生理特征，也就是把握儿童舞蹈创作的物质条件。

一、儿童的生理特征

（一）骨骼

儿童的骨组织含钙较少，骨的钙化过程尚未完成。因此，儿童骨骼软而柔韧，富有弹性，是软度训练的最佳时期。正因为儿童骨骼硬度较低，容易弯曲变形，编导在儿童舞蹈的动作设计和排练时要注意以下几点：① 设计软度技巧难度要适当。② 动作力求舒展。③ 关注排练场地的安全性。

（二）关节

儿童关节面软骨相对较厚，关节囊、韧带的伸展性大，关节周围的肌肉细长。儿童活动时的关节活动范围大于成人，但牢固性相对较差，在外力作用下容易出现脱位。因此，在儿童舞蹈的动作设计和排练时要注意以下几点：① 排练前进行关节活动。② 动作可塑性强，但难度要适宜。③ 避免大力拉扯动作，以防关节脱位。

（三）肌肉

儿童时期的肌肉组织正处于迅速增长期。儿童喜欢蹦跳，弹跳性好，但耐力差，易疲劳。随着年龄增长，肌肉分量不断增加，肌力也相应增强。身体各部位肌肉发育的顺序是躯干肌先于四肢肌，屈肌先于伸肌，上肢肌先于下肢肌，大块肌肉先于小肌肉。因此，在儿童舞蹈的动作设计和排练时要注意以下几点：① 运动量不宜过大，避免疲劳过度。② 动作难度适宜，谨防肌肉拉伤。③ 结合肌力发展规律设计动作，不可拔苗助长。

（四）神经系统

儿童神经系统活动过程不稳定，兴奋过程占优势，活动的集中能力较弱，表现为儿童活泼好动，动作不协调，容易出现多余动作，注意力不集中等。因此，在儿童舞蹈的动作设计和排练时应注意以下几点：① 动作设计以活泼欢快为宜。② 舞蹈的节奏要鲜明、清晰。③ 采取生动有趣的排练方法，吸引注意力。

二、儿童生理特征与儿童舞蹈创编

从上述儿童生理特征来看，儿童的生理机能正处于快速而有序的发育阶段。此阶段的骨骼组织硬度小，韧性大，有一定的承受能力。但是，若遭遇不适度的外力，便容易弯曲变形，甚至出现损伤，影响正常发育。另一方面，此阶段的肌肉组织也正处于健全成长的时期，有较大的可塑性，但同时缺乏持久的耐力，通常表现为弹性频率与收缩频率都比较迟钝，缺乏一定的力度。尤其是幼儿园的孩子，无论是骨骼、肌肉，还是关节、韧带，都更为幼嫩和软弱，对剧烈动作的平衡协调与急缓变化过程中的控制能力，均不能与成人相提并论。因此，儿童舞蹈编导为儿童设计舞蹈动作时，一定要从儿童生理发育的实际情况出发，充分考虑儿童的自然身体素质，研究儿童舞蹈动作的发展规律。编导在编排动作的难易程度和运动量的大小及组织技巧等方面，都要符合儿童不同年龄的生理特点，随时注意避免骨骼折断、肌肉拉伤和过度疲劳等现象发生，防止创作过程中的"专业化""成人化"倾向。

三、儿童舞蹈创编的选材与技法

（一）选材

1.选题材

儿童舞蹈的题材要主题鲜明、新颖别致，富有儿童情趣，富有教育意义。选择儿童舞蹈的题材，要从儿童实际生活中去寻找。例如，有些有经验的老师，看到儿童喜欢拍球、骑着小竹竿跑，就编个拍球或小猎手的集体舞；看到儿童拼七巧板游戏时，一会儿拼鸭，一会儿拼鸡，并且拼出某种动物时就模仿该动物的叫声，又笑又跳，玩得非常欢乐，教师就编个拼七巧板的表演舞蹈，边拼边模仿动物的形象，反映儿童的智慧和欢乐，并在其中加一些由于意见不统一，结果谁也拼不成的小情节，让儿童从舞蹈中受到团结友爱的集体主义形象教育，使舞蹈既充满儿童情趣，又有一定的思想性。

2.选歌词

儿童舞蹈用的歌词要为音乐、舞蹈提供鲜明的文学形象，必须有儿童特点和趣味性，歌词能启发儿童对"景"的理解。选择儿童舞蹈的歌词要短，段落要少，要顺口、易记；在内容上尽量单纯、集中，不要太分散。最好能引起儿童对生活中有关形象的联想。

3.选音乐

舞蹈音乐能诱导儿童对"情"的表达。儿童舞蹈用的音乐曲调要简单流畅、动听，节奏鲜明，结构方正，音域不要太宽，有动作性或故事性，并且适宜于多次反复，为舞蹈创作提供准确的音乐形象。如果有对比乐段（如快速活泼、慢速热情），对比要鲜明。音乐开始和结尾要较明显，使儿童容易区别。

4.选动作

儿童的舞蹈动作不宜过多过难，要简明、形象、直观性强，并且在不同位置和不同方向进行不断反复。创作儿童的舞蹈动作，首先要仔细地观察和研究儿童的学习、生活、游戏，从儿童的实际生活中找素材并加以提炼。由于儿童对生活的认知常常是通过模仿开始的，善于模仿是儿童的天性，因此在儿童舞蹈中更多的是模仿，模仿动物的动态、模仿成人的劳动、模仿机械的运动等。对这些模仿动作要研究其形象特点，并加以提炼。

其次，从民族民间舞的动作中寻找适合儿童的动作，或根据儿童的思想感情、生理特点，也可以把成人舞蹈的动作加以改变，成为适合儿童的舞蹈动作。另外，借鉴木偶戏等其他艺术，从国内外民族民间舞、木偶、电视电影、杂志画报等中寻找适合儿童动作的素材，从中选择有儿童特点并具有代表性的动作，进行提炼和美化。这样，动作就会新一些，效果也就会好一些。但对儿童的舞蹈动作的提炼、选择、编创，要新鲜而不猎奇，优美而不高深，夸张而不失真，简洁而不平淡，健康而不生硬，一定要符合儿童的生活性格特征，符合他们的思想和动作节奏。

（二）儿童舞蹈创编的方法

1.律动的创编

选择音乐非常重要，节奏要鲜明，形象要突出，有时先有音乐再编动作，有时有了动作再创编音乐。但动作总要与音乐密切结合。因此，创编动作时必须先将音乐反复唱熟，再根据音乐的速度、力度、情绪、节奏等编动作，律动可以是单一动作的反复，也可以有一定主题，在一首曲调中变换动作，并要求连贯起来做听音乐动作。例如，《骑马》前奏音乐是在一个晴朗的早晨，小牧民眼望着辽阔的草原，骑上了马，音乐开始慢步出发，马儿越跑越快，回来时，马儿越跑越慢，最后走回家来。

2.歌表演的创编

必须把歌曲反复唱熟，然后根据歌词和音乐的旋律节奏，配上一些形象、生动、优美的动作，每一个动作都融汇在音乐之中。但动作不要零乱松散，防止出现一个词汇编出一个动作的倾向。

3.集体舞的创编

（1）确定内容与形式，形式根据内容来决定。例如，反映团结友爱的舞蹈一般用圆圈编舞的形式。

（2）选择乐曲。乐曲要选短小精干，多种多样，生动活泼，风格力求民族化、群众化的儿童歌曲或乐曲，节奏要鲜明，但不宜过于急促，定调不能太高。歌词应适合儿童演唱。

（3）确定动作。根据内容、歌曲或乐曲的节奏来确定集体舞的动作，动作要简单易学、生动活泼、蓬勃向上，要有乐观主义精神和时代感。动作的运动量不宜过大，要能够连续跳。动作的衔接和左右脚的调换要自然。

（4）队形变换，一般采用在圆圈中变化，也可采用其他形式，但变化不宜过多。

（5）整个舞蹈中要有动、静交替。有起伏，有高潮，不要平铺直叙。

4.表演舞的创编

（1）选择题材。确立主题，是小歌舞、歌舞剧，还是童话剧，它的主题是反映什么？例如，反映儿童做好事；反映儿童爱自己的娃娃；反映儿童去宇宙飞行的想象等。

（2）构思情节。有了题材和主题就要考虑情节。例如，上月球去看嫦娥，小白兔把我们的五星红旗插到月球上去等。

（3）制定形式。是采用边歌边舞的形式，还是采用歌、舞、话统一的形式。

（4）选择或创作歌曲（乐曲）。根据情节决定要不要主题音乐或主题歌，或者根据需要配一些其他歌曲或乐曲。

（5）编排队形。队形要简单清晰，变换队形时要有疏有密，穿插合理，防止偏台和拥挤。

（6）编写动作。根据音乐节奏和选动作的要求，编出能反映主题思想的动作，这种动作在整个舞蹈中要反复出现。动作难以表达时，也可用朗诵、对话来弥补不足，还要考虑到从这个队形到那个队形用什么动作来过渡。

（7）节奏的安排。要快慢搭配、有动有静、有起有伏、有放有收，这样才能别开生面。

（8）服装道具的运用。为了突出主题，服装道具要用得恰到好处。服装要鲜明、合身，有儿童特点。

5.音乐游戏的创编

（1）先有音乐，然后根据音乐的歌词内容或曲调性质来编音乐游戏。例如，《小花猫和灰老鼠》歌曲的歌词里有老鼠，有猫，有老鼠偷吃粮食，有猫捉老鼠等内容，尤其是最后猫捉老鼠，这样的歌词很适合编音乐游戏。所以，请部分儿童做小鼠，一两个儿童做猫，其他儿童先站成大圆圈再围成小圆圈做米缸。开始做歌表演动作，唱完歌，猫追老鼠。又如，《数高楼》歌曲的内容是弟弟妹妹抬头数高楼。可以利用民间游戏捏手指叠起来做节节高的形式编个《数高楼》的音乐游戏。再如，《开火车》的曲调很形象，根据曲调的节奏旋律编个《火车呜呜开》的音乐游戏。

（2）先有游戏的主题内容，再根据游戏的主题内容创编歌词曲调，使游戏更加形象化。例如，《放鞭炮》音乐游戏，先有放鞭炮的主题，有卷鞭炮、点鞭炮、放鞭炮内容的歌词，根据歌词创作歌曲，然后根据歌曲的节奏、内容，确定动作编游戏。

（三）少儿舞蹈创编

1.少儿舞蹈编导的含义与职责

少儿舞蹈编导应是关心儿童、热爱儿童、具有强烈事业心和责任感的舞蹈教师，是舞蹈作品的作者，也是舞蹈作品的导演，还是儿童舞蹈演出的组织者和领导者。少儿舞蹈是一门综合艺术，一部舞蹈作品的成功需要编导多方面的努力工作，才能实现。首先是舞蹈创作初期，要经过选材、构思、结构等大量的创作工作；在排练阶段，编导要将创意讲给孩子们听，启发孩子和他们一起去创作；当排练完成进入合成阶段时，编导带孩子们走台、试穿服装、配灯光、配音响等各个细节都要照顾到；到了演出阶段，编导要提前落实与演出有关的事宜，不能有半点马虎。演出结束后，编导要多听专家与观众的意见，对舞蹈不足之处做出修改，完善作品。

2.少儿舞蹈编导应具备的专业条件与素质

少儿舞蹈创编是一项十分细致复杂的工作，是脑力与体力并重的艺术活动，也是不断求新、求奇、求巧的创造性劳动。作为一名儿童舞蹈编导，应该具备以下专业条件：

（1）掌握舞蹈创编知识和丰富的舞蹈素材

儿童舞蹈编导应努力学习舞蹈创编知识。虽说编舞方法各式各样，"法无定法"，但基本的编舞理论一定要努力掌握。著名舞蹈理论家于平说：伟大的编导是超越编舞技术惯俗的，而谁理解盛行的惯俗越快，谁就具有对惯俗进行挑战并超越的可能。丰富的舞蹈素材是编舞者的动作宝库，各类素材无不反映它的风格特点、地域文化，同时是编导应用的物质基础和有形材料。

（2）热爱生活、热爱孩子、了解孩子

舞蹈是反映社会生活的艺术形式。作为儿童舞蹈编导，只有热爱生活、热爱孩子，才会对生活充满激情，才会亲近孩子，研究其心理特点和生理特征，才可能创作出具有儿童特征和时代感的舞蹈作品。什么是儿童特征？著名儿童舞蹈编导杨书明说："儿童特征就是儿童年龄特点，年龄差别找准了，儿童舞蹈的特点就有了，一岁就是一岁，太重要了。"我们将儿童期分为儿童阶段和少儿阶段。儿童阶段包括 3～4 岁、4～5 岁、5～6 岁；少儿阶段包括 6～8 岁、8～10 岁、10～12 岁。在儿童阶段，孩子正处在形象思维为主的阶段，易于接受生动活泼、感染力强、富有情趣的事物。优美的舞蹈能帮助孩子更好地表情达意，几乎所有的儿童都喜欢舞蹈这种艺术形式。在这个阶段，儿童学习的舞蹈形式常有律动、歌表演、集体舞和即兴舞（表演舞）等。少儿阶段与儿童阶段相比已经发生了许多变化。孩子在这个阶段中肌肉组织正处于健全成长期，骨骼组织硬度小、韧性大，可塑性强。因此，在创作时要让动作的难易程度、运动量的大小符合少儿阶段的年龄特征及心理特征，可以比儿童时期编排得复杂一些，但也要防止动作"成人化"和"专业化"的倾向。少儿阶段较之儿童阶段，儿童的心理特征也发生了变化，这个阶段的儿童对各种事物都有浓厚的兴趣和好奇心，并由此展开丰富的想象和模仿；在形象思维发展的同时，抽象思维也得到一定的发展，既有形象性又有跳跃性，既有奇特性又有探索性，还喜欢群体性的活动方式。所以，在这个阶段中可进行的舞蹈形式应以集体舞（游戏式）、小歌舞、表演舞和即兴舞为主。儿童阶段是人生中最为奇特、最为丰富的一个阶段，只有热爱生活、热爱孩子并充分了解孩子的人，才可能创作出优秀的儿童舞蹈作品来。

（3）具备特殊的观察能力和理解能力

儿童舞蹈的编导者要有一种有别于其他人的特殊观察力和理解力。简单地说，就是要会用儿童的眼光看世界。正如世界雕塑大师罗丹所说："所谓大师就是这样的人，他们用自己的眼睛去看别人见过的东西，在别人司空见惯的东西上能够看出美来。"

（4）丰富的想象力和良好的思维习惯

儿童的想象力十分丰富，他们常常想到星月以上的境界，想到地下面的情况，想到花卉的用处，想到昆虫的语言，他们想飞上天空，他们想潜入蚁穴……这些充满雅趣童心的联想与想象，给儿童舞蹈编导者的创作提供并营造了一个十分广阔的空间。儿童舞蹈编导有了丰富的艺术想象力和良好的思维习惯，才能创作出新颖的、有个性特点的优秀儿童舞蹈作品来。

（5）较强的模仿能力

模仿是儿童舞蹈编导者一种特有的专业能力。模仿内容分两个层面：一是对现实生活的模仿，二是对舞蹈素材的模仿。前者是后者的基础。模仿对于创作的直接意义有两个。其一，对大量现实生活的模仿是编导者对生活的一种特殊体验方式。编导者在模仿外部形象的过程中，得到由表及里、由浅入深的情感体验，使舞蹈动作来源清晰而成为有源之水、有本之木。其二，对大量素材的模仿使编导者积累了无穷的创作"财富"。

（6）良好的乐感

舞蹈和音乐密不可分，从一定意义上讲，音乐是舞蹈的声音，舞蹈是音乐的视觉形体。所有优秀的儿童舞蹈，无不给人视觉与听觉的和谐之美。因此，儿童舞蹈编导应努力提高自己的音乐修养。音乐不仅为舞蹈编导提供了节奏的基础，而且提供情感、思想、性格、形象和结构的依托。许多时候，儿童舞蹈作者是从音乐中获得创作灵感的。

（7）善于和孩子一起编舞

儿童舞蹈创作者的编舞过程常常是和孩子在一起边编边创边改，孩子是演员，同时也参与创作。一个优秀的儿童舞蹈编导常常善于启发孩子即兴做动作，并从孩子天真无邪的童趣中发掘元素。

（8）不断学习，大量实践，超越自我

社会在不断进步，人民的生活也日新月异，儿童舞蹈编导也同其他艺术家一样，只有不断学习，才能跟上时代的步伐。创作理论、创作手法，甚至创作队伍都在不断地更新，不学习就会落伍甚至被淘汰。因此，不断学习，经常更新自己的知识，是儿童舞蹈编导应具备的良好素质。而大量的艺术创作实践，更是儿童舞蹈编导探索创作方法、掌握创作技巧的必经之路。此外，一个有事业心的儿童舞蹈编导者还应是一位不断求新、勇于超越自我的进取者。

3. 少儿舞蹈创编的技术过程

（1）题材的选择

选材是儿童舞蹈创作的第一个重要环节。选材的过程也就是确定作品思想和立意的过程。因此，所谓"选材"，就是选择表现作品思想和立意的材料。有道是"选材得当乃成功的一半"，可见"选材"对作品创作的重要性。

儿童舞蹈的题材是很广泛的，但也不是什么题材都适于编舞，有些动作性不强的语汇，如"老师给学生讲道理"就不易用舞蹈手段来表现。究竟什么样的题材适于编舞呢？杨书明讲得好："当编舞者想要选择某个题材编舞的时候，如果他头脑中同时已经升腾起许多关于这个题材动作与动作画面的信号，说明这个题材是可以进入编舞的选材范畴的。"多姿多彩的生活给编舞者"选材"提供了广阔的天地，但"选材"的方法不尽相同，归纳起来大致有以下两种：

① 直接从生活中选材。儿童丰富多彩的生活是创作的源泉。许多编舞者通常直接从儿童的生活中提取创作元素来编舞。儿童的直接生活活动有两个层面：一是儿童亲身参加的活动，如运动、游戏等；二是儿童所喜爱的自然界的

生物及变化无穷的大自然。这些都是儿童舞蹈的可选之材。

②间接从生活中选材。儿童的间接生活为儿童舞蹈创作的选材提供了更为广阔的空间。在儿童文学作品中选材，如《卖火柴的小女孩》《半夜鸡叫》《上海童谣》等。从儿童音乐作品中选材，如《种太阳》《采蘑菇的小姑娘》等。从美术作品中选材，如《拔萝卜》《三个和尚》等。这种间接从儿童生活中选材的创作手法，实际上是从其他姊妹艺术中汲取营养的。因此，要求编舞者知识面要宽、眼界要开阔、想象力要丰富。

但无论来自哪方面的题材，在选材时都必须以当今儿童的视角予以深化和提高，绝不可简单重复、草率移植，而要发展与升华，选择一种完全儿童化的独到的选材角度。

由于儿童舞蹈编导者摄取生活的能力不尽相同，一名优秀的编导能用一种独到的眼光选取生活中最感人的一点一滴，经过艺术加工，把它挥洒得感天动地。选材的角度一定要巧、要刁，要有独到性，切忌面面俱到。比如，《步步高》这个舞蹈的编舞者巧妙地抓住孩子们与小树比高低这一点，把它表现得既合情合理、又生动活泼，十分感人。当然，要达到选材"巧、刁、独到"等创作境界，必须要求编舞者对儿童生活有深入细致地了解和较有深度的洞察。

（2）构思的酝酿

创作中的构思是编舞者在确定题材之后，对其所要创作"舞蹈"的一个总体设计。

舞蹈的体裁是什么，配什么样的音乐，大致的构图样子，动作的风格和韵味，以及舞蹈怎样开始、怎样发展、怎样结尾，欲造成什么样的舞蹈氛围和意境等，这些都是构思的内容。简言之，构思就是想好未来舞蹈的样子。

"体裁"是指所要编创舞蹈作品的样式，是独舞、双人舞、三人舞，还是群舞？儿童舞蹈大多选人数较多的群舞，这符合儿童的心理特点和生理特点。这类优秀的少儿舞作品很多，如《花笑我也笑》《蝴蝶飞》《花裙子飘起来》等。当然，也不是不可以选双人舞、三人舞或者是独舞，在舞蹈者训练比较成熟的情况下，也可以编出较好的非群体性的儿童舞蹈来。选择什么样的"体裁"，要根据作品的内容、编舞者的实力和儿童舞蹈表演者的能力等因素综合判断，形式要为内容服务。

编舞者在对舞蹈作品进行构思的时候，会涌动着对音乐的强烈需求，是舒展的还是跳跃的、是抒情的还是活泼的、是纯音乐的还是带有歌词的演唱等，这些都是编舞者在构思阶段需认真思考的内容。可选用已有的音乐来编舞，也可请作曲家为舞蹈创作音乐，但音乐的风格和情调一定要与所编的舞蹈十分贴切，好的音乐常常能增强舞蹈的感染力。

编舞者在舞蹈构思阶段不必先去想舞蹈的具体动作，而应首先确定所编舞蹈的风格。是选高雅轻盈的芭蕾舞，还是选民俗民情风格的民族民间舞；是选热烈火爆的情绪舞，还是选舒缓优美的抒情舞，这些都要在构思舞蹈时根据内容的需要首先确定下来。有了舞蹈的特性风格，编动作时就方向明确，而不至于编成各类不同风格动作的大拼盘。

不同的舞蹈有不同的舞蹈构图，编舞者在构思新舞蹈时常常要在舞蹈的构图上狠下功夫，是方的还是圆的，是流动的还是相对静止的，是对称的还是不对称的，这些都要根据所创舞蹈内容表达的需要进行构图。

舞蹈的结构，简言之就是舞蹈的开头—发展—结尾。在创作一个新的舞蹈时，作者先要构思一个结构的大致框架，即舞蹈结构的类型。"开头"是第一印象，也是作品的亮点，头开得好，观众就会饶有兴趣地看下去。"发展"是舞蹈的核心，发展的手法多种多样，但应当是十分丰满的，给人以美的享受。好的结尾起到"画龙点睛"的作用，好的结尾是对形象的升华，是舞蹈意境的延伸。

综上所述，舞蹈创作中的"构思"阶段，要在"舞蹈的体裁样式、音乐的特点、舞蹈的风格、舞蹈的构图和结构"这五方面反复酝酿、认真思考、统筹安排，尽量做到立意定位要准，切忌模糊一片；角度要巧，切忌平铺直叙；点子要奇，切忌平淡中庸。

（3）结构的形成

结构是指整体对于局部的分配。结构的过程就是选择表现作品思想立意的具体途径。对于"结构"，不能只要求线条清晰、起承转合流畅，以及一般地安排高潮、悬念等，它还要求作者有独创的视角、巧妙的铺排，使舞蹈作品有优秀的"结构"。

情绪舞结构：① 一段式。舞蹈从头到尾只有一种节奏、一个速度。在一定意义上讲，节奏就是情感。节奏的无数次反复能产生丰富的情节，甚至引起观舞者情感的共鸣和参与的欲望。例如，北京二中的群舞《红扇》，从头到尾基本上是一种节奏型，但由于编舞者紧扣"节奏"的情感线，运用舞蹈动作力度的变化、构图的变化以及动作在二度空间的迅速转换，使舞蹈热烈火爆，充满了青春的活力，情绪的渲染几乎达到极致。② 二段式，或称 AB 式。二段式情绪舞主要是指速度上的快与慢的结合，有的是先快后慢，在慢板中结束；有的是先慢板后快板，在快板中达到高潮，A 段与 B 段常常形成对比。例如，藏族舞蹈常常为二段式结构，前面是抒情的弦子舞，后面为热烈的踢踏舞。③ 三段式，也称 ABA 式。三段式的情绪舞一般为快、慢、快，也有慢、快、慢的表现手法。但编舞者常常在第三段时再现第一段的情绪舞情节，并且加以变化和渲染，使第三段比第一段更强烈、更辉煌。

情节舞结构：情节舞结构也叫戏剧式舞蹈，它像戏剧那样有一定的情节，有高潮，有悬念，有人物、时间、地点，其结构是随舞蹈情节的发生发展去安排的，如《白雪公主与七个小矮人》。

编舞者在舞蹈创作中可列出舞蹈结构表，一是可利用该图表在编舞时具体操作，二是在需要请作曲家为舞蹈谱曲时，作曲家可从图表中清楚地了解到编舞者的意图，以利于为舞蹈编曲。

结构要点：① 结构的安排要有意象的连接。② 布局匀称，首尾呼应，节奏上有对比。③ 形式与内容要和谐，有儿童情趣。④ 要重视音乐的结构。⑤ 作品时间短一些为好。

（4）音乐的创作与选择

儿童舞蹈音乐与儿童舞蹈两者之间有难以割舍的血肉联系。音乐是舞蹈声响化的体现，舞蹈是音乐形象化的体现。大凡比较优秀的舞蹈作品，其音乐与舞蹈的结合都达到一种水乳交融的境地，因而相得益彰。例如，上海学生艺术团的《雨中花》，就以新型的音乐元素来表现都市儿童充满个性与青春活力的形象；甘肃黄河少儿艺术团的《小卓玛》，运用摇滚节奏的音乐，使这个有藏族特色的儿童舞蹈新颖而又富有强烈的动感和时代感。

创作音乐。儿童舞蹈编导经过选材和构思，舞蹈的轮廓已经清晰起来，于是将它用"结构表"的形式列出来，交给作曲家。作曲家根据该"结构表"充分理解舞蹈作家的意图，从而展开艺术想象，运用丰富的音乐语言创作舞蹈的音乐，这是编舞者获得舞蹈音乐的一种途径。

选用音乐。在有条件的情况下，儿童舞蹈编导可请专业作曲家为舞蹈写音乐，但有许多情况是不具备请专业作曲家的条件的，这时选用已有的音乐作品便是切实可行的。

作曲家在为舞蹈创作音乐时，可能出现音乐的长度或乐曲的发展与编舞者的构想不完全合拍的现象，这时编舞者应充分尊重作曲家，尽量保持音乐的完整性，适当修整舞蹈的长度或情绪、情节，以使音乐与舞蹈达到完美的统一。另外，在选择已有的乐曲时，要正确理解音乐的内涵与形象，准确地分析乐曲的发展和情感的走向，努力保持音乐的完整性，切不可随意截断和组接。

（5）编舞的步骤

编舞是舞蹈创作的中心环节。如果说"选材、构思、做结构"是编舞的设计阶段，制作音乐是编舞的准备阶段，那么"编舞"则是创作舞蹈的施工阶段，而这个施工阶段又要在排练当中去完成。因此，编舞的施工阶段也是最艰苦、最困惑甚至是最痛苦的阶段，当然也是最有趣、最令人兴奋、最激动人心的一项工作。

下面分别从"编舞"的三个方面，即"形象的捕捉、形象的发展、形象的完善"三个方面——阐述。

"编舞"第一步是要捕捉一个新颖好看又别具特点的形象动作。这个"动作"可以是一个步法，可以是一个姿态，可以是一个简单的动律，也可以是一个简短的组合。动物奔跑的形象、植物生长的形象、孩子踢球的形象等，都可以成为创作舞蹈时可能被作者捕捉的形象。然而，捕捉形象却不是一件简单的事，它有以下三种方法：

从儿童生活中捕捉形象。丰富多彩的儿童生活是编舞者创作的源泉。今天的儿童，他们的精神面貌、个性特征较之以往更富有鲜活的时代特征。儿童舞蹈编导必须深入生活、关心孩子、了解孩子，以专业的眼光去观察儿童，把握他们特有的外部形态，洞察他们的内心世界，以获取鲜活的儿童舞蹈形象。① 从日常生活各种动态或静态中捕捉形象。儿童天真活泼、幼稚可爱，他们的动作无拘无束，毫无矫揉造作之感；而当孩子们静下来时，又是那样的温顺可爱、纯真如水。当课间十分钟或者游戏时，他们奔跑着、嬉戏着，那欢乐的情绪、多姿多彩的动态，常常成为儿童舞蹈编导捕捉的艺术形象；当下雨时孩子们在雨中嬉闹，下雪时在雪中翻爬，当一个孩子忽然摔倒时，众多孩子围过来救助，这林林总总、十分鲜活而又生动的儿童生活场景，都给编舞者捕捉艺术形象提供了广阔的空间。当然，并不是儿童的每一个动态都可以拿来编舞，儿童舞蹈编导要善于发现并抓住万千动态中最闪光、最动人、最好看的一瞬，深深地印入自己的脑海中。② 从自然界变化动植物生长中捕捉形象。儿童是大自然和动植物的天然盟友，他们的许多生活和联想都与大自然和动植物息息相关，编舞者常常借物喻人来表现儿童的生活和精神世界。

从音乐中获得形象。从音乐中获得舞蹈形象是编导的一个重要创作方法。当编导者在聆听音乐时，音乐的旋律、节奏和韵律韵味化作情感流入心田，那虽看不见却感觉得到的形象便油然而生。这是音乐给编导带来的冲击，有时会像开了闸的小河使形象动作自然而然，甚至贯通无碍地一个接一个地流淌出来。这是一种由听觉感知到形象思维，再到形象确认的心理过程。它首先需要编导认真地聆听音乐，重视第一次听音乐时的第一感受，那是最直接最真实的反应。除此之外，还要反复听反复感受，强化印象。当然，编导者最好熟知所听音乐的旋律、节奏、调式、调性、曲式结构和风格特征，这样他从音乐中获得形象的基础将更扎实。也只有这样，音乐才能给聆听者更深层次的感受和冲击，以产生强烈的共鸣。

从传统舞蹈、民族民间舞和外来舞种中汲取养分。中国是个舞蹈大国，56个民族都有各自不同的、绚丽多彩的舞蹈语言。无论是传统的中国舞蹈、中国民族民间舞蹈或是外国舞蹈，都为儿童舞蹈的创作提供了取之不尽的艺术资源。当然，从以上舞种中获取儿童舞蹈的艺术形象并非照搬模仿或取其某个片段一演了事，而应取其神韵并将其儿童化，完完全全变成儿童舞蹈的内容。

当我们捕捉到一个鲜明生动的舞蹈形象之后，怎样才能让它被观众接受并留下深刻印象呢？答案只有一个，那就是不断地强化形象、发展形象。编舞者常用的方法不外乎以下五种：重复、夸张、美化、对比和意象。

重复。重复舞蹈形象是为了加深印象，这对于虽然鲜明但一闪即逝、流动性极强的舞蹈视觉艺术来说尤为重要。具体划分可以有完全重复法和变化重复法。

夸张。艺术源于生活而又高于生活，舞蹈也同其他艺术门类一样，特别善于使用"夸张"的手法来发展其艺术形象。当然，这种夸张不是无限度的随意夸张，也不是10倍或20倍的机械式的夸张，它是植根于艺术原型，又不失艺术原型精气神韵的有限夸张，舞蹈编导的高明之处就在于能巧妙地把握住夸张的那个"度"。例如，空军蓝天幼儿园编导桑鲁兵创作的儿童舞蹈《讲故事的孩子》，就是运用夸张手法的范例，一个古老的故事，能让孩子们讲得神采飞扬。

美化。将舞蹈艺术形象加以美化是编舞者编舞时常用的手法，也是一名编导功力之所在。著名编导张继刚在编舞剧《野斑马》时，说他要编一个好看的舞蹈。好看即美，美是人们最普遍、最基本的审美要求。所谓美化，就是将原有的艺术形象变化得更典型、更集中、更有感染力。舞蹈《雀之灵》《小溪、江河、大海》均是运用美化手法的典范。舞蹈源于生活，但编舞者编出的美应该比生活中的美更加成熟、更为典型，因而更具有艺术魅力。

对比。艺术最讲"对比"，舞蹈中的"动与静""快与慢""松与紧""强与弱""明与暗""高与低"等都是常用的手法。由于这些手法的运用，可以使舞蹈的形象更加鲜明。

意象。运用"意象"手法来发展舞蹈形象主要是运用舞蹈意象中的重像原理。因为人体动态常可产生重叠意象，编舞时常常把两个原本有特定含义的意象组接在一起，产生了与原有意象不相同的另一意象，即复合意象，这样舞蹈形象便随之变化发展了。这有点像大画家郑板桥画竹子，要经过"眼中之竹"到"胸中之竹"再到"手中之竹"的创作过程。

当捕捉到一个鲜活的舞蹈形象，又运用"重复、夸张、美化、对比、意象"等手法将其发展成为一个舞蹈主题舞句以后，怎样由舞句发展成一段完整的舞蹈呢？这就要弄清组成舞蹈动作的几大元素和掌握发展舞蹈动作的几种方法。

组成动作的元素。① 舞姿。在舞蹈动作中相对稳定的姿态。② 节奏。舞蹈动作进行时占有的时间节律。③ 动力。动作过程中力的主要特征。

发展动作。众所周知，任何一段舞蹈或一个完整的舞蹈都是由一个或者两个"舞蹈主题"动作发展而成的，只要掌握了将一个舞蹈主题动作发展成舞段的办法，一切问题就都解决了。

发展动作无非是变化动作的三大元素，这种变化是有保留的变化。变化一个元素保留两个元素，或者保留一个元素变化两个元素，这样既看到主题动作形象的影子，又得到了这个动作的新面孔。

前面讲的是一些传统的编舞方法，近现代由于现代舞的发展，人们思想观念的变化与拓展，舞蹈编导手法呈现百花齐放、一派繁荣的景象，如"交响编舞法""现代编舞法"等，同时出现一些代表人物，如丽丝·韩英莉、莫里斯·贝雅、默尔斯·坎宁汉等。

（6）构图

舞蹈构图（舞台画面）首先是为了表达舞蹈要表现的内容，同时使画面成为一种富有美感的形式。因为舞蹈是造型艺术，演员在舞台空间中的流动与点、线、面的交织、变化，直接关系到作品的主题思想和美感效果。一般地说，凡是成功的舞蹈作品，除了具备主题鲜明、结构严谨、语言生动、新颖等优点外，还必须具备与此相适应的优美、丰富且恰当、准确的舞台结构。然而，一提到构图，人们就会非常自然地联想到绘画。绘画和舞蹈都是运用形与线来构图，所不同的是，一个用画笔，一个用人体来表现。比如，表现海鸥在大海中搏击，满台 24 人展开双臂，采取三度空间来做海鸥飞翔的动作，这种构图的基本形态就给人一种强烈的动势和气氛。

为了能在有限的舞台空间里，按照美感的要求恰到好处地运用人体的流动和停顿，下面将分别谈谈舞台线条和舞台画面的情感性问题。

几种不同的线在流动时所呈现的基本的特性及感情倾向性。① 直线。直线移动的情感倾向性是刚劲有力。竖直线移动给人有压力、雄壮、挺进的感觉，因而产生出刚健、强烈的效果，其力度最强。斜线移动给人以延伸和纵深的感觉，其力度次之。横线移动给人以平稳、健美、柔和的感觉，其力度最弱。② 曲折线。曲折线移动有三种，即斜曲折线、横曲折线、竖曲折线。它们在移动时往往给人以活跃、颤动、多变及不稳定、敦促的感觉。③ 弧（圆弧）线。弧线移动适用于表现流畅、柔和的情绪，让人感到很潇洒。

线条移动方向不同所产生的情感倾向性也不同：① 线条向前移动，具有延伸而临近的情感倾向性。② 线条向后移动，具有深远持续的情感倾向性。③ 线条横向移动，具有宽广而开阔的情感倾向性。

移动线的舞台位置不同，其情感倾向性也不同：① 线条位于舞台前区，使人感到突出、临近。② 线条位于舞台后区，使人感到深远、舒缓。③ 线条位于舞台中区，使人感觉集中。④ 线条位于舞台高层，表示情感倾向性强；位于舞台低层，则表示情感倾向性弱。

复线移动运用于表现雄伟、壮观的场面，它是几种单线条在同一时间内进行交叉移动的综合，给人以炽热活泼、气势磅礴的感觉：① 右后和左后进行横线移动。②中间两行弧线分别向两个方向移动。③ 左前和右前是两个三角自转。单线和复线的运用都不能盲目机械地进行，必须根据作品内容、环境地点和更换情感、节奏变化等需要，经过缜密思考、反复实践，才能运用自如、合理、得当。

各种样式的舞台画面（图案）象征着不同的基本感情色彩。① 三角形画面给人以力量感，正三角形有静态感，倒三角形有动态感。② 圆弧形画面给人以柔和、流畅的感觉。③ 菱形、梯形画面使人感到开阔、宽广。④ S 形画面能夸大空间概念，有流动感。

舞蹈编导对舞蹈画面进行艺术处理时，要注意哪些因素呢？

均称是舞台画面艺术处理的美学观念之一，也是我国传统的处理舞台画面的主要方法。"均"强调平衡规律，"称"强调对称方法。"平衡"是使画面均衡、规整、丰富，"对称"使画面协调、舒适、庄重，有明显的规整感。前、后、左、右、上、下、高、低必须以舞台中心为轴心，向四周扩展演变。

聚散。"聚"指集中，讲究疏密有致的变化，其手法如同文学作品中的重点描写、影视作品里的特写镜头，用以突出展示主要形象和主要情节。"散"指分散，编导要做到"形散神聚"，使画面看起来不但能体现总体群像的气势，还要有助于对主要形象的烘托。

对比。为使画面更吸引人、更动人，就要使用对比的手法。人物形象的主次，人物情绪的喜与怒、哀与乐等都要依赖于对比所产生的表现力来实现。高与低、静与动相互依托和陪衬的效果，也因对比的作用得以产生舞台画面。若缺乏各种"对比"，必有损作品的美学意义。

纵深是舞台人物调度和舞台空间的利用问题，它强调照应和层次，增加空间感和立体感，使画面和谐统一。要使纵深因素在构图中起作用，必须依赖于对舞台空间的大与小、宽与窄、广与狭等辩证处理的平衡、对比关系的协调。由于纵深具有强烈、明显的效果，所以编导要把它作为画面艺术处理的一个因素加以运用。只有掌握了舞台构图的各种样式和它们所象征的感情色彩，才能灵活地加以应用。但一定要根据作品内容的需要，注意舞台空间方位、色彩、光线、立体、平面、平衡统一的变化，以及虚实结合、气氛与节奏协调等，最终构成形象较为完美的舞台构图。

4.少儿舞蹈创编技法

在编舞理论指导下，从实践出发，从即兴编舞入手，努力激发学生的想象力和创造力，并通过不断的学习，加深学生对编舞理论的理解和对编舞规律的掌握，从而达到较好地掌握创编儿童舞蹈规律之目的。

舞蹈创作是灵感的闪现、是精神亢奋时心理反应的外化，是瞬间即逝的，因此是即兴的，对于编导来说舞蹈创作就意味着即兴创作。在技法课中，教师将引导学生由"用脚手反应节拍开始"，从"节奏即兴"到"音乐即兴"；从"动作即兴"到"动作排列"；从"关节运动"到"舞句接力"；从"音乐结构练习"到"小品练习"等，逐步引导学生从用身体感知空间、时间，到体验"姿态""节奏"和"动力"的变化。由此可见，这种练习不同于前几年的素材学习。素材学习是以模仿为主，而创编技法的学习过程本身就是创新过程，是培养学生对肢体的反应能力和思考能力的过程，是培养多重观察力、探索精神和创造能力的过程。

（1）节奏即兴

目的：训练对节奏的反应能力，快速地反应出节奏的强弱、快慢及停顿和节律。

做法：① 学生站成一个圈，教师击鼓，学生随鼓点走步。鼓点就是命令，步子随着鼓点的变化做出相应的反应，或快或慢或急或停。② 用2/4和3/4节拍练习，左脚起步，注意重拍与弱拍的节奏变化与处理。③ 用脚和手反应。当教师击鼓心时，学生用脚去反应；当教师击鼓边时，学生用手去反应，如拍手或拍身体的某一部分；当教师一手击鼓心一手击鼓边时（两种声音同时出现），学生边走边拍手。④ 用三种部位反应。学生用脚步去反应鼓心的节奏，用手拍击去反应鼓边的节奏，用肩或胯去反应教师嘴里发出的指令。这里要求教师给的节奏要相对稳定，不要变得太快，以学生的反应能力为准。学生练习时要精力集中，尽快提高应变速度。

（2）舞蹈从这里开始

目的：培养用肢体表达情感的即兴能力。

做法：① 教师准备几种不同的音乐，或抒情或明快等。② 学生坐、站或躺着，要求自由、松弛、随意。当音乐出现时，学生根据自己对音乐的感受做对应的动作。③ 教师操作音响，突然将音乐停顿，学生立即做定型动作（不要专门摆姿态）；当音乐再次出现时，学生从各自不同的造型出发自编动作，开始舞蹈。

要求：全班学生一起练习或者分两组轮流练习和观摩。要求观摩的那一组"小结"出观摩心得。最终让学生明白：任何时候、任何状态下都可以舞蹈。从自然开始再回到自然，要先有意识然后再动作，这种意识从音乐中获得。

（3）旋律与节奏

目的：提高学生对音乐旋律和节奏的反应能力，使他们能在旋律与节奏中感悟并接受一种编舞方式。

做法：教师选出这样一种音乐——里面既有舒展流畅的旋律，也有与之对应的、不太规则的、跳动性较强、节奏性较强的曲段。可选用钢琴奏鸣曲或小提琴协奏曲，然后教师让一部分学生专门去做旋律性较强的长线条的动作，而另一部分专做节奏性强的跳跃性动作，在教师指令下两组学生互相改变动作模式，互换角色。

要求：① 教师认真选择适于表现的音乐。② 学生要全身心地投入，边跳边想。③ 学生分两组，一组跳，一组观摩，并写出观摩心得，做出小结。

（4）动作变化练习

目的：通过此练习增强学生对空间、时间、动力的认识，掌握发展动作的方法，提高变化动作的能力。

做法：① 先选一个基本动作。例如，脚站正步双手捏扇置于胸前，扇口朝上准备。动作时右脚后撤，左脚跟为轴，脚尖勾起并往回收正十字碾步，同时双手将扇"撕开"。② 分析该动作的"姿态、节奏、动力"。③ 将"姿态、节奏、动力"三要素保留一两个，改变一两个，变化出新的动作。④ 将变化出的新动作加以选择和组合，组成新节拍的舞句。

要求：① 在姿态变化时要注意空间的利用。节奏的变化可用切分音或符点音符来处理，在动力的变化中可利用"轻、重、缓、急"去变动。② 变来变去，但要求保留原来的"影子"。

（5）动作排序

目的：通过动作排序的变化练习，提高身体各部位的协调性，增强动作反应的敏感性及适应性，增强对空间的感知能力。将动作排序以后，有意识地改变动作的速度和力度。

要求：① 动作幅度要大，变化要明显，对比要强烈。② 根据排序法先完成一个舞段，并根据其情调、意境找出相应的音乐，最后依据音乐去修饰舞段、完善舞段形成一个完整的舞蹈作品。

（6）绝对模仿

目的：这是一个类似游戏的编舞练习，它用来提高学生动作思维的敏捷性和情趣。做法：① 学生围坐成一个圆圈，并排出 1、2、3、4 号。② 1 号学生做一个动作，从 2 号开始依次做出绝对一致而不是对称的模仿动作。③ 当完成一圈模仿之后，由 2 号学生做出一个（在原姿态上改变方向）新动作，3 号和 4 号学生依次模仿。④ 如 2 号学生一样，依次由 3、4、5 号同学以动作节奏变化和动力变化去发展一系列动作。

要求：① 模仿时力求对"姿态""节奏""动力"准确无误地把握，这既是一种能力的提高，也是编舞的需要。② 分成两组为好，一组做、另一组观摩，这样可以发现问题或找出奥妙之处，以利于编舞。

（7）对称模仿（镜面模仿）

目的：加深对舞台空间的认识和利用。

做法：① 在教室中间画一条竖线，学生站在教室两侧，线的左边是"人"，线的右边是镜子里的"影子"。② 当"人"活动时，"影子"便做对称动作。

要求：① 模仿要准确。② 注意利用"人与人""影与影"的空间变化。③ 当"人与人"有接触时，影子立即成双人舞了。

（8）反衬法

目的：培养学生对动作的灵敏、反应及反向思维能力。

做法：① 每两人为一组，一人先做一个造型，另一人立即做对比强烈的反衬造型。② 六人为一组列成一平排，按照上边的要求依次做对比强烈的反衬造型。③ 更多一些人参加（16～20个），连成一个大圈，也按上边的要求去做。

要求：先做两人练习，对比应从"高、低、强、弱、直、曲、正、反"诸方面去做。学生分成两部分，一部分先看别人做，完了要谈感受，选出有代表性的连接并给予命题（包括双人、六人、多人组合等三种形式）。

（9）造型的情感变化练习

目的：通过"方位、部位、造型"的变化练习，使学生掌握静态与动态、时间与空间的交织与变化，从而构成舞蹈的动作与造型，创造出形象化的动作姿态。

做法：① 手臂是形体的眼睛，从单一的"起、落、伸、缩、摆、穿、推、按、掏"等组合变化，在"快、慢、停顿、舒展延伸"的节律中，完成各种情态性的动作与姿态。② "头"是形体的意象区，通过"抬、垂、侧、昂、绕、转、甩"等动作的练习，突出表现"看、听、闻"的意象动作，把感受和动作的轮廓放大。"侧、昂、垂"表示人物的内心情感，用最大限度来表现出动作的内在性。③ "胸、腰"是形体的情感区，通过"呼吸、延、含、提、沉、拧、靠、舔"等动态的运用，它不仅是单一的技术训练，而且构成形体线条，使其更具表现力。④ "胯"是形体的情趣区，胯部的横移、转等部位的自由变化和造型，表现一种特有的情趣。

要求：根据不同的音乐节奏，从单一动作到组合动作均应注意"方位、部位造型的变化和动作的对比"。

（10）造型接力练习

目的：利用空间编织造型，学习用动作思维、用动作表达意象。

做法：① 6～8个学生围坐成一个圈，其中一位同学到圈内做一个造型。② 圈上的同学通过对圈中造型的观察后，可依次到圈中与其构成双人造型，直到出现令大家满意的造型时，第一个人撤出。然后大家根据留下的那个造型继续做下去……这样说不定能编出一段有趣的舞蹈来。

要求：观察造型时，应从不同角度去发现、去捕捉造型的意象，选择造型时当然要选择有情趣、有发展可能的造型。

（11）关节运动法

目的：当我们解剖一组动作时，就会发现那是由关节运动促成的，利用和研究关节运动，便可达到编舞的目的。

做法：① 选一个与众不同的"关节"运动，当它动起来以后，必定会牵动其他相关的关节，这时人们就会发现舞蹈的某种"动机"。② 用已经获得的"动机"去发展即重复或延伸（从一个关节延伸下去）。③ 当发展到一定阶段时人们会发现这个关节运动的含义，也即"情调"。④ 根据这个含义去选择音乐，然后根据音乐的要求去完善和修饰这部舞蹈作品。

要求：①"动机"不是舞句，一定要简短有特点。② 在运动中思维，运动时"气"要贯通。③ 运动时不要有似曾相识的痕迹。④ 发展时不要随便动其他部位，要抓住发展的脉络，不能跑调。

（12）双人舞的交织练习

目的：培养和发展学生对肢体的反应能力及思考能力。

做法：① 将学生分成A、B人数相等的两组。② 两组同时出场，每人在外组找一搭档。③ A组的人找位置做造型，B组的人找相应的搭档做接触，然后做交织。④ 经过流动之后B组做A组的练习。

要求：① 接触的部位要新，尽量不要用手和脚。② 把被接触的地方看成是运动的物体。③ 交织变换接触部位时要顺其自然，注意对方的动势，缠绕时要慢一些，思考着做。④ 也可用人与物的交织作为辅助练习，物体可选"椅、鼓、箱、垫、棍"等。

（13）三人造型练习

目的：丰富学生的想象力，发展学生的肢体反应能力，激发学生对舞蹈造型的兴趣。

做法：① 学生按1、2、3报数，每三人为一组。② 每人做四个造型：造型一是第一空间，可选择任何方向；造型二是第二空间，必须是向右的造型；

造型三是第三空间，位置较高一些；造型四是第二空间位置，但须是身体向左的姿态。③ 教师发出指令"一二三""二三四""三四一""四一二"等，每种排列可展现出四种不同的三人造型，六种排列可呈现出 24 种三人舞造型。

要求：① 所编造型应尽量与众不同，并记住自己所编的造型。② 每次排列中第一个被请的学生反应要快，其他人则要向他靠拢，"根"要集中，胯要相叠。③ 每完成一个三人造型后，三人都按逆时针方向转换一个人的位置。

（14）集体接触造型

目的：发展对空间的认识，提高身体反应能力和适应能力。

做法：① 学生在 4 方向做准备。先请一个学生由 4 方向出发跑向 8 方向，并做造型。② 第二个学生在第一个学生完成造型后也跑过去，并与他做一个接触造型。③ 然后第 4、5、6 个学生依次跑出并做接触造型。

要求：① 从第二个学生开始，做造型前要观察前一个人的姿态，使自己与那个人形成空间的对比。② 造型时要选择接触的部位。③ 优秀的集体造型由接触形成，它能给观众一种情调，也像是一段故事。

（15）群舞即兴练习

目的：通过舞台平台不同的含义及它的移动形成流动的练习，使学生真实地感受到舞蹈源于生活又高于生活的真谛，加深学生对移动线的感性认识，掌握即兴编舞法。

做法：① 将学生分成两组，分别站在教室两侧。② 两侧学生相对而走，即将相遇的学生或侧身、或改变空间姿态互相穿插而过，从而形成一次"避让"。③ 穿插而过的学生按逆时针方向走，由开始的两人渐渐地扩充到全体，形成一个大的"旋涡"，这是"顺应"练习。④ 两人相对（越近越好）同时向前、向后移动或同时后退，形成"对抗"效果。

要求：① 用走步去做这个练习，注重走的质量。② 注意对自己身体的控制并注意对方身体的变化。③ 练习时尽量不发出声音，用心去感受各种移动的心理变化。

（16）综合即兴

目的：这是一个集"接触造型、交织、三人造型、自由造型"以及"聚、散"等练习于一身的综合练习。目的在于培养和发展学生对肢体变化的反应速度及思考的敏捷性，并培养他们的观察能力、探索精神及创造精神。

做法：① 先分五个组让学生做接触造型。② 由五个学生各自跑到一组接触造型前，用动作把造型冲散。③ 每个人各自随音乐即兴起舞。④ 在教师的指令下，学生各自分别去做"交织、三人接触造型、散开、凝聚、带舞姿的旋转、跟我学、自由即兴、集体接触造型"等动作。

要求：① 只有对单一练习熟练掌握，才能流畅地完成这个综合练习。② 反应要敏捷，做到用身体去舞蹈，在舞蹈中去思维、去感受。③ 应用民间舞素材去做这个综合练习。

（17）舞句的接力练习

目的：提高捕捉形象和发展形象的能力，培养对舞蹈形象准确的记忆与选择。做法：① 每人找到一个核心动作，要求有构成发展的可能性，要有姿态、节奏和动力。② 分成两大组，站在 4 方向和 6 方向两个角上，一边出一个人，用一个连接步，上场后再做核心动作，依次类推做下去。③ 选出三个动作，并以这三个动作为因素发展成一个舞段。

要求：① 在观察中注意，要选择那些形象美、夸张性强、有情趣的动作。② 在组合发展中既要注意动作的外在表现（对空间的占有），又要关切动作赋予人们的内在感受（内摹情感）。

（18）音乐结构练习

目的：通过对不同类型、不同曲式、不同节奏音乐的认识，分析它们的结构形式、情感特征、情绪表现以及音乐结构的分类，强化学生对音乐结构的了解和对音乐的选择能力，提高音乐修养。

做法：① 听以下几首音乐：《星空》《动物狂欢节》《茉莉花》《命运》。② 听音乐并给音乐结构起名字。③ 列出音乐结构表。

要求：① 舞蹈编导一定要有较好的音乐修养。② 要明白提供音乐结构表的目的有两个：一是为了给作曲家，让他了解你对舞蹈的构思和结构，以便为舞谱曲；二是当你选择了音乐，应对它进行分析，了解它的结构类型（是诗化结构、情节结构、散点式结构，还是交响式结构），把它的段落、情绪、开头、中间、结尾、最闪光点等都熟记在心。只有你深深地了解了音乐，并被它打动，舞蹈的形象才会在你的脑海中升腾，继而舞思奔涌。

（19）舞蹈小品练习

目的：从理论到实践两方面加强创编舞蹈的练习，使学生的艺术潜能充分调动，提高学生的舞蹈思维能力、想象力和创造力，并加深他们对舞蹈创编规律的认识和理解。

做法：① 教师讲述要求并出题。② 学生编舞。③ 课堂汇报。④ 集体讨论。⑤ "讲评"并提示修改意见。

要求：① 小品练习的创作方法是由内到外，先让自己像一个演员一样进入角色，使未来的形象在头脑中"活"起来，并以此为标准，在自己知识积累和生活素材的宝库中巡视，然后创造出此地、此人所独有的一个舞蹈形象来。② 解放思想，解放身体，发挥想象进行创造。

第四节　儿童舞蹈编导的身份定位

儿童舞蹈编导是儿童舞蹈作品的创作者，是儿童舞蹈作品的排演者，是儿童舞蹈作品演出的组织者。

儿童舞蹈编导比一般的舞蹈编导多了"儿童"两个字，这就意味着儿童舞蹈编导在创作时既要遵循舞蹈创作的一般规律，又要注意儿童各个年龄阶段的个性特征。儿童舞蹈作品不是编给成人看的，其受众是少年儿童。儿童舞蹈作品的成功与否关键要看儿童的喜爱程度。只有充分熟悉和了解儿童的舞蹈编导才能称得上是儿童舞蹈编导，才能为儿童创作出内容积极可信、形式生动活泼的儿童舞蹈作品。因此，从某种角度来说，做一名出色的儿童舞蹈编导要难于做一名成人舞蹈编导。

一、儿童舞蹈编导必须是一位有社会责任感的教师

儿童舞蹈编导首先是一个具有强烈事业心和责任感的教师。作为儿童舞蹈的编导，不能为了使节目精彩或为了标新立异，而将怪诞的、不雅观、不健康的舞蹈搬到儿童舞台上；或者为了在比赛中取得好成绩，不顾儿童的安全，拼命堆砌高难度技巧，以至于儿童出现扭伤、拉伤，甚至腰椎骨折造成终身瘫痪等严重问题。这种舞蹈不仅不能使儿童受到美的熏陶，还会使儿童舞蹈这块沃土受到不同程度的污染。儿童舞蹈编导不能只站在专业舞蹈编导的角度考虑作品，还应该站在教师的角度，考虑作品的教育价值。

儿童舞蹈编导要用一颗热爱儿童的赤子之心，去研究儿童的心理特征，探索儿童的生理特点，创作出儿童喜欢并且适合儿童的舞蹈作品。好的儿童舞蹈作品，不仅给予儿童美的享受，还是儿童精神的引领、情感的熏陶、理想的指引。编导

要让作品发挥舞蹈艺术的审美功能与情操教育作用，寓教于乐，通过让儿童亲身参与表演或欣赏舞蹈节目，激发他们纯真、质朴的情感。只有这样，才能使儿童舞蹈创作朝正确的方向发展，才能真正达到儿童舞蹈为儿童服务的目的。

二、儿童舞蹈编导必须是一位掌握丰富舞蹈语汇的舞者

舞蹈是人体动作艺术，舞蹈创作是用人体动作进行创作的艺术活动。如果儿童舞蹈编导不会跳舞，那么他就无法创作舞蹈，就像作家没有丰富的词汇无法写出优秀文艺作品那样。因此，儿童舞蹈编导应该是一个懂舞蹈、会跳舞、掌握了丰富舞蹈语汇的舞蹈演员。

老一辈的舞蹈编导们经常到民间采风，以丰富自身的创作素材。儿童舞蹈编导也应该不断地学习舞蹈，不断积累素材，有了足够的素材，才能在创作时信手拈来，运用自如。无论是儿童的、成人的，中国的、外国的，现代的、古典的，还是民族的、民间的舞蹈，都应成为儿童舞蹈编导学习的对象。学习、掌握的舞蹈越多，创作出来的舞蹈作品才越丰富多彩。如果儿童舞蹈编导的舞蹈语汇贫乏，就只能编出单调无味的舞蹈作品。

儿童舞蹈编导还要尽可能地像舞蹈演员那样保持必要的舞蹈训练，加强身体的技能技巧训练。因为儿童舞蹈编导要亲自尝试舞蹈动作，在动作的实践中完成舞蹈语言的设计，还要亲自示范并教会儿童跳。儿童学习舞蹈，是从模仿教师的动作开始的。笨拙的动作很难引起儿童模仿的兴趣，即便模仿了，做出的动作也可能和老师一样笨拙可笑。儿童舞蹈编导应提高身体的灵活度，加强肢体的舞蹈表现能力，才能更有效地进行舞蹈创作，顺利地完成排练工作。

三、儿童舞蹈编导必须是一个有童心的人

"做一个永远长不大的大小孩，用孩童般的眼睛去观察孩子们的多彩世界。"著名儿童舞蹈专家杨书明告诉我们，做一名儿童舞蹈编导，要用儿童的眼光去观察事物，认识生活，以儿童对事物的独特感受来表现舞蹈。无论什么时候，儿童舞蹈编导都应该拥有一颗不老的"童心"。

当和儿童一起做游戏、唱歌、跳舞时，当和儿童一起开心地捧腹大笑，兴奋地雀跃欢呼时，我们最能真实地感受到孩子们的所思所想。这时，儿童也愿意和我们亲近、交流，告诉我们自己心中的想法。如果儿童舞蹈编导高高在

上，不蹲下来和儿童交流，就体会不到儿童的感受。因此，有经验的儿童舞蹈编导，乐于变成长不大的大小孩，乐于深入儿童生活，了解儿童的真正需要，观察儿童最真实的面貌。儿童舞蹈编导对儿童生活了解得越深、越细、越透彻，所创编的儿童舞蹈就越有童真、童趣，舞蹈形象就越鲜明生动。有些儿童舞蹈作品"成人味"十足，即使动作很美，技术很高超，也不能引起儿童的共鸣，正是因为作品脱离了儿童的生活。

舞蹈编导倘若是为成人创作舞蹈，可以聆听自己的心声，但若是为儿童创作舞蹈，则要聆听儿童的心声，必须从体力上、情感上和心理上去理解他们，并对他们所感兴趣的一切事物都抱有强烈的好奇心。作为儿童舞蹈编导，不管年纪多大，心态始终要保持童真，这正是区别儿童舞蹈编导与其他舞蹈编导最基本的标准。

四、儿童舞蹈编导必须是一位神奇的"魔法师"

优秀的儿童舞蹈编导如同有神秘力量的魔法师，在纯真的儿童世界里，施展着舞蹈的魔法。在他们的"魔棒"下，星星会说话，花草会跳舞，雪人会走路，甚至连儿童身边的桌子、橡皮、铅笔也能活过来，有思维，会跳舞。这些充满梦幻色彩、稚趣童真的舞蹈作品，带给儿童无限广泛的想象空间。

一切艺术的创作都是艺术想象的过程，儿童舞蹈的创作更离不开艺术的想象，它往往是以艺术的想象力作为重要表现手法的。

爱幻想是儿童的天性，儿童的生活就像美丽的童话世界，想象、联想与幻想可以说是无处不在。他们生活中的唱歌、游戏、玩耍，处处表现着对事物、对环境的好奇和想象。儿童的想象力既丰富又具体，他们喜欢把世界上的万事万物都看成是有生命的东西。儿童舞蹈编导的想象并不是停留在儿童生活当中的这种想象，而是从中捕捉儿童的奇思异想，然后展开想象的翅膀，将其提炼、升华，在脑海里勾勒出一个看得见的事物与形象，再用生动有趣的舞蹈动作语言来赋予所想象的事物以形式、姿态、色彩和情感，最终创作出童趣盎然、梦幻般的舞蹈作品。

无比精彩的舞蹈想象，就像童话中的魔棒，指到哪里，哪里就会产生奇特的变化。因此，想象是儿童舞蹈创作中不可或缺的重要因素，也是一个儿童舞蹈编导所应具备的重要条件。儿童舞蹈编导要在平凡的工作、生活中养成善于观察、思考，又善于联想、幻想的好习惯。这种习惯的养成就是在磨炼心中的魔棒，当需要进行舞蹈创作时，心中的魔棒就会充分发挥魔力，变幻出绚丽多彩的舞蹈故事。

五、儿童舞蹈编导必须是一个"多面手"

舞蹈编导工作是一项艰巨而复杂的创作过程，而不只是设计舞蹈动作。儿童舞蹈的创作与音乐、舞台美术、戏剧、文学等有着密不可分的联系。因此，要想成为一名优秀的儿童舞蹈编导，还应该具备较高层次的艺术修养，成为"多面手"。当然，并非什么艺术门类都要精通，但以下几项与舞蹈创作密切相关的知识是必须掌握的。

（一）音乐

儿童舞蹈作品中除了舞蹈动作之外，最重要的就是音乐。舞蹈作品中的肢体动作满足的是观众的视觉要求，音乐满足的是听觉要求。音乐与舞蹈是否能协调统一，将直接影响作品的成败。因此，儿童舞蹈编导还应学习音乐的基本知识，如音乐的类别、曲式，各种乐器的表现、旋律的风格等。

（二）舞台美术

舞台美术设计能给儿童舞蹈作品锦上添花。夸张的布景、鲜艳的服装、恰到好处的灯光处理等都是儿童舞蹈创作中要涉及并体现出来的效果。如果儿童舞蹈编导没有一点舞台美术常识和审美能力，就很难达到舞台效果与舞蹈作品协调统一的要求。因此，舞台美术知识是儿童舞蹈编导需要了解和掌握的。

（三）其他

除了音乐与舞台美术外，其他领域，如戏剧、文学、书法、武术、摄影等，儿童舞蹈编导都可以从中受益。"他山之石，可以攻玉"，多掌握一门技艺，多借鉴一种门类的知识，都能够提高儿童舞蹈编导的创作水平。

第六章　儿童舞蹈创编的过程

第一节　构思舞蹈

所谓"构思"，是指舞蹈编导在体验和感受生活的基础上，运用形象思维，对所要创作的舞蹈作品从萌芽、酝酿到成熟孕育的思考过程。它是编导对舞蹈的一种设想，即立意谋舞。舞蹈构思是舞蹈的创作基础。一个舞蹈究竟要编成什么样，能否充分表现编导的思想，能否激起观众的情感共鸣，构思在其中起着举足轻重的作用。构思舞蹈主要经历下面几个阶段：

一、捕捉灵感

灵感是编导在构思初期突然激发的情绪特别亢奋、极富创造力的精神状态。一个瞬间、一次激动、一段音乐、一幅图画、一处风光等都可能触发舞蹈创编的灵感。儿童舞蹈编导的灵感，多数来源于儿童的日常生活。儿童的喜怒哀乐、一举一动都是激发编导灵感的导火线。

灵感常常是求之不得却又不请自来的，对于舞蹈创作来说是非常宝贵的思维状态，它转瞬即逝，需要善于捕捉，及时利用。从事儿童舞蹈创作的编导或多或少都有过这种经历，看到儿童玩耍的某个瞬间，突发灵感，产生强烈的创作欲望，于是，在脑海中如翻江倒海般地酝酿着一个新舞蹈。但如果不及时抓住灵感，过了一段时间，灵感消失，激情消退，创作欲望也就慢慢淡去了。因此，一旦获得灵感，编导就应该牢牢地抓住它。

二、选材

选材是整个构思过程中的重要环节。选材就是确定舞蹈作品的思想立意，是对整部作品的主题、形式、风格等给予最直接的定位。它对儿童舞蹈作品的成功数值、教育影响，以及艺术水准等具有不可忽视的制约作用。有道是"选材得当，成功一半"，可见选材对作品是多么重要。

究竟什么样的题材适合儿童舞蹈？到哪里能找到好的儿童舞蹈题材？这是很多刚涉足儿童舞蹈创作领域的编导们最为头痛的问题。我们常说生活是创作的源泉，舞蹈的题材来自生活，但并非生活中的一切事物都适合儿童舞蹈，如婚丧嫁娶、争权夺利、悲春伤秋等，就应归属于"儿童不宜"之列。

贾作光说："选材，去多姿多彩的儿童世界里找，去少年儿童的生活中找。"只要儿童舞蹈编导怀揣一份热情，带着一份细心去观察儿童的生活，体验儿童的情感，就会发现他们的世界里有取之不尽的舞蹈题材。

（一）从儿童日常生活中选材

丰富多彩的儿童生活是儿童舞蹈创作的源泉。从儿童生活中选材，就是到儿童的生活中去发现和汲取适宜表演的、为儿童所接受的、符合儿童审美的形象素材。这就要求儿童舞蹈编导将自己的心态"儿童化"，细心观察、体验和积累儿童日常生活素材，从中筛选具有本质意义和主流走向的生活素材。例如，劳动、日常起居、团结友爱精神等，都是很好的儿童舞蹈题材。儿童舞蹈《快乐大扫除》是从儿童日常劳动的生活场景中选取的题材；《步步高》是从儿童玩比高游戏的场景中选取的题材；《向前冲》是从儿童奋发向上、无惧无畏的精神面貌中选取的题材等。这些均是儿童生活的写照，是从儿童生活的某个侧面取材，表现他们的精神，坦露他们的心声，揭示他们的情感。由于源自自己身边的事物，儿童对这类题材感到亲切，能与作品中的思想感情产生共鸣。

（二）从大自然中选材

丰富多彩的大自然中蕴藏着无限的奥秘。儿童对大自然的兴趣是与生俱来的，这一类题材可以从儿童喜爱的、感兴趣的动植物入手。曾经轰动一时的儿童舞蹈《小蚂蚁》，把小蚂蚁形象搬上了舞台，那全身黑乎乎的小蚂蚁排成一排排，一队队，努力将大于自己几倍的食物托起来的时候，孩子们都高兴地站起来拍手欢呼。《花儿朵朵》《小荷才露尖尖角》《欢迎到南极来做客》等儿童舞蹈作品也都是从儿童喜欢的自然生物中找到的题材，选材别致，让作品散发出一种大自然的气息。

变幻莫测的自然现象也是儿童感到好奇和想探索的。风雨雷电、日月星辰都可以用拟人化的表现手法编成有趣的儿童舞蹈。例如，儿童舞蹈《踏雨》就描写了一群小姑娘手撑雨伞，光着小脚丫，高兴地叫着、唱着、手舞足蹈、兴致勃勃戏雨的情景。《种太阳》《数星星》《风儿吹呀吹》《我和小雪花》等儿舞蹈，也是依托于自然界的某些现象，并将其作为媒介，表现儿童天真无邪的感情世界。这些从自然界选取的题材可以表现儿童对大自然的热爱，使儿童开阔视野、增长知识。

（三）从文学作品中选材

儿童文学作品包括民间故事、传说、神话、童话、科幻等，是儿童成长道路上不可或缺的精神食粮。舞蹈作品可以从这些故事中提取材料，创造出栩栩如生的舞蹈形象。例如，《贪吃的猪八戒》是由儿童所熟悉的西游记故事改编的儿童舞蹈。《卖火柴的小女孩》《皇帝的新衣》《愚公移山》等儿童所熟悉的故事，也都曾被搬上舞台。这类舞蹈作品用肢体语言向儿童讲述了有趣的故事、生动的道理，让他们学在其中，乐在其中，悟在其中。

（四）从姐妹艺术中选材

音乐、美术、电影、戏曲、话剧等都是舞蹈的姐妹艺术。姐妹艺术为儿童舞蹈的选材提供了更为广阔的空间。《种太阳》《采蘑菇的小姑娘》《春天在哪里》等儿童舞蹈是从广为流传的儿童歌曲中取材编成的。《闪闪红星》《唐老鸭和米老鼠》《超人奥特曼》等儿童舞蹈是从影视作品中取材编成的。此外还有壁画、雕塑、武术、体操、京剧、歌剧等不同门类的艺术活动，都是儿童舞蹈编导进行创作时可供参考的。

但是，无论是从哪里选取题材，最基本的方法是以姐妹艺术作品为依托，对其中适宜儿童舞蹈创作的部分进行再创造，使其演化为儿童舞蹈作品。这就要考验编导是否具备敏锐的眼光和准确的判断力。

总而言之，健康、积极、富有童趣、有教育意义的题材都是儿童舞蹈编导可以考虑的舞蹈题材。当然，舞蹈题材并非社会生活的简单写照，它是经过提炼、升华的艺术形式。儿童舞蹈编导应与时俱进，不断更新知识，开阔眼界，发挥想象力，创造出源于生活又高于生活的儿童舞蹈精品。

三、结构

舞蹈作品的主题一经确定，儿童舞蹈编导的脑海中就应对舞蹈作品做一个初步的组织、搭配和排列，以形成舞蹈的结构。"结构"是指舞蹈作品的组织方式和构造方法。换句话说，结构就是舞蹈如何开头、如何发展、如何高潮、如何结束。一个新的舞蹈在进入实际排演之前，儿童舞蹈编导先要构思这个舞蹈的大致框架，严谨、完整、精细、周详地设计舞蹈的蓝图。"开头"是第一印象，开头开得好，观众就会饶有兴致地看下去；"发展"与"高潮"是舞蹈的核心，发展的手法多种多样，应注意丰富多变，给人以美的享受、无穷的想象；"结尾"好比"画龙点睛"，好的结尾是艺术形象的升华，是舞蹈意境的延伸。

有些编导虽然抓住了很好的题材，但却忽略了结构，致使整个舞蹈杂乱无章，让人只看到整个舞台的动作堆砌，看不出其主题思想与人物形象的感情发展。舞蹈创作中不应盲目地编动作，而应该考虑所编的舞蹈"表现什么"，又"如何表现"。一个好的结构就像一张清晰的蓝图，能让编导明确主题，理清思路，为后续的创作实践提供一个坚实的框架，也为创作的各部门提供合作的基础。

（一）结构的体式

1. 一段体结构体式

一段体结构体式以单一的特定情绪一贯到底为特色，运用重复和展开的手法来创造舞蹈意境和氛围。若是快板便一快到底，若是慢板就一慢到底，中板或散板亦然。例如，儿童舞蹈《向前冲》从头到尾以一种情绪、一种节奏，干净利落地完成了作品结构；《水仙草》以非常柔美的动作，从头到尾创造出了一种唯美的意境。在一定意义上讲，一段体式就是只有一种动作节奏、表现单一情感的舞蹈结构。

2. 两段体结构体式

两段体结构体式以两种特定情绪先后展开直至结束为特色，也称为 A、B 式。在布局上根据舞蹈作品的需要先快板后慢板，也可以先慢板后快板，两种情绪在舞蹈作品中根据需要也有所侧重。例如，儿童舞蹈《踏雨》就是由雨中悠然戏水的中板转入兴奋欢快戏雨的快板构成的两段体结构体式。这种体式在两种情绪的处理上是不能平分秋色的，应有所侧重，或前快后慢，或前慢后快，使两种情绪出现浓与淡、舒与缓的对比。

3. 三段体结构体式

三段体结构体式也称 A、B、C 体式，是以两种以上的情绪间隔或先后出现为特征。这种结构体式的情绪和节奏变化较大，在布局中根据情节发展或情绪需要排列为快—慢—快或慢—快—慢结构。例如，儿童舞蹈《草原英雄小姐妹》就是以两个小姐妹悠然地在草原上放牧的中板开始，中间转为为保护集体的羊群与暴风雪拼死搏斗的紧张急板，最后又转为讴歌草原小英雄的悠扬的中板。这种体式的情绪起伏要与舞蹈作品的节奏变化及情节发展紧密结合。

4.戏剧体结构体式

戏剧体结构体式主要是在有人物和故事情节的舞蹈中出现，也称之为故事式。它一般不受束缚，根据作品需要自由展开若干个体式。例如，儿童舞蹈《盲童与海鸥》讲述一个盲童为受伤的小海鸥包扎治疗的感人故事，包括了海鸥矫健飞翔、意外跌伤、相遇盲童、盲童为海鸥包扎救治、依依不舍地离别等几个变奏的戏剧体结构体式。戏剧体结构体式有很大的自由度，但必须紧紧围绕舞蹈作品的思想立意展开，力求严谨、完整、不拖拉。

5.交响乐结构体式

交响乐结构体式是在不失去舞蹈艺术特征的前提下，按照交响乐的结构方式来编排舞蹈的方法。采用这种结构体式，就是在舞蹈创作中借鉴交响音乐的结构规律和思维逻辑来编排舞蹈，以求达到音乐与舞蹈的高度统一。例如，芭蕾舞《花仙子》，没有特定人物，没有叙述故事，只有一群身穿五颜六色纱裙的奇妙精灵们随着交响乐的变奏翩翩起舞，展示着不同情绪的舞蹈。视觉与听觉的完美结合使人们联想起月光下那群美丽精灵们的浪漫故事。

（二）结构的程式

舞蹈的结构程式包括了引子、开始、发展、高潮、结尾五个部分。

1.引子部分

引子通常被称为序幕。引子不宜长，可介绍题材背景、人物关系等，最常见的方法是通过话外音或是字幕显示的形式拉开舞蹈的序幕。

2.开始部分

这也是剧情的开始，让观众对舞蹈作品的场景、人物形象、特定情绪有一个较具体的了解。舞蹈的开始部分常常"先入为主"，影响着观众对舞蹈作品风格和质量层次的定位，也就是人们常说的"看了开头，就知道是什么水平的舞蹈"。一个好的开始，能使观众立刻投入到编导所设计的舞蹈情景中，并吸引观众继续看下去。因此，舞蹈作品一定要有好的开头。舞蹈的开始有几种处理方法：先静后动的静止造型手法；由远而近的渐进手法；由暗到明的逆光剪影手法；先起后伏的手法等。

3.发展部分

这是舞蹈作品的主体部分，也是舞蹈的事件、情绪、形象、风格与人物关系得以发展的关键部分。发展部分是展开说明舞蹈的最佳时段，其中有群舞与组舞的交替出现，有流动调度的均衡布局，有画面构图的精心设置，有音乐节奏激烈舒展的多种变化等。从舞蹈作品的整体来说，发展部分还应该为下一步的高潮做酝酿和先导。

4.高潮部分

这是舞蹈作品最扣人心弦、矛盾激化至顶端的部分，也可以说是作品的灵魂部分。它在整个舞蹈中所占的时间虽然不长，却是结构程式中最重要的部分，是作品的高峰点。舞蹈的情节通过发展部分的铺垫达到了最精彩、最紧张、最激动的阶段。一个舞蹈如果没有推上高潮部分，就好像白开水一样，平淡无味，甚至会让观众产生失落感。高潮部分的处理有以下几种方法：① 以快速节奏、激烈动作形成高潮；② 以高难度特技动作掀起高潮；③ 以歌声、人声加强气氛掀起高潮；④ 以矛盾焦点形成高潮等。设计高潮部分时，篇幅不宜长，舞段、音乐、场面等要相应地配合，才能形成整体的艺术震撼效果。

5.结尾部分

结尾是整个舞蹈的终结，也称之为主题的归结，标志着舞蹈中的人物性格、情节和情绪的发展变化都已完成，给观众以新的展望和联想。舞蹈的结尾有以下几种处理方法：① 首尾统一的还原式处理；② 首尾相异的更迭式处理；③ 由明到暗切光的处理；④ 利用情节的细节结尾的处理等。以上几种结尾处理方法应根据舞蹈作品的情景酌情选用。

第二节　即兴舞蹈

当儿童舞蹈编导脑海中有了对舞蹈的"构思"，下一步就是要把这个"构思"发展成看得见的舞蹈。如果说构思是虚幻的灵感，那么即兴舞蹈是身体的尝试和实践，也就是用身体这一物质材料进行创编工作。

即兴舞蹈是表演者在无事先考虑的情况下，即席而作的一种临时性的舞蹈表演。表演者在即兴舞蹈中自由地尝试动作、捕捉动作、发展动作，并最终确定动作。即兴舞蹈时所产生的舞蹈动作和技巧，有时会超乎自己想象的精彩、新颖，是心灵和肉体、情绪与动作相结合的一种完美创造。这种舞蹈形态是表演者自己事先也无从知道的，正如德国著名舞蹈家卡琳娜·伐纳所说："即兴舞蹈中，身体会不由自主地做出一些动作。"

即兴舞蹈是构思能否呈现的重要阶段。通过即兴舞蹈，编导能看到自己脑海中的构思，找到它的动作载体，并达到理想的效果。通过这种无限定、无节制的舞蹈，编导可以得到自己想要的或者是自己原先没有想到的动作。

即兴舞蹈可以是编导自己的动作尝试，也可以是在编导的组织和引导下由表演者进行的动作尝试。

即兴舞蹈阶段要完成的两项主要工作是选择音乐和确定动作。

一、选择音乐

音乐是舞蹈的灵魂。为儿童舞蹈作品选择音乐，要注意音乐的曲调明朗、简单、形象化且节奏感强，歌词也应顺口、押韵、富有感染力，让儿童听后能展开想象，有想跳的欲望。大凡比较优秀的儿童舞蹈作品，其音乐与舞蹈的结合都达到了一种水乳交融、相得益彰的境界。获得儿童舞蹈音乐有以下几种途径：

（一）创作音乐

在有经济条件和人员条件的情况下，儿童舞蹈编导可以请专业作曲家为舞蹈创作音乐。当经过构思，舞蹈的基本轮廓已经形成后，儿童舞蹈编导可以将舞蹈的感觉、整体结构告诉作曲家，并与作曲家共同设想舞蹈音乐的风格和规模等。由于音乐创作有其自身的规律，作曲家所创作出的音乐不可能完全满足儿童舞蹈编导所提出来的舞蹈结构的长度要求，乐句可能有所延长，或有所压缩。儿童舞蹈编导在具体排演舞蹈时，就要根据乐句的变化调整原有舞蹈长度。当然，这种微小的变化是以不会影响舞蹈整体为前提的。因此，儿童舞蹈编导与作曲家在合作中应及时进行沟通与商讨。

（二）选用儿歌

请专业作曲家为舞蹈写音乐，当然是再好不过的事了。但是目前大多数儿童舞蹈编导是不具备这个条件的，选用现成儿歌是更为切实可行的办法。

儿童歌曲领域里拥有一大批深受儿童喜爱的儿歌，这些儿歌长时间在儿童当中传唱，朗朗上口，经久不衰。选用这类儿歌作为舞蹈音乐，演出时常常能引起孩子们的强烈共鸣。由于这类儿歌本身就有广泛的群众基础，因此舞蹈表演更容易让小观众接受和理解。选择现有儿歌作为舞蹈音乐时，首先，注意儿歌要符合舞蹈内容的要求，使两者珠联璧合、水乳交融。其次，儿歌的选用不能自始至终停留在原样照搬的状态，应该根据舞蹈作品的要求，对儿歌进行编辑。

（三）剪辑音乐

剪辑音乐，是为儿童舞蹈作品寻求舞蹈音乐的另一个有效途径。所谓剪辑音乐，就是以大量的音乐为基本素材，如西洋的、民族的、电子乐的、交响乐的、古典的、现代的、少儿的等，只要符合舞蹈作品需要，均可成为舞蹈音乐的基本素材。从若干个已选定的音乐中，根据舞蹈的需要对几首音乐的章节进行提取和衔接，使之成为一首完整的舞蹈音乐。例如，在某一首优美的音乐中截取一段作为舞蹈引子部分的音乐，再从另一首高亢激昂的音乐中截取一段作为舞蹈的高潮部分的音乐等。这一类音乐的剪辑，要注意的是所选定的几首音乐要有一定的个性，但彼此之间也要有某种意义上的联系，剪辑后的音乐在意境、形象上都应和谐流畅，不要让人感到是硬拼乱凑而成。

丰富的音乐素材是儿童舞蹈编导剪辑音乐的重要物质基础。儿童舞蹈编导平时应多听音乐，多收集不同风格、不同情感、不同品类、不同地区或不同器乐演奏的音乐，尽可能多地、广泛地积累音乐素材，积累得越多越丰富，可供选择的余地就越大，儿童舞蹈编导可发挥的空间也就更大了。

二、确定动作

所谓编舞，就是编织表现作品思想立意的舞蹈语汇，也就是编动作。舞蹈语汇是以人体为表现工具，组合系列化舞蹈动作，将舞蹈作品思想立意外化为立体形象的一种艺术手段。有道是"动作过关，作品有样"，可见编动作担负着使舞蹈作品走向成功的神圣使命。

正因如此，编动作是整个创作过程中最艰苦、最困惑、最痛苦，但也是最兴奋、最有趣、最激动的一项工作。如果说构思是舞蹈创作的设计阶段，选择音乐是舞蹈创作的准备阶段，那么编动作就是舞蹈创作的施工阶段。这三个阶段不尽相同，各有趣味，但儿童舞蹈的创作关键还是在具体实践这一阶段，在这一阶段中充分体现了儿童舞蹈编导的智慧和水平。

（一）选取动作素材

动作素材是指我们在生活中获取的原始肢体动作和平时学习和积累的各个民族、各个舞种、各种风格特征的舞蹈动作。它是儿童舞蹈编导进入编动作阶段的依靠和赖以发展的原始材料。正如写文章需要词汇，儿童舞蹈编导掌握的舞蹈语汇数量和质量将决定着舞蹈作品的质量。因此，儿童舞蹈编导首先要掌握大量的动作素材。

在大量的动作素材中，儿童舞蹈编导必须根据舞蹈作品的思想立意、民族属性、地区特色、音乐形象等因素，筛选出最贴切、最有发展可能的动作作为舞蹈作品的基础。动作的发展可能指的是动作节奏变化的可能、动律走向变化的可能、衔接顺序变化的可能、相关动作夸张变形的可能等。有了这些动作，就可以发展出更多崭新的舞蹈动作，创作出丰富多彩的舞蹈语汇。

此外，如今的儿童，精神面貌、个性特征较之以往更为鲜活，富有时代特征。因此，儿童舞蹈编导在选取动作素材时，应紧随时代步伐，从熟知的大量的动作素材中选取符合现代儿童审美情趣的动作。

（二）发展动作

舞蹈动作是舞蹈语汇的基本要素，动作来源越广泛、越丰富，舞蹈语汇的编织就越得心应手。但是，如何编织自己的舞蹈语汇，把作品的立意说清楚，给观众留下深刻印象呢？这就要发展这些舞蹈动作，变化这些舞蹈动作，使之为我所创，独一无二。当然，无论舞蹈动作怎么发展和变化，都必须以保持作品思想立意、风格特点、典型形象为基础。

下面介绍几种常用的发展动作的方法。

1.重复

重复的方法也称再现法，即将舞蹈中已出现的动作进行适当处理后，再次展现。对于形象虽然鲜明但一闪即逝的舞蹈视觉艺术来说，重复能够加深动作印象，加强舞蹈人物的情绪表现。重复可以是单一动作的重复，也可以是一个舞蹈短句的完整重复。值得注意的是，重复不能只是动作的简单再现，应有所变化。例如，著名男子群舞《走、跑、跳》中，重复出现了抬腿正步走、吸腿正步走、勾脚旁虚正步走等动作，由于对正步走这一动作编排了不同方向上的重复、高低层面上的重复、单人到群舞的重复等，加强渲染了军人的英勇气质。这样的重复既能加深印象，又于熟悉中有变化，让观众看得有滋味，不觉得单调。

2.夸张

舞蹈源于生活又高于生活，夸张是舞蹈的特点，也是舞蹈动作得以发展的手法。夸张的方法是经过艺术处理，把舞蹈动作中主要的环节夸大突出。这种夸张不是无限度夸张，它是植根于艺术原型又不失艺术原型精神的有限夸张。夸张是为了更好地突出表达作品的主题思想，但一个作品也不能从头到尾地夸大动作，在需要表现情绪的部分，动作便可以夸大。经过这样的处理，动作就有更强烈的感染力，塑造出来的艺术形象给人的印象更加深刻。例如，儿童舞蹈《向前冲》里，孩子们甩开双臂冲步向前的动作，极度夸张且有力，将所向无敌、勇往直前的精神表现得淋漓尽致。

3. 美化

将生活动作加以美化是儿童舞蹈编导时常采用的手法。儿童舞蹈中的划船动作、跑马动作等，都是生活动作的美化。美是人们最普遍、最基本的审美要求，特别是儿童，他们更喜欢漂亮的、美好的东西。

美化动作可以使原有的艺术形象变得更典型、更集中、更有感染力。例如，儿童舞蹈《春笋》，孩子们双臂直伸向上，然后一臂微微弯曲、另一臂冲至头顶，接着另一臂微微弯曲、这一臂又冲至头顶，在这样弯曲与冲伸的交替律动中，将春天竹笋破土而出的形象塑造得惟妙惟肖。该作品的编导郭子微运用了美化动作的手法，将生活中普通的春笋生长，塑造成沐浴着丝丝春雨、迎着晨曦勃发生长的艺术形象，非常生动且富有感染力。

舞蹈源于生活，但是儿童舞蹈编导创作出来的舞蹈美应该高于生活，是升华后的艺术美，这样的舞蹈动作或是舞蹈作品才具有艺术魅力。

4. 对比

文学中的对比是把两种不同事物或同一事物的两个不同方面放在一起相互比较，而舞蹈中的对比则是将动作的"动与静""快与慢""松与紧""强与弱""明与暗""高与低"等进行比较。舞蹈对比手法的运用，可使舞蹈动作产生质的变化，派生出许多新的动作。例如，在头顶摆臂的动作，当缓缓地摆臂时，动作有柔美、舒展等特性，加快摆臂时动作风格则变成活泼欢快；站立着后踢步摆臂时表现出一种高兴的情绪，坐在地上摆臂时则表露生气、不满等情绪。

儿童舞蹈创作中，编导常用舞蹈动作的大小强弱、高低快慢的对比，突出舞蹈形象，加强作品的感染力。例如，儿童舞蹈《向前冲》中，连续几个大弓步甩臂动作，紧接着一个吸腿转身停顿动作，将孩子们激昂的情绪表现得活灵活现。动作的对比手法增加了舞蹈的气氛和力度，更加完美地展现舞蹈的内容和形象。

5. 意象

"意"是意念，"象"是物象。舞蹈的意象，就是客观物象经过舞蹈编导主体独特的情感活动而创造出来的一种艺术形象。简单地说，意象就是寓"意"之"象"。运用意象的手法发展舞蹈动作，可以使舞蹈从物象的束缚中得到释放，使舞蹈那种与生俱来的、有着表现意义的"虚拟性"与"多义性"通过意象得到发挥。

儿童舞蹈《小溪·江河·大海》在表演中附之以水的形象，每位表演者都似一股流动的水，运用圆场步态，通过迂回折转的队形变化和流畅的调度，生动逼真地描绘了一幅涓涓小溪、奔流江河、滔滔大海的自然画卷。但是，该舞蹈的寓意不仅是营造自然景象，它既表现了生活中小溪、江河、大海的形象，也表达了滴水成河、百川归海、奔流不息的人生哲理。

（三）确立主题动作

儿童舞蹈创作中常会出现这样的情况：在整个儿童舞蹈作品中没有一个让人印象深刻的动态。有的儿童舞蹈编导似乎觉得动作越多越带劲。其结果是尽管服饰华丽、阵容庞大、技艺高超，但却没有真正的艺术质量和观赏价值。这是因为其忽略了主题动作，从而使作品的主导部分黯然失色。由此可见，能否确立符合作品要求的主题动作，是舞蹈作品成功与否的基本标准，也是对编导艺术素质的全面考验。在创编过程中，一旦主题动作确立，舞蹈作品的风格、个性、特点也就应运而生了。

舞蹈作品的主题动作，在内容上，是紧扣作品思想立意的；在表现上，它是贯穿和隐现于作品全过程的典型形象。因此，舞蹈作品的主题动作不能随意确立，它是作品思想立意、特定情感外化凝练的产物。也就是说，只有在深刻理解作品思想，准确把握特定情感的基础上，才能确立合乎要求的主题动作，使之有意、有情、有形。

（四）组织动作

主题动作常常被视为舞蹈作品的灵魂，但要让主题动作发挥它的价值，有效地渲染出作品的主题思想，还需要儿童舞蹈编导用心去铺垫主题动作，合理安排主题动作与其他动作之间的关系。

一个舞蹈作品，由一系列的舞句、舞段组成，其中有描写性舞句、舞段，戏剧性舞句、舞段，抒情性舞句、舞段等。主题动作在这些舞段中闪现、重复，起到画龙点睛之功效。这些舞段的出现，有些是为作品的情感做烘托，有些是为氛围做渲染，有些是为了强化形象做铺垫，有些只是为舞蹈的画面而出现。无论是什么原因，怎么铺垫，其目的都是表达作品的内容，抒发编导的情感。因此，合理巧妙地组织安排这些舞句和舞段，是编导智慧的体现，也是生动地、有趣地、有对比地、有序地表述舞蹈语汇的关键。

组织动作是动作创编的收尾工作，此时需要将整个舞蹈创编过程审核一遍，以确定各个环节，包括舞段与主题动作、主题动作与素材、素材与结构、舞段与主题思想等诸多方面相互匹配。

三、即兴舞蹈的注意事项

（一）以"构思"为主题

即兴舞蹈是在表演者没有任何准备的情况下进行的，包括运动性动作和情景性小品。进行即兴舞蹈时切记以"构思"为主题，根据这一主题，遵循各种引导和启发，从而探索、尝试身体的动作。即兴舞蹈时，身体或许会不由自主地产生很多动作，但我们要清楚，即兴舞蹈是为舞蹈作品找到最合适的舞蹈语言，而不是为了堆砌动作。因此，自发的动作当中，那些有价值、有用途的要保留下来，那些没用的就应该舍弃掉。也可以在已出现的动作中寻找有益于舞蹈作品表达的成分，并将它们有机地组合起来，形成新的动作。

即兴舞蹈可以使儿童舞蹈编导从技术和情感的不同方面审视自己将来的舞蹈，提出动作上的建议，但每个建议都应该为阐明主题服务，帮助舞蹈动作接近最初所选择的主题。

（二）有敏锐的乐感

贾作光指出："即兴舞蹈是一种由乐曲的旋律、节奏、速度、和弦效果刺激而起的舞蹈表演。"即兴舞蹈时，编导往往在音乐的感觉中变化着动作的感觉，音调的高低、节奏的长短、节拍的强弱、速度的快慢，都会引起不同的肢体表现。

舞蹈作品离不开音乐，舞蹈和音乐之间有着非常特殊和密切的关系。从一定意义上来说，音乐是舞蹈的声音，舞蹈是音乐的形体。一个有声而无形，一个有形而无声，这种天然合理的结合乃是舞蹈离不开音乐的重要原因。音乐配合并帮助舞蹈表达情绪、体现个性、烘托气氛、塑造形象。

舞蹈编导应具备敏锐的乐感，才能使舞蹈的节奏准确地得到表现。在即兴舞蹈时，编导要在所选用音乐的刺激和推动下寻找舞蹈的肢体语言，这样才不会出现编出来的舞蹈形象与音乐脱节的现象。

（三）积累丰富的舞蹈语汇

具有丰富艺术积累的表演者更容易成为舞蹈编导。这是因为一个有经验的舞蹈表演者，曾学过各种各样的舞蹈，掌握了很多动作素材，当其构思一个舞蹈时，就会比普通人更容易编出舞蹈动作。

儿童舞蹈编导要随时随地收集舞蹈素材，掌握的素材越多，动作语汇越丰富，创作领域就越宽，艺术表现力就越强。一个词汇贫乏的人，无论如何也写不出感人的文章。同样，一个缺乏舞蹈语汇的编导也无法创编出生动、感人的舞蹈作品。

第三节　组织排练舞蹈

舞蹈创编的最后一个阶段是组织排练舞蹈，编导对即兴舞蹈中生成的动作进行取舍，再通过舞蹈构图、服装、布景、道具、灯光的渲染，将其组织为一个完整的舞蹈作品，然后由表演者表现出来，最后定型。组织排练舞蹈是编导最后面临的一项艰巨的工作，当作品还在初创阶段时，如何把创作意图迅速而准确地反映到表演者身上；当舞蹈作品初步成形之时，又如何把表演者的表现力充分挖掘出来，使之进入最佳表演状态；当舞蹈作品完成之后，如何有效地再现和提高舞蹈作品本身的精彩程度等。这些工作都是费脑又费力的劳动，因此编导应具备较强的传达作品意图的能力，包括提示舞蹈表演意境的能力、挖掘肢体语言技术的能力、表达情感要素的能力等。只有这样，表演者才能理解编导的意图，更好地表现舞蹈，塑造理想的舞蹈形象。

组织排练阶段包括组织舞蹈和排练舞蹈两个环节。组织舞蹈是编导对舞蹈动作进行组合、渲染的过程；排练舞蹈是由表演者表现舞蹈作品的过程。

一、组织舞蹈

舞蹈编导通常使用舞蹈构图、服装、布景、道具、灯光等来对舞蹈作品进行渲染。

（一）舞蹈构图

"构图"一词来源于美术用语，它的英语原文 composition 解释为"组合、构成"。

舞蹈构图可分为舞蹈移动线（即舞蹈队形变化）和舞蹈画面（也称舞蹈场面）两个部分。舞蹈在舞台上构成各种各样的舞蹈画面，而这些舞蹈画面的形成和变化是靠舞蹈移动线来连接的。因此，也有人说舞蹈是运动着的绘画。凡是成功的儿童舞蹈作品，除了具备主体鲜明，结构严谨，语言生动、新颖等优点外，还必须具备与此相适应的优美、丰富的舞台画面和流畅的舞台调度。舞蹈构图对作品主题的表现、意境的创造、气氛的渲染、形象的塑造，都有着重要的作用，是舞蹈艺术形式美的重要体现之一。

1.舞蹈移动线

舞蹈移动线是由表演者在舞台空间内的一系列移动而形成的。它是表现作品人物活动、环境和地点的更迭，以及情绪处理的重要表现手段。正确运用舞蹈移动线，可以把有限的舞台空间变成无限广阔的空间。例如，舞蹈中，孩子们从舞台左后方排成大斜线出来，然后变成横八字形状的舞蹈移动线，就能使观众在感觉上脱离了舞台空间的限制，有种连续不断向前进的感觉。舞台上，每一种舞蹈移动线都有比较明显的感情倾向，其基本特征可以归纳如下：

（1）平衡移动线：一般表现平静、自如和安定的情绪。

（2）斜线移动线：一般表现有力地推进，并有延续和纵深感。

（3）竖线移动线：一般表现为强健、有力的压迫感和由远而近的视觉效果。

（4）弧线移动线：一般能呈现出较为柔和流畅的感觉。

（5）折线移动线：一般给人活跃、颤动、多变及不稳定、顿挫的感觉。

当然，舞蹈移动线的基本特征不是一成不变的，由于线条移动的方向不同，移动线的舞台位置不同，也会产生不同倾向的感情色彩。

移动线方向产生的感情倾向：① 向前移动具有延伸和临近的情感倾向；② 向后移动具有深远持续的情感倾向；③ 横向移动具有广阔而开阔的情感倾向。

移动线位置产生的感情倾向：① 位于舞台的前区使人感到突出和临近；② 位于舞台的后区使人感到深远和舒缓；③ 位于舞台的中区使人感到集中和安定；④ 位于舞台的高层情感倾向比较强；⑤ 位于舞台的低层情感倾向比较弱。

舞蹈移动线有一定的感情特征，但在具体舞蹈作品中，其感情特征因动作的幅度、节奏和力度，以及移动速度的大小、强弱、快慢等的不同也会产生变化。例如，原本平静稳定的平衡线，由于动作速度和节奏的加快，会变得急促和强劲；原本有力推进的斜线，由于动作和音乐变慢变弱，会使人感到平静。编导在运用舞蹈移动线时，不能被它的基本特征框住，应将其与动作的幅度、力度相结合，运用其规律，发挥其特征，从而使舞蹈移动线的表现力更加丰富。

2.舞蹈画面

舞蹈中的人物移动或静止地分布在舞台的固定位置上，形成了各种各样的舞蹈画面。

舞蹈画面也有一定的感情色彩，如三角形画面给人以力量感；圆弧形画面给人以柔和、流畅的感觉；菱形画面使人感到开阔和宽广；S形画面能夸大空间概念，有流动感。

舞台上的舞蹈画面多姿多彩，千变万化，其画面的构图有以下几个特点：

（1）"分散"和"集中"。任何舞蹈画面都是由"分散"和"集中"这两种基本状态构成的。一般来说，运用分散的舞蹈画面是为了展现总体的群像，表现出整体的气势，渲染一种特定的浓郁情感。例如，《金孔雀轻轻跳》中，集中画面展示了一只大孔雀迎风开屏的美丽瞬间，分散画面展示了许多美丽的孔雀在小溪边饮水戏水的动人场景。"分散"的画面和"集中"的画面之间可以说是"面"和"点"的关系，犹如电影中"全景""远景""近景""特写"等蒙太奇效果。

（2）"简而不单"和"繁而不乱"。杨书明说："舞蹈的画面要做到简而不单、繁而不乱。"其意就是舞台上人数不多时，如布局得当，也能有丰满、完美的画面；舞台上人数众多时，如能纵横有序、层次分明，也能给人清新、明快的感觉。

这种艺术效果在许多成功的儿童舞蹈作品中有体现。儿童舞蹈《远方的声音》中，虽然表演者只有七人，但"分散"和"集中"转承恰当，舞台分布的位置均匀开阔，给人的感觉是丰满和厚实的。《阳光男孩》是表演者人数多但繁而不乱的好例子。该舞蹈表演者共有三十多人，但由于处理得精确、干净、纵横有序和连绵不断，使整个画面清晰规整、有条不紊。

要达到"简而不单"和"繁而不乱"的舞台效果，必须注意舞台空间的合理安排，即"有时以一当十，有时以十当一"。无论人多还是人少，其舞台位置都应该有机联系，并依照事前设计的构图，精确排列。

（3）"对称"和"不对称"。"对称"是我国传统舞蹈画面中美的观念。"对称"的艺术手法以上下对称、左右对称为基本方法，使舞台画面稳定、协调、平衡、规整。例如，表演者以舞台中心为轴心，逐渐向四周扩散，就构成了队列清晰、气派庄重的舞蹈画面，形成一种舒展平和的气氛。

但是，如果舞蹈画面只有对称和平衡，那么就会缺乏层次，有时甚至会显得呆板。"不对称"的艺术手法不仅能增强舞蹈画面的层次感、立体感，而且能使舞蹈画面活泼、富有跳跃性。例如，舞台一边是十多人的群舞，另一边是一个人的独舞，这种具有失重感的不对称表现手法，新鲜、活跃，具有较强的挑战性和感染力。"对称"和"不对称"的艺术手法只要安排得当，合理搭配，就会增加舞蹈画面的表现力。

3.获得舞蹈构图的途径

舞蹈构图直接影响着舞蹈作品的水平和艺术表现力。因此，丰富和加强舞蹈构图能力是舞蹈编导提高创作水平必不可少的。下面是获得舞蹈构图的几个有效途径：

（1）从生活中寻找构图。在生活中，各种物体都呈现出一定的构图和造型，如公园、街道、花圃等都有不同的布局，山水、树木、花草、建筑等也都有独特的造型。我们从这些身边的事物中受到启发，再经过艺术的创造和升华，就可以把生活中的美丽画面变成舞蹈构图。

（2）从姐妹艺术中寻找构图。各种姐妹艺术，如绘画、雕塑、建筑、工艺美术、书法等艺术门类的构图、布局方法，都对舞蹈构图有极大的学习、参考价值。此外，戏曲、电影、话剧等艺术门类中出现的构图，经过舞蹈编导的想象和发展，也可以变成舞蹈搬上舞台。

（3）从已有的舞蹈构图中发展新的构图。如果能在原有的舞蹈构图上有所创新，有所发展，也可以得到新的舞蹈构图。任何艺术的发展，其实都离不开对前人创作经验的继承和借鉴。向国内外经典的优秀舞蹈、舞剧学习，对丰富和加强舞蹈构图的能力会有更直接的帮助。

（4）从民族民间舞蹈中采集构图。流传在我国各地的民族民间舞蹈中有着非常丰富的舞蹈构图。例如，我们所熟悉的"龙吐须""龙摆尾""穿花缝""卷心"等。这些是我国人民千百年来在民间进行舞蹈艺术创造的结晶，表现了广大劳动人民的审美情趣和审美理想。

（二）服装、布景、道具、灯光

很多儿童舞蹈编导往往忽视服装、布景、道具、灯光等因素对舞蹈的影响，认为这些是舞蹈的辅助手段，并不那么重要。但正是这些看似并不重要的因素，会对舞蹈作品效果产生不可估量的影响。或许正是一个富有创意的布景或一个灵活多变的道具，使普通的舞蹈作品奇迹般地变成了佳作。

儿童舞蹈《中国娃》中，一部分孩子身穿写有"赵""钱""孙""李"等百家姓的古代战衣，帅气十足；另一部分孩子身穿写有"儒""道""法""墨"等各学派名的服装，儒雅十足。服装造型令人耳目一新，为舞蹈作品增色不少。

儿童舞蹈《板凳龙》中的道具——板凳，通过编导别出心裁的设计，时而成为孩子们坐着的凳子，时而成为孩子们玩耍的巨龙，时而变成独木桥，时而拼成大石头。该舞蹈虽然没有什么复杂的动作，也没有高难度技巧，但是每次道具的巧妙变化都能引起观众的喝彩。

除了服装和道具外，灯光和布景也给舞蹈增色不少。例如，儿童舞蹈《蓝天下的博士娃》中，色彩斑斓、充满幻想的夸张布景，引起了观众的无限遐想，仿佛置身于浩瀚的宇宙；还有舞蹈中明暗对比强烈的灯光，忽而神秘，忽而炫丽，给观众巨大的视觉冲击，产生了虚实相间的艺术效果。

因此，要想成为优秀的儿童舞蹈编导，除了要具备本专业的舞蹈技能知识外，还应该学习诸如灯光、舞美、服装等的相关知识，向综合艺术方向发展。这些可以说是舞蹈作品的"外包装"手法，能够全面提升儿童舞蹈作品的艺术表现力、艺术感染力，以及艺术层次和艺术品位。

二、排练舞蹈

排练舞蹈是将舞蹈作品完整地、成功地呈现给观众的一个重要工作。有些舞蹈编导没能安排好排练的环节，导致原先想好的、编好的舞蹈在实际排练中不尽如人意，达不到预期的效果。舞蹈创编的终点是排练定型，舞蹈在表演者身上如实呈现出来后才是真正意义上的舞蹈作品。因此，严格而精细地完成排练，是舞蹈编导最终完成舞蹈作品的重要环节。

通常情况下，排练阶段也是编导二度创作的阶段。编导在这一过程中有可能与表演者擦出新的创作火花，使舞蹈作品与表演者形成互动，增加作品的感染力。儿童舞蹈编导往往不太在意二度创作工作，认为儿童不可能给予自己什么创作上的帮助，但儿童不经意的情感流露或夸张的表现方式，恰恰可能是舞蹈作品最真实的情感表现。

当舞蹈作品投入排练阶段，即将和表演者见面的时候，如何调动表演者的排练积极性，如何在最短的时间内达到最佳的排演效果，是需要舞蹈编导花点心思去研究的。尤其是给贪玩、好动、注意力难集中的儿童排练，更应该讲究方法和手段。

想象·构思·形成：儿童舞蹈教育与创作实践

（一）准备工作

首先，在第一次给儿童排练舞蹈作品前，儿童舞蹈编导要准备好给儿童讲解剧情的演讲稿，如能配上精美的图画、文字、声像资料等，更容易引起儿童的排练兴趣，带领他们进入排练的氛围和作品的意境。

其次，儿童舞蹈编导要计划好每次排练的详细进程。例如，第一次排练的量和度，第二次排练达到的要求，作品最后完成的时间和合排的次数等。只有排练计划清晰，编导心中有数，才能高效率地完成排练任务。

（二）介绍舞蹈

组织儿童排练，不要急于教授动作或是排队形，首先要引起儿童对作品的兴趣，让他们产生排练的欲望。儿童舞蹈编导可以用生动的语言配上图片等辅助工具介绍即将排练的舞蹈，描绘舞蹈构思，设想完成之后的舞蹈会如何精彩。

儿童舞蹈编导向儿童介绍舞蹈时，需解释下面两个问题：

1.跳什么舞蹈

儿童最好奇的是老师给他们编了什么样的舞蹈，接下来自己要怎么跳。舞蹈作品不外乎两种类型，一种是情绪舞蹈，另一种是情节舞蹈。

儿童一般对情节舞蹈比较感兴趣，因为有情节的发展，有角色的分配。想象着自己在这个舞蹈故事中即将扮演的角色，他们会兴奋不已，跃跃欲试。因此，在介绍情节舞蹈时，儿童舞蹈编导应着重注意描述情节的发展和角色性格等，以激发孩子们的好奇心。

介绍情绪舞蹈时，儿童舞蹈编导首先要调整好自己的情绪，用生动、富有激情的语言向儿童介绍舞蹈作品的情绪。例如，排练喜庆丰收的舞蹈时，编导应以喜悦的情绪、慷慨激昂的语言，告诉儿童丰收后的热闹场面和农民的愉悦之情，让儿童受到感染，产生跳此舞蹈的愿望。

无论儿童舞蹈编导创作的是哪类舞蹈作品，都应该向儿童阐明作品的思想立意，使他们了解自己将要表演的舞蹈是什么内容，是什么样的情景，是什么时代发生的事情等。

2.应该怎样跳

每个舞蹈作品都有其独特的风格、特点。在正式排练前，儿童舞蹈编导有必要告诉儿童，他们将要排练的舞蹈作品有怎样的风格，有什么特点。

介绍舞蹈作品的风格特点，不是希望儿童立刻就能掌握这些风格特点，而是让他们对作品有个整体了解，体会编导的创作意图，在后期的排练中时刻提醒自己，把握好作品的人物形象。儿童脑海中有了舞蹈的整体风格，有了关于人物的想象，在接下来的排练中就会有目标地去要求自己，达到编导预期的效果。

（三）教授动作

在排练过程中，教授动作是占用时间最长、花费精力最多的一项工作。儿童舞蹈编导在教授舞蹈动作时可以有层次地进行，即先教主题动作，再教主体舞段，最后按照舞蹈作品的顺序从头至尾依次教授。

1. 教授主题动作

有经验的儿童舞蹈编导多数会采取先教主题动作的方法。先教主题动作有三个好处：第一，从儿童的学习心理上讲，学习任何东西都是第一印象最为深刻，当时的注意力也最为集中；第二，从舞蹈作品的要求上讲，把主题动作放在学习之初，能使儿童尽快接触到主体部分，从中感受到作品的风格特点；第三，如果一开始就学习了主题动作，下一步对由主题动作派生出的其他舞段就更容易接受，无形中加快了进度。

2. 教授主体舞段

完成主题动作的教授后，就可以进入主体舞段的教授阶段了。主体舞段由系列化的动作组合而成，比单一的主题动作更有难度。

因此，建议采取分解式教学，即把主体舞段分解成若干个小段，每小段分开来教授。在教授主体舞段时，编导除了要强调动作的规范、动作和动作之间的衔接外，还要注意讲解动作的特点、风格、韵律，注意舞段的情感表现。这样，儿童掌握了主体舞段，也就掌握了舞蹈作品的精髓。

3. 从头至尾依次教授

当儿童学会了主题动作，掌握了主体舞段的风格后，编导就可以开始从头至尾依次教授舞蹈作品。教授舞蹈作品时，编导要明确每个动作的规范、风格以及节奏的处理。

一般的儿童舞蹈作品，除了全体表演者一起表演的群舞之外，还常常有领舞部分，或者是三五人表演的组舞部分。群舞部分的排练，要注意统一节奏中的同起同落、整齐划一的艺术效果；领舞和组舞排练时，要注意动作的细节处理和动作的质量要求，这些舞段往往是观众最关注的，也是最容易暴露动作问题的部分。

无论是作品的哪个部分，儿童舞蹈编导都应该注意排练的趣味性，让儿童积极主动地参加排练，这对提高排练的效率有很大的促进作用。

（四）调度排练

调度排练的重要性应该说是仅次于动作排练的。调度排练具有一定的难度，特别是人数较多的群舞排练。即使儿童舞蹈编导心中已经有了比较流畅的舞蹈移动线和清晰的舞蹈画面，实际排练的时候还是会出现碰撞、混乱等现象。为避免这些现象出现，刚接触舞蹈创编的初学者应该先画好调度表，在图表中用小黑点标示出每个表演者的具体位置和路线走向，做好前期准备。

做好了准备工作，到了排练现场有可能还会出现一些问题。由于儿童的方向感、方位感比成人差，即使安排好了位置或路线，他们跳的时候还是会找不到自己的位置。这时儿童舞蹈编导要有耐心，让孩子们重复多次地走位，提醒孩子们记清楚自己的位置，必要时还要亲自带领他们走路线。

（五）熟悉音乐

儿童舞蹈编导理应熟悉舞蹈的音乐，表演者同样要一丝不苟地熟悉甚至背诵舞蹈的音乐。只有体验了音乐的感情，才能真正抒发动作所表现的情绪，只有清楚了音乐的节奏，才能准确地完成动作。而这一切，都是编导无法代替表演者完成的。因此，在排练过程中督促表演者熟悉音乐也是不可忽视的一项工作。在完成以上排练环节后，便具备了进入作品整体排练的条件。

（六）作品合成

整体排练是作品排练全过程的最后一个环节。这一环节所要解决的主要问题是各个舞段之间和各个画面之间的衔接，动作、音乐、情感、画面、调度等全部准确到位，将作品的整体面貌呈现出来。

作品合成时，编导不宜操之过急，可以采取先粗排、再细排的方法循序渐进地进行。粗排时要求不能太高，只要表演者的动作合得上音乐，记住流动的路线，找到自己的位置就可以了。至于动作的标准、情感的表达等可以在后面的细排中再加以严格要求。

到了细排阶段，无论编导还是表演者，都必须认真投入。在这个阶段，对动作的一招一式都要严格要求，并且在动作与音乐的配合上、动作与情感的处理上、动作与画面的关系上，均须融为一体。

细排的结果关系着作品的效果。无论编导脑海中的舞蹈构思有多棒，最终还是要通过表演者把它呈现出来。细排没有什么捷径可走，只有不厌其烦地多次练习，才能熟能生巧，获得预期的效果。

第四节　演　出

演出是提供给儿童施展自我才华的艺术舞台。儿童舞蹈比赛、儿童舞蹈展演活动的频繁举行，对广泛宣传儿童舞蹈教育意义有不可估量的推进作用，反映出社会、家庭对舞蹈的教育功能、娱乐功能、审美功能、认知功能、健身功能、交往功能的认识有了提高。

对于儿童来说，演出意味着绚丽的灯光、漂亮的演出服、热情的观众，在舞蹈室里辛辛苦苦地排练了一段时间的舞蹈，即将在舞台上接受观众的检阅，这让他们期待、开心、激动、兴奋。

演出前的准备工作对于保证良好的舞蹈效果有不可忽视的影响，需要儿童舞蹈编导认真细致地完成。

一、化妆

儿童舞蹈的舞台化妆和服装、灯光、布景等一样，是运用造型艺术手段对作品进行"包装"。化妆、服装和表演紧密结合，直接塑造舞蹈中的人物形象。特别是当表演者与角色之间有一定的差距时，就需要通过高超的化妆技术来塑造舞蹈作品的形象。例如，让儿童扮演老奶奶或者小动物等，就需要通过化妆的方法将表演者的外貌变成舞蹈中所需要的人物形象。

化妆要适应舞台灯光照明的需要。舞蹈演出一般是在专业灯光下进行的，如果不适当加深面色，表演者的面色看上去就显得苍白、不健康。并且由于舞台灯光在表演者脸上形成明暗层次，看上去五官模糊，面部平板。因此，必须通过化妆，使表演者的面部呈现立体感。

儿童舞蹈的舞台妆分为油妆、粉妆、彩妆三种类型。油妆和彩妆的技巧比较复杂，需要专业化妆师的帮助。粉妆相对简单，儿童舞蹈编导可以亲自操作。粉妆也是儿童舞蹈演出中最常用的一种化妆手法。下面就粉妆的技巧和步骤进行简单介绍。

第一步：洗脸，涂润肤霜。

第二步：上粉底液。首先将粉底液置于手掌心，以指腹揉匀，然后涂抹到双颊，以放射状的方式由里向外地均匀涂抹。使用粉底液的好处是使肤色均匀不易脱妆。如果涂了润肤霜后直接扑粉，妆就不干净、不持久。

第三步：打腮红。腮红不是越红越好，也不是面积越大越好看。如果不是出于作品需要，切记不要把整个脸蛋都涂得红彤彤的。打腮红的方法是让孩子们做出微笑的表情，并以突出来的颧骨为中心，反复地画圆涂抹。

第四步：画眉。不同的眉毛形状，给人不同的感觉。一般上扬的眉毛给人刚毅、自信的感觉；弯曲的眉毛给人温柔、善良的感觉；下垂的眉毛给人自卑、忧伤的感觉。编导要根据作品需要，设计适合人物性格的眉形，用棕黑色的眉笔描画。

第五步：画眼妆。眼妆具有塑造眼部的立体感、改变眼睛大小、增加眼睛亮度的效果。眼影色彩与服装搭配适当，也能够产生不错的舞台效果。如果服装是蓝色，那么眼影以蓝色为主色；如果服装是绿色，那么眼影可以绿色或者黄色为主色。画好眼妆后，还可以撒上一些珠光散粉，这样眼睛会更显精神，有亮度。

第六步：上唇彩。先上一层薄薄的润唇膏，然后涂口红，最后上有亮度的唇彩。这样能增加嘴唇的鲜亮度，还能产生层次感。

第七步：扑粉。可以用专用的散粉或蜜粉，也可以用普通的干粉定妆。定妆后的妆容更透明、细致，也能保持持久，省去频繁补妆的麻烦。

二、走台

"走台"是演出的一个专业术语，指表演者在演出之前熟悉舞台环境，定好表演区域，与灯光、音像合成的一个过程。要使舞蹈作品演出达到较好的艺术效果，儿童舞蹈编导应认真对待走台这个环节。

（一）编导熟悉舞台环境

儿童舞蹈编导先要熟悉舞台环境，如舞台的深度、长度，跑场通道的流畅情况，化妆间与表演区的距离，灯光控制室、影像播放室的位置等，只有对舞台环境心中有数，才能尽量避免出错，保证演出时万无一失。

（二）表演者适应舞台环境

舞台和平时排练的舞蹈室有很大区别。儿童如不适应舞台的空间、方位等就无法发挥排练时的舞蹈水平。因此，怎样上、下场，怎样在走台时找到中线并定好自己的位置，怎样准确地走路线等，编导都要交代清楚。

第一遍走台时不需要合音乐，也不用从头到尾地把舞蹈跳完整，只需把重要的队形和表演者具体的演出点位确定好，让孩子们熟悉场地即可。如果有多余时间，可以让孩子们完整地跳几遍，感受一下舞台环境。

（三）服装、道具、灯光、音响全面合成

当儿童完成走台后，作品可以进行全面合成。这时，表演者的服装、道具，甚至化妆都要到位。表演者的动作、情感、节奏、调度、站位等都要进入正式演出的状态。灯光的配合与变化要随着表演的进程在音乐的变化中自然进行。音响的音量根据剧场的大小，调控在适度的挡位上。使舞美效果与舞蹈表演浑然一体。这一切都做得圆满，即完成了正式演出前的最后冲刺。

（四）编导作为观众把握效果

编导在创作时可以身临其境，全身心地投入舞蹈作品中。但当舞蹈进入全面合成时，编导应把自己当作普通观众，退到观众席上观赏舞蹈效果，客观审视表演者的动作和舞美的效果。

三、正式演出

演出当天，应该是参演儿童最开心的一天。编导不必过于紧张，紧张的情绪会给儿童带来无形的压力。编导当天的工作是检查儿童的演出用品，如服装、头饰、道具、化妆品等是否备齐，舞蹈音乐是否能正常播放；注意调动儿童的表演情绪，让他们激情高涨、满怀信心地走上舞台。

儿童舞蹈活动的最高形式是演出，但演出并不是最终的目的。从广义上讲，它是推进素质教育的一种方式，赢得社会效益的一种形式。编导们应借助演出这个平台，展示素质教育成果，学习他人的优点，促进舞蹈创作交流。

第七章 儿童舞蹈教育中的即兴舞蹈创作

第一节 即兴舞蹈的基本特征与主要功能

一、即兴舞蹈的基本特征

即兴舞蹈隶属于舞蹈之下，所以它必然具有舞蹈所拥有的一切最普遍的特征。例如，它具有动作性、节奏性、虚拟性等特征。这是毋庸置疑的，一件事物的存在就必然有它存在的理由与价值，想要挖掘它的价值之前就必须先了解其独有的、区别于其他舞蹈的特征之所在。即兴舞蹈的特征显然是与"即兴"的本质与特征密切联系在一起的，即兴舞蹈的三大基本特征为即时性、创造性和个性化。并且，需要强调的是，只有当这三大特征同时具备时，这种舞蹈才可称之为即兴舞蹈。

（一）即时性

从即兴舞蹈的发生时间来看，它具有"即时性"的特征。从字面上分析，"即兴"中的"即"在《辞海》中有"立刻""马上""当前"的意思，"即兴"就是"根据当前的感受而发"，有"即时兴起"的意思。所以，从字面上，可以初步了解到即兴舞蹈是一种发生时间很快，没有经过预先的准备，但却需要在瞬间就可以因为某种内心感受而产生的一种舞蹈形式，而绝非一种酝酿已久，准备充足才得以表现的舞蹈。再从实际的例子来看，在西方，即兴起舞是现代舞先驱伊莎多拉·邓肯的主要舞蹈风格之一。为了"追寻人性的自然，将音乐作为一种情感的激发，邓肯的舞蹈常常是合着音乐的即兴起舞"，舞蹈《悲怆奏鸣曲》的雏形就是在她痛失爱子后的某天，突然叫钢琴家来斯基恩弹琴，而她则当即结合音乐中的柔板与自己的悲痛心情开始舞蹈而得来的。对于这段舞蹈，邓肯并没有预先设定过动作路线，也并未经过太多时间的理性思考，而只是单纯地感受了音乐与内心后的自然流露，可谓是对"即时性"特征的典型体现。

　　"即时性"这一特征对于即兴舞蹈来说是尤为重要的一个特征，这是将它与其他舞蹈形式区别开来的首要条件。首先，对于其他舞蹈形式或种类来说，"即时性"并没有特殊的意义，就像无论是否要求《雀之灵》立刻、当即开始表演与否，这都没有在本质上影响或改变《雀之灵》这个舞蹈，它不会因为要求即时即刻的表演而变成了《天鹅之死》。但即兴舞蹈则不同，要求在毫无预先准备的情况下即时即刻地舞蹈是它的特点，试想，如果将其"即时性"特征删除，那就是将其本质做了改变，同时，即兴舞蹈也就不再是即兴舞蹈了。其次，即兴舞蹈的价值之一就在于，它"避免了每一次演出僵化的危险，使原创作品因为演出者瞬间临场的本能展示而更丰润了内涵"，这使得观众能够在每一次现场观看后都有新的、不同的发现与感受。所以，即兴的可贵之处就在于它的一次性，它的不可再现。对于以往传统的舞蹈作品，尤其是有百年历史的经典作品，我们更多的是欣赏作品中演员的唯美舞姿与高超技巧、编导的新颖构思与创意，以及舞美效果的美轮美奂等，但在欣赏即兴舞蹈时，以上的观赏焦点都不再是重点，如果说演员在即兴时追求的是灵肉合一后的一触即发，那观众追求的就是在那一瞬间与表演者所产生的共鸣与感悟。这是由于一种偶然性而产生的效果，同样也是即兴"对那些传统理性与客观状态下编排作品进行了颠覆"。

　　另外，由于即兴舞蹈的"即时性"特征的存在，它使得人在舞蹈过程中的心理状态和身体反应也产生了变化。一方面，"即时性"导致了人在进行这种舞蹈前是毫无心理准备的，也无法做到充分的准备。与预先设定好动作的变化顺序的舞蹈不同，即兴舞蹈中"透露的是舞者对自我身体的觉察、思考以及身心协调中的自由，还有在不同境遇下，身体与思想做出的即时而果断的判断，以及为应付迎面而至的情状而做出的抉择"，这是身体在经过理性编排与反复练习的舞蹈中所不会发生的。另一方面，正因为人处于毫无心理准备的状态，所以即兴过程中所呈现出来的身体动作也不同于一般的舞蹈动作。它具体表现在，第一，人如果要在无准备状态下即刻开始舞蹈，那必然就要依靠身体的本能反应，调动的是自己的潜意识。第二，既然调动了本能与潜意识，那即兴舞蹈的动作必然呈现出非理性的、无序的空间变化，以及宽泛的、模糊的动作含义。正因为即兴舞蹈的"即时性"可对人的身体与心理有一定的挑战，所以历届"桃李杯"舞蹈比赛中就设立了即兴舞蹈这一考查环节。每位选手只有30秒预听音乐的时间，随即便开始随音乐即兴舞蹈，用肢体动作表现所规定的主题，而考官正是利用了即兴舞蹈的"即时性"来全面地考察选手的身体反应能力和思维能力，以及舞蹈各方面的综合能力，让舞蹈演员身心内外都可以得到全面的展现。

（二）创造性

从即兴舞蹈的发生过程来看，它具有"创造性"特征。即兴中，除了需要依靠本能反应，同时还需要创造思维的介入，尤其是在限定即兴中。在其过程中，动作的产生是源于一种"创造"，而非一种"复制"，思维的过程更多的是对已有信息的一种解构与重构，而非是一种原本信息的复制与输出。一方面，从即兴的本人来说，即兴舞蹈是一种在毫无充分准备的情况下，当即对感受到的事物做出动作反应的舞蹈形式。在这种如此特定的场合下，是没有完全符合当下情景的舞蹈可以复制的，所以对于舞蹈者本人来说，能做的只有创造新的舞蹈。另一方面，从观看即兴舞蹈的观看者来说，即兴舞蹈也会使他们同样感受到一种瞬间创造的美妙。正如音乐家陈树熙所说："假如说按本演出是创作者与演出者深思熟虑、心领神会的美妙结合，那即兴则是创作者与演出者合一，面对着灵感，在演出瞬间所散发出的炙热光芒，让在场的人们在那一刻触及了宇宙最古老的冲动与终极的奥秘——瞬间由无到有的生成奇迹。"

即兴舞蹈过程不仅在于它的"创造性"，更在于这种创造是一种瞬间的创造，是一种人在瞬间调动自己全部知识、经验以及文化修养和底蕴来进行创造活动。这与一般的舞蹈创作过程有所不同，一般的创作过程需要经过构思、收集素材、加工提炼，以及反复修改后才能得到一个完整的舞蹈作品，即兴舞蹈则没有这一系列的步骤与过程。另外，除了创作过程与一般舞蹈创作不同外，即兴舞蹈的"创造性"还体现在，它是贯穿于整个即兴过程中的，是一个连续的创造过程，这在一般舞蹈中也是没有的，一般的舞蹈会按事先安排好的顺序来进行，在这种舞蹈的过程中是很少或者不具备创造性的，相反的是，即兴舞蹈却能将"创造性"贯穿到底。

与"即时性"特征相同，由于即兴舞蹈的"创造性"特征的存在，也使得人在舞蹈过程中所依靠的思维方式出现了不同。第一，即兴舞蹈需要人运用创造性思维，并且这种创造依靠的是瞬间的反应与抉择，甚至只是本能的、非理性的、下意识的。著名舞蹈家苏安莉认为，即兴舞蹈的核心就在于"动作、知觉、想象之间的互动"，互动就意味着随时在改变，"知觉"可以启动"想象"，"想象"又是"创造"的开始，"创造"是"想象"的执行者，"动作"则是"创造"的结果，随着外界事物的刺激和自身身体肌肉、重心等变化，又给予了人内外双重"知觉"，于是，新的"知觉"又启动了新的"想象"，以此不断循环，用教育家兼编舞家刘凤学的一句话来说，即兴创作的过程就是"一个人内在向外在的投射，也可以说是外在的内化"。所以，在即兴舞蹈时，"感受—动作—感受"的循环往复使得创造活动不会消失，除非舞蹈停止，这种创造活动才会停止。第二，既然在即兴舞蹈的过程中主要运用的是创造性思维，追求的是每次即兴都有不同与创新，那在其过程中就自然无须刻意地记忆动作的顺序或变化，同时，人在快速反应、积极创造的过程中也无法做到完整地记忆动作。

（三）个性化

从即兴舞蹈的发生结果上看，它具有"个性化"的特征。同一个舞蹈让不同的人跳，会因为各自身体能力的好坏、性格不同以及环境的差异而产生微妙的、不同的效果，更何况是依靠身体与思维的即时反应、想象与抉择的即兴舞蹈，那就更是千差万别了。在即兴过程中，每个人的原有心理状态以及当下即兴时的心理活动都是不尽相同的，所以必然地，最终呈现出的即兴舞蹈也不可能相同。这种不同，除了动作变化顺序有差异之外，每个人所呈现出来的动作样式也有差异。即兴舞蹈中融合了一个舞者的身与心两方面特色，并且在一瞬间得以迸发与显现，可以说，同一首曲子，十个人即兴，就有十个不同的舞蹈诞生，而在同时，每个舞蹈都透露着每一个人的身体运动能力、习惯、性格、内涵、气质、信仰，甚至是交往协作能力、做人原则等一系列极具个性的信息，我们可以在这种"毫无矫揉造作的身体与心灵显现中，解读'人'与思想，观察生命的差异，体验生命发展的多样性，以宽容与理解，给生命的发展提供应有的空间"。例如，在非限定即兴舞蹈中，外向的人通常会选择教室的中间或靠前的空间来舞蹈，并且动作样式多为大幅度、开放式的、跳跃动作，或者大范围调度空间，然而，这对于内向的人来说是不可想象的，他们多会选择教室的角落或靠后的空间位置进行即兴，动作相对平静而小幅度。

刘青弋说，即兴舞蹈是"在没有经过理性思考情况下形成的身体动态，在下意识的行为中，将个人最有特性的身体样式呈现出来，即兴带出了个体的人最典型的空间样式，使一人区别于他人，亦使艺术成为最不能被仿制的精神产品"。于是，即兴舞蹈的价值之一便由于其"个性化"而得以体现，那就是每一个即兴舞蹈都是一个不可被模仿的作品。所以，这也是反对模仿的邓肯将其作为自己舞蹈风格的原因之一，从她的舞蹈中，我们会发现"她的舞蹈形式如她的皮肤一样适合她的肉体，包裹她的灵魂，从而使他人无法取代"❶，并且"在自由、自然的即兴舞蹈中形成了无法被人模仿，亦无法被人超越的艺术个性和风格特征"❷。

由于即兴舞蹈的"即时性"，人在其过程中产生的动作是"属于最真实的生命状态，来不及被理性整理，被文明装饰，裸露着自我的本原，也带着身体在文明之中铸就的某些习惯"。所以，在即兴过程中，人的内心必定是高度诚实的，而且，这种诚实是对他人，更是对自己的一种坦诚，是人与人、人与自己进行交流对话的基础，是互相尊重的开始。

综上所述，即时性、创造性和个性化是即兴舞蹈的基本特征，并且这三者需要同时存在才能构成即兴舞蹈——即时即刻起舞，但没有创造，而是复制，那就不是即兴舞蹈；有创造但非即时即刻地呈现，那也不是即兴舞蹈；即时即刻创作出的舞蹈就必然具有个性，但有个性的舞蹈却不都是即兴舞蹈。另外，对于限定即兴来说，它还具备了一个除这三个特征之外的独有特征，那就是"游戏性"。

二、即兴舞蹈的主要功能

（一）即兴舞蹈可以开发人的多方面潜质

即兴舞蹈可以开发人的潜能，尤其对身体的敏锐度与灵活度是一种强化，也是对身体运动极限的一种挑战。

舞蹈教育本身就是一种身体教育，我们可以通过舞蹈来对身体肌肉的控制力、协调力、爆发力、反应能力等进行培养与提高。其中，由于即兴舞蹈注重通过感受而发起动作，所以我们能够通过即兴舞蹈来提高身体知觉的敏锐度。新先锋派舞蹈家、贾德逊剧场的代表人物崔士·布朗就认为"即兴中有一种表演特征，而凭记忆的舞蹈则没有，即兴会使人的感觉变得敏锐"。而她所说的"人的感觉"不仅包括了人的内心感觉，更包括了人的身体知觉，也就是说，即兴是可以使人的身体知觉变得更为敏锐的。对于这一点，限定即兴中的"接触即兴"就是一个能够强化身体敏锐度的很好的例子。接触即兴是从1972年被确立以来，至今仍然被许多国家的舞蹈团体、学校，甚至是心理学界所广泛

❶ 黄明珠.中国舞蹈艺术鉴赏指南[M].上海：上海音乐出版社，2001:45.
❷ 黄明珠.中国舞蹈艺术鉴赏指南[M].上海：上海音乐出版社，2001:46.

运用的一种即兴舞蹈训练方法。"接触即兴源于中国的哲学思想，它的运动基础受到禅学和日本'合气道'的影响"❶，即兴时的原则在于"顺应着地心引力的方向，顺应着他人重心的转变，不主观、不抗争、不挑起事端，对来自对方身体发出的信息迅速做出反应，在高度的警觉中达到身心的调和与平衡"❷，接触即兴的顺利进行，依靠的是在接触的过程中，对其所引发的各种"力"的敏锐感觉与迅速反应，两人或多人之间"动力的互相转换，重量和重心相互倾倒，在直觉与本能及下意识的状态下不由自主地发展动作与技巧"❸。由此可见，在接触即兴的过程中，敏锐的触觉、迅速的反应，以及高度的警觉是必不可少的，反之，如果通过反复进行接触即兴的练习，那除了身体的控制力、协调力等可以得到提高之外，身体的敏锐度与反应能力更是可以得到强化培养。

即兴舞蹈也可以提高身体的灵活度。无论对于专业舞者还是普通人来说，完成即兴舞蹈与完成预先编排好的舞蹈都是不同的。原因有两方面，第一，前者在于"如何跳"，而后者在于"跳得如何"。即兴舞蹈重在过程，重在如何去解决舞蹈中所产生的一系列问题，如下一个动作如何进行，在什么空间进行，如何与他人合作与协调等，这些都是身体需要做出灵活的调整，尤其是在遇到突发状况时。预先编排好的舞蹈则重在结果，重在动作是否完成得漂亮，是否达到了预期效果，如要将此舞蹈完成得优秀，关键在于有良好身体运动能力以及反复的练习，从动作熟练到具有良好动作质量，直至最后形成一定的身体条件反射，这些都与身体的灵活度没有直接关系。所以，我们可以认为，即兴舞蹈最终可以让一个普通的身体，甚至是缺乏一定灵活度的身体得到提高，达到一定的灵活度，这是即兴舞蹈的训练目的之一，是它所具有的其中一项功能。预先编排好的舞蹈则在一开始也许就需要一个灵活度良好的身体，提高灵活度不是那些预先编排好的舞蹈所要重点达到的目的。第二，即兴舞蹈的过程是一个无序的、变化的过程，预先编排好的舞蹈则是一个有序的变化过程。所以，当面对无序的、未知的情况时，身体的灵活性是很重要的，并且，贯穿在整个即兴舞蹈以及每一次即兴舞蹈过程中，灵活度的好坏可以直接影响即兴舞蹈的质量，而在有序的、已知的情况下，身体的灵活度就不再显得绝对的重要，还尚未达到缺其不可的地步。

---

❶ 隆荫培，徐尔充．舞蹈艺术概论 [M]．上海：上海音乐出版社，2009:76.

❷ 程心天．儿童舞蹈教育、创作经验谈 [M]．北京：人民教育出版社，2004:81.

❸ 程心天．儿童舞蹈教育、创作经验谈 [M]．北京：人民教育出版社，2004:81.

即兴舞蹈还是对身体运动极限的一种挑战。其中包括运动时间、运动空间、运动速度和力度等各种极限的尝试。例如，1964 年 4 月 27 日，贾德逊剧场的舞蹈家们进行了第十四号晚会，是一场即兴演出专场，前半场共有 7 个作品，而在中场休息后，里戴伯·海一个人就进行了 25 分钟的即兴舞蹈表演。可以想象，连续 25 分钟不间断地在舞台上舞蹈，对一个人的体能是怎样的考验，更何况是即兴舞蹈，是需要时刻的快速反应、新颖创意以及全身心投入的即兴舞蹈。这绝对是对身体运动极限的一次挑战，这 25 分钟的即兴舞蹈并没有注明是史上最长时间的，也就是说，也许还有更长时间的即兴舞蹈。再如，安娜·哈尔普林和伊莎多拉·邓肯都曾多次带着她们的学生在群山、树林等自然环境中进行即兴训练、排练，甚至演出，之后，更有许多舞蹈家将楼顶、公园、停车场等场地作为即兴作品表演的地点。显然，在这些特殊的、非常规的舞台以及公共场所中即兴舞蹈对于人的心理影响是很大的，因为这些地方相对于封闭的舞蹈房来说，是极为开放的，而开放的环境所带来的不稳定和未知的因素会更多，对于人的身体运动和心理调节能力都是一次考验与挑战。即兴舞蹈对于身体运动速度与力度也是一种挑战。运动速度的最快与最慢，力度的最大与最小，这对于每个人来说都有极限，我们可以通过即兴舞蹈来尝试并挑战这些极限，从而充分地了解自身及自身的运动特点，同时也可以体会到超越自我后的一种快感。

总的来说，即兴舞蹈可以开发人的种种潜质，鼓励人们通过即兴舞蹈去尝试、挑战与探索自己的运动潜能，最终做到了解自我与超越自我。

（二）即兴舞蹈可以培养人的创造力和协作能力

即兴舞蹈可以激发人的创造意识，提高创造能力，培养创造精神。这一点是一般传统舞蹈教育中所不能完全达到与替代的。传统的舞蹈教学多为"教师示范—学生模仿"的模式，学生们无须考虑自己如何创造，只需模仿与记忆。即兴训练则不然，快速反应与大胆创作是此舞蹈过程中的首要任务。例如，命题即兴的练习，教师只是通过口头语言来表达出所要舞蹈的内容，如"等待""公交车上""争吵"等看似形象的命题，但实际又很抽象的内容，学生则要以非常具象的身体语言体现出来，这显然是在考验学生的创造力，而非舞蹈动作的规范性。我们通常会发现，舞蹈技能的好坏与即兴能力的好坏并不成正比，因为"创造力"在其中起了一定的作用。传统的舞蹈训练关注的是身体本身，讲究动作的规范性，训练的系统性与全面性；即兴舞蹈关注的是思维带动下的身体运动，看重的是动作样式的多样化，反对千篇一律，追求通过各种方法让思维得到启发，以此来激发学生的创造力。所以，长期接受即兴舞蹈训练的人，其思维必是灵活而富有创造力的，并且创造精神也会逐渐在其意识中生根发芽。

即兴舞蹈还可以培养人的协调合作能力。独自即兴舞蹈时，是一个与自我协调合作的过程，其中有肌肉之间物理上的协调，有对自我的妥协，有身与心的交流，更有与自我坦诚对话等心理上的协作。多人集体即兴时，就更需要协作能力了，空间上的共享，接触上的作用力等都是需要共同协调与合作的。这在拉班的"群体身体即兴训练"与帕克斯顿的"接触即兴"的训练目的与意义中就能充分认识到即兴舞蹈的这一功能。拉班的群体身体即兴训练早期集中表现在他的"合唱队"训练中，其方法是"将群体的演员视为一支管弦乐队，不同乐器的作用被不同气质与个性的演员取代，让演员们在表演中进一步开掘人体动作的本原与个性，突破舞蹈风格化的羁绊，或者在合唱队的和声中建立个体与群体间和谐的韵律"❶。于是，此练习的意义由此可见，在这个即兴训练过程中，自己"与他者的交流，对对方的动作做出相应的反应，有探询，有回答，身体动作的交流形成某种有意味的'对话'，在身体的对话中认识自己，认识他人，认识生活的本质"❷。之前提到的"接触即兴"，它不仅是停留在如何对身体与身体之间互相作用力做出反应，以此发展动作与技巧，这种训练更为深刻的内涵在于"彼此的生命为了共同的目的，努力达到和谐、流畅、合作，在身体方面建立一种敏感；给予对方的是一份关怀，交付给对方的是一种身体的信任"❸。所以，即兴舞蹈的过程除了"玩"即兴时抒发情感，抛开平常社会化的束缚外，在教育上更可发展全人格，并经由与他人互动的过程中找到人际关系和外在环境的平衡点。

（三）即兴舞蹈可以促进人的身心和谐发展

舞蹈这一艺术活动本身就具备使人情感得到释放、身心达到和谐的功能，即兴舞蹈也不例外，并且尤为突出。

如果说在跳那些预先设计好的舞步或动作时会有身心分离的倾向，那在即兴舞蹈的过程中，人却很难做到"身心二元"。由于即兴舞蹈是没有现成的、

---

❶ 隆荫培，徐尔充.舞蹈艺术概论 [M].上海：上海音乐出版社，2003:23.

❷ 隆荫培，徐尔充.舞蹈艺术概论 [M].上海：上海音乐出版社，2003:24.

❸ 许卓娅.学前儿童音乐教育 [M].北京：人民教育出版社,1996:42.

预设好的动作给予模仿或再现，它虽然无须表演者去刻意地记忆，但它需要表演者的创意与全神贯注地投入，让自己的知觉、动作、想象充分地互动起来，所以人在即兴舞蹈的过程中是身心和谐一致的。另外，即兴舞蹈的过程也是一个开放的过程，是"对人在社会文明或艺术规范、训练下的身体固定形态的解构"，它可以充分给予任何年龄段的表演者自由运用身体的机会，使其能够在轻松、自由的状态下，最大限度地发挥自己的能量，从而得到身心的共同释放，而身心一旦得到了释放，便自然地促进了身心的和谐发展。

关于即兴舞蹈可以使人达到高度身心和谐一致，我们可以从伊莎多拉·邓肯的舞蹈中得到证实。她是叛逆、颠覆传统、强调个性的现代舞的先驱人物，同时，她也是自从具有即兴特征的原始舞蹈被更为文明有序的芭蕾舞发展所取代后，又再度开始强调并发展即兴舞蹈的先驱之一。在邓肯的舞蹈观中，"灵肉一致"是舞蹈美的最高体现。这是与当时发展僵化、训练残酷、典型身心二元论的芭蕾极为相反的，虽然邓肯并未提及"即兴舞蹈"这四个字，但她所强调的身心自由和所展示的由灵魂而发的动作语言，这不正是即兴舞蹈所能给予并体现的吗？她始终认为"动作或舞蹈主要表现内心需要或冲动，主要表现心灵的情绪和思考"，并且她强调"未来的舞蹈家必须肉体与灵魂相结合，肉体的动作必须发展为灵魂的自然语言"。于是，非常自然地，她选择了即兴舞蹈，并且将此纳入了自己的表演风格中，这不是因为她想标新立异，而是因为她的舞蹈艺术的美学基础是将"身体与灵魂由身心二元论回到身心一元论"。于是，即兴舞蹈便成了她的首选，同时，在她的表演与教学的实践中，也越来越意识到即兴舞蹈的价值所在。所以，从邓肯对于即兴舞蹈极力推崇的原因，我们就能发现，即兴舞蹈可以给予人的身心以多大力量，正如邓肯自己所说："最自由的身体包含最高的智慧。"所以，即兴舞蹈具有开发人的身体潜质、培养人的创造力与协作能力以及促进人的身心和谐发展这三大功能。当然，即兴舞蹈不仅有这三个功能，它在表演方面、创作方面、治疗方面等同样起着一些不可替代的作用，而以上的三个功能主要集中在了教育方面，为下文的分析提供了依据。

第二节　即兴舞蹈与儿童身心发展

曾经在一堂舞蹈课上，笔者与儿童有过这样一次对话，至今记忆犹新。教师问："你们喜欢跳老师编的舞蹈，还是喜欢跳自己编的舞蹈（即兴舞蹈）？"全班几乎齐声回答："喜欢自己编的。"教师又问："为什么喜欢跳自己编的？"孩子们的回答是这样的。

孩子 A："因为跳自己的感觉轻松。"

孩子 B："可以跳出自己的思想。"

孩子 C："可以培养我们的思想力（"思想力"是这位孩子自创的词语，她可能想表达的是"创造力"）。"

孩子 D："自己的（舞蹈动作）有好多种，（动作）很丰富。"

孩子 E："跳自己的觉得自己跳舞美丽。"

之后，教师又问了一个说"喜欢跳我编的舞蹈"的孩子，她回答说："因为自己编的（即兴舞蹈）总是记不住，就不好了。"以上的孩子均为 5 ~ 6 岁（幼儿园大班）。这次对话的时间并不长，但孩子们用他们自己的语言解开了即兴舞蹈与儿童之间的密切联系，也道出了即兴舞蹈对他们的重要意义。

在详细分析与论述"儿童时期的即兴舞蹈"和"即兴舞蹈对儿童身心发展的意义"之前，首先将本书中的"儿童"一词进行确定。儿童本是指"从 1 ~ 7 岁的小儿"，其中"1 ~ 3 岁为托儿所期"，而"4 ~ 7 岁为幼儿园期，亦称学龄前期"。由于本书所讨论的最终内容是关于"舞蹈教育"，再结合笔者教学实践的对象年龄都在 4 岁以上，因此该书中所出现的"儿童"都是特指 4 ~ 7 岁的学龄前儿童。

一、儿童时期的即兴舞蹈

（一）即兴起舞是儿童的一种普遍行为

对于舞蹈教师来说，儿童即兴起舞的情景并不陌生——在轻松的课堂环境中，当儿童听到优美的音乐他们便会自发地动起来，可以从点头，发展到手臂的舞动，然后会起立，将自己的身体完全解放并自由舞蹈，甚至有些开朗的孩子会随着音乐开始跑动，突破了自身空间的束缚。对于一般人来说，儿童即兴起舞的情景也不陌生——在家中或在幼儿园里，儿童自发地随乐起舞，或在他人的鼓励下边唱歌边舞蹈的情景时有发生。笔者曾对 105 位送儿童学舞蹈的家长做过问卷调查，其中有问题是："您送孩子学习舞蹈的初衷是什么？（可以多选）"统计结果显示，有 80% 的家长选择了 B 选项，即"孩子喜爱跳舞，一听到音乐就开始手舞足蹈"，而这显然不是巧合，这 105 个家庭来自上海的各个

区，其中有近二分之一的新上海人，从某种程度说，这 105 位家长的回答代表
了全国的儿童家庭。因此，即兴起舞是儿童的一种普遍行为。这一现象产生的
原因何在？人们从儿童的生理与心理两方面进行了分析。

1. 从生理的角度看

一方面，儿童即兴起舞的行为发生与他们的肌肉发育特点有关。儿童骨骼
肌肉系统的生长研究表明："4 岁儿童肌肉发育的速度已能跟上整个身体生长的
速度。儿童的体重每年都在增加，而其中 75% 的增加是肌肉发育的结果。儿童
3 岁时身体的大肌肉群的发育比小肌肉群更加发达，小肌肉群的发育较迟，到
5～6 岁才开始发育。"因此，"由于大肌肉群的发育，儿童喜欢整天活动个不
停，不知疲倦地跑东跑西、站起、坐下、坐下又站起，做着各种动作，安静不
下来"[1]。由于大肌肉群的发育早于小肌肉群，因此导致了儿童具有一种好动的
天性，而这个"好动"是由大肌肉群控制下的全身性的"动"，于是跳舞就成
了这些正处于大肌肉群迅速生长阶段的儿童们的必然选择，跳舞是他们肌肉特
殊生长期的一种生理需要。因此，由此看来，儿童即兴起舞的行为受到了自身
肌肉发育的影响。

另一方面，儿童即兴起舞的行为还与他们的神经系统特点有关。生理学研
究显示："儿童少年大脑皮层中兴奋和抑制两个过程是不均衡的，兴奋过程占优
势，而抑制过程相对较弱。"换言之，容易受到外界刺激的影响而使大脑皮层
迅速产生兴奋因子是儿童神经系统的一大特点。在日常生活中，人们会发现，
小小的一件事物就能够吸引孩子的注意，激发他们的好奇心，或者促使他们展
开相应的行动，这些都与他们大脑皮层易兴奋有关，而即兴起舞的行为正是儿
童大脑皮层兴奋过程强于抑制过程的很好表现。试想如果抑制过程强于兴奋过
程，那当儿童听到一首节奏感强烈的音乐时，他们的反应不会是立即克制不住
地、自发地开始自由舞蹈，而是会选择静静地听完整首音乐，显然，这不是大
多数儿童欣赏音乐的方式。因此，儿童大脑皮层中兴奋过程强于抑制过程的特
点恰恰从生理的角度解释了为什么儿童一听到欢快的音乐便开始手舞足蹈，这
无疑与儿童的大脑神经系统特点有着密切联系。

综上所述，从生理的角度看，在儿童阶段大肌肉群发育早于小肌肉群，以
及大脑皮层中兴奋过程强于抑制过程，这些都促使了大多数儿童选择即时即刻

---

[1] 吕艺生. 舞蹈学导论 [M]. 上海：上海音乐出版社,2003:58.

用舞蹈满足肌肉发育与神经系统所带来的生理需要，即生理的发展需要是儿童产生即兴起舞行为的原因之一，也是儿童即兴起舞行为具有普遍性的重要因素。

2. 从心理的角度看

一方面，儿童的思维发展水平为即兴起舞的行为发生创造了条件。整个儿童阶段的思维发展趋势呈现为从直觉行动思维向具体形象思维发展，最后再到抽象逻辑思维形成。其中，4～7岁儿童正处于具体形象思维的发展高峰，而舞蹈是形象的，儿童可以借助动作所产生的形象或表象进行思考与联想，因此舞蹈是儿童普遍乐于参与的活动。另外，值得注意的是，"具体形象思维是由直觉行动思维演化而来的"，作为人类最初发展的思维形式，直觉行动思维虽然在儿童3岁开始"成分逐渐减少，让位于具体形象思维"，但是对于人类来说，直觉行动思维会"向高水平的操作思维（继续）发展"。对于儿童来说，它只是初步开始减少，尚未完全消失，著名儿童心理学家、发生认识论和结构主义创始人皮亚杰认为，"智力起源于动作，动作是儿童早期关于客体和主体之间唯一的一个联结点"，即儿童或多或少都会依靠动作进行思维活动。因此，人们认为，直觉行动思维方式在一定程度上仍然影响着4～7岁儿童的行动，而直觉性的动作仍然是儿童将客体与主体相联系进行思维的手段之一。既具有形象性，又带有直觉性的即兴舞蹈自然更受到儿童的普遍欢迎。在即兴舞蹈的过程中，儿童既可以通过形象的动作进行联想，又可以通过直觉的反应进行探索，这样的过程哪个孩子不喜欢？

另一方面，儿童的语言发展水平也为即兴起舞的行为发生创造了条件。儿童言语表达能力研究表明，由于儿童的抽象思维能力尚未开始发展，以及生活经验较少，3～4岁时儿童虽然已能主动讲述自己生活中的事情，但由于词汇贫乏，表达显得很不流畅，而"4～5岁儿童说话常常还是断断续续的，不能说明事物现象、行为动作之间的联系，只能说出一些片段"❶。因此，总的来说，儿童期间的言语表达能力是比较弱的，他们的思维水平与认知能力还未到达能够通过语言完整表达自己内心感受的程度。于是，形象的肢体动作便成了儿童表达内心感受的另一个重要途径。这也从某种角度解释了为何儿童普遍会有即兴起舞的行为。

---

❶ 段文静．幼儿园舞蹈教育目的及教育实施的思考[J]．教师,2013(21):112.

总而言之，从心理的角度看，儿童时期特殊的思维与语言发展水平恰巧为进行即兴舞蹈创造了有利条件，使儿童顺其自然地投入到即兴舞蹈的过程中，并且乐在其中。即兴舞蹈中形象与直觉性的肢体动作语言与儿童的思维方式相契合，弥补了儿童语言表达上的弱点，这也是即兴起舞成为儿童普遍行为的重要原因之一。

（二）儿童时期的即兴舞蹈特点

1. 儿童时期的即兴舞蹈如同"活的儿童画"

儿童时期的即兴舞蹈是独特的，与成人的即兴舞蹈截然不同。《舞蹈知识手册》中曾经将舞蹈比作"活的绘画"，这是对舞蹈的一种高度概括。但是，笔者认为，如果把成人的舞蹈艺术看作"活的大师级绘画作品"，那么儿童时期的即兴舞蹈就好比一幅"活的儿童画"。所谓"儿童画"，就是"人类造型艺术的一种特殊样式，它是人在童稚时期以涂画的形式反映客观世界形象的原始记录。人在幼年时期，虽然不懂天文地理，尚未充分了解构成这个世界的理性知识，但能把现实所见的各种想象（包括各种怪诞的想法）组合在一起，突破绘画程式的限制，以最朴素、最真实的绘画语言，以儿童特有的方式表达自己对世界的看法，这种表达方式就是人们所常见的儿童画"❶。虽然舞蹈与绘画借助的表达工具不同，一个用身体，一个用画笔，但相同之处在于，"儿童画"与"儿童时期的即兴舞蹈"都是因为儿童身心发展条件的限制而具有一种稚拙与朴实，又都因为儿童的知识与经验有限但创造无限而具有一种"不按常理出牌"的独特表现风格。

首先，儿童在即兴舞蹈过程中的动作是稚拙的，它与儿童画中曲曲折折的线条，以及比例失调、远近不分的构图有异曲同工之妙。在儿童画中，儿童由于精细动作发展水平尚未达到自如协调与控制，尤其是控制画笔的手，所以画面上的线条总是弯弯曲曲、左斜右倒，稚拙之风尽显无遗。而在对事物的认识过程中，儿童又往往以自我为中心，会很强调自己在画中的地位，或者是把自己记忆最深的部分，不讲比例地加以突出表现。其实，儿童时期的即兴舞蹈动作也有类似的表现。虽然儿童已可以自由奔跑与跳跃，但躯体动作发展水平毕竟有限，与成人比起来始终属于发展的初级阶段，所以人们常常看到儿童在即兴舞蹈时，手臂和腿脚总是不够直，步伐也不灵活，后背没有舞蹈演员那么挺

---

❶ 汪超浅. 浅析儿童舞蹈创编 [J]. 郑州铁路职业技术学院学报,2006,2(18):2.

拔，舞姿也没有芭蕾那般精致而优美，身体因为无法很好地掌握重心的转移而晃晃悠悠，这些未经过雕琢的动作形态却体现出了强烈的稚拙之气。可见，儿童时期的即兴舞蹈动作形态与儿童画里的线条造型如出一辙。

其次，儿童通过即兴舞蹈所传达的内容往往是单纯的，这与儿童画的表现内容也有相似之处。大量欣赏儿童的绘画作品后，人们会发现，画中会如实地表现孩子与父母、朋友之间发生的事，如作品《挨打日记》《过年》《妈妈抱我》等，又或者是自己所看到的事物和所听到的故事等，如《讨厌的老鼠》《一辆汽车》《警察的一天》等，内容都十分单纯而真实，没有刻意地通过借物抒情、暗喻或拟人的方式表达事物或情感。儿童时期的即兴舞蹈也是如此，同样具有极为单纯的表现内容。例如，在一次舞蹈课上，教师请孩子一个一个上来即兴表演，没有限制任何要求，也没有给她们音乐，被邀请到的孩子可以自行决定内容。而在即兴的过程中，有些孩子双手会摆出花朵的造型，有些孩子会用手臂与手指模仿下雨的动作，还有些孩子会一人扮演两个角色等，除了偶尔有些象征性的造型和动作可以理解，其他的表达内容并没有看懂。但活动结束后，问起她们跳的是什么，想要表达的是什么时，她们的回答可就丰富而有趣了。

再次，儿童在即兴舞蹈过程中的表达方式是奇特的。它与儿童画中强烈的色彩对比、新颖的"X"光透明画法等表现风格有过之而无不及。儿童由于缺乏理性的知识与生活的经验，他们的心中并没有冷暖色调的搭配原则和各种色彩所映射的情感，更不能理解美术中的"透视"关系为何物，因此，大胆而鲜明的用色与"X"光透明画法便成了儿童画独有的表现方式。而儿童时期的即兴舞蹈的表现方式也具有奇特的风格。例如，儿童在即兴舞蹈的过程中，有时会有生活动作，有时只是单一的律动，而有时又会突然出现中国古典舞的"晃手"，接着会模仿小白兔蹦蹦跳跳的动作，也许又会出现几个芭蕾的手位等，类似这样的动作连接会交替出现多次。在一次即兴舞蹈中穿插着各种风格、形式的舞蹈动作，并将这些风格迥异的动作大胆地结合在一起，就如同儿童画中强烈的色彩对比，这是儿童时期即兴舞蹈的特有风格。看着这样的舞蹈，脑中就只有"奇特"与"怪诞"两个词了。在惊讶之余仔细思考，这都是儿童试图将自己所看到的、所学到的、所想到的尽可能地一起呈现在人们眼前，他们因为没有学过经智慧而总结出来的程式或技法，所以儿童不讲舞蹈风格的一致性，不讲动作语汇的逻辑性。但是，正因为他们没有这些"框框"，所以他们的创造是无边的，他们的想象也是无限的，他们的舞蹈是真正自由的。因此，用奇特形容儿童时期的即兴舞蹈并不为过。

最后，儿童在即兴舞蹈时所流露出的情感是真切的。与通过绘画宣泄自己的情感一样，儿童也将即兴舞蹈作为情感表达的途径。其中的原因可以追溯到人类的原始时期，由于人类幼年的生理与心理状态与整个人类原始时期十分接近，人们可以通过了解原始人为何起舞，从而理解儿童时期的即兴舞蹈。就舞蹈的动机而言，著名学者萨克斯认为："类人猿的舞蹈证明人类的舞蹈从一开始就是一种令人愉快的动作的反应，就是一种迫使旺盛的精力投入到有节奏的活动中的反应。"儿童最初的即兴舞蹈行为也是一种愉快心情的体现，这种情感毋庸置疑是非常真切的。儿童早期的即兴舞蹈与"非形象型舞蹈"的特征相似，即儿童最初的即兴舞蹈动作产生"与人类感觉系统无关，它不产生于任何观察、不模仿任何形式和动作"，是一种"旨在单纯地表现狂欢的心情"的舞蹈，是一种以身体本能的冲动占据主要成分的舞蹈。随着儿童的年龄、生活经验逐渐增加，认知能力逐渐提高，他们内心世界也逐渐丰富，于是，这时的即兴舞蹈所要表达的情感就越来越多样，孩子会通过绘画表达愉快、委屈、悲伤、焦急的心情，舞蹈也一样可以，但不变的是，他们所表达的各种情感都是真实自然的，没有任何的伪装与做作。

综上所述，通过与儿童画表现特点的比较，人们发现，儿童时期的即兴舞蹈与其有很大的相似性，稚拙的动作、单纯的内容、奇特的方式与真切的情感勾勒出儿童时期即兴舞蹈的独特之处，是名副其实的"活的儿童画"。

2.儿童时期的即兴舞蹈有自身艺术魅力

儿童时期的即兴舞蹈是可贵的，是成人无法模仿的。关于这一点，人们仍要先从美术界对于"儿童画"的看法与评价说起，对比家长、教师及艺术大师对儿童画的认识程度发现，对儿童时期的即兴舞蹈有着明显认识上的误区。

首先，从普通百姓、各位儿童家长的角度看，他们对儿童画作品的评价"肯定"大于"否定"。家长心中已逐渐明确地认识到，儿童在进行儿童画创作时，是一种创造力的培养，也是儿童内心情感的一种表达方式，他们并没有急于让孩子进行绘画技法上的训练。但对于舞蹈学习，家长的看法截然不同，孩子的即兴舞蹈被认为是在胡乱跳，腿要伸得直、腰要下得低、动作要学得像成为普遍家长对儿童学习舞蹈的要求。其次，从美术教育工作者的角度看，教师们对儿童画创作持鼓励与肯定的态度。人们可以从获奖儿童画的评析中看到，儿童美术教师对儿童画的评价集中在儿童的观察力、表达能力以及色彩运用是否具有独特的个性、想象力和创造力，并没有教师会对画面上的事物是否描绘逼真，是否符合客观逻辑加以评判。例如，《我们幼儿园的汽车》评语：3 岁的小朋友，凭感觉画出了他所知道的东西，这幅画用笔大胆，色彩明快，所画的汽车简练概括，值得小朋友们借鉴。《爸爸的同学》评语：爸爸的朋友来了，他们又是抽烟又是喝酒又是划拳，结果可高兴坏了猫咪和小狗，小作者对生活的观察真细致，驾驭绘画语言的能力也很强。高度概括人物符号体现了该年龄段儿童作画的特征，如《太阳·大树·房子·我》评语：金色的阳光下一棵大树，一座红房子……给画面又增添了几分生活气氛。整个画面构图简洁，画面概括了几种简单的事物，精练地描绘出小作者的生活环境。在物像的表现上，采取传统水墨画法与装饰画法相结合的手段，用笔大胆泼辣，线条流畅，造型稚拙富于童趣，色彩鲜艳，对比强烈，体现了儿童生活环境的优美与宁静，抒发了热爱家乡，热爱大自然的美好心灵。从以上绘画作品的评析看，美术教师们认为优秀的儿童绘画作品基本是因为绘画作品真实地体现了小作者眼中的世界，以及透过他们画出的世界而感受到儿童们的内心世界，这才是儿童美术教师们所要达到的最终目的。他们不仅十分珍惜孩子在儿童阶段所创作的绘画作品，而且非常尊重孩子的天性。最后，不仅广大群众与美术教师肯定儿童画的艺术魅力，而且世界级艺术大师同样被儿童画独有的艺术魅力所吸引。很多绘画大师会在自己的画技登峰造极之时，研究"儿童画"、模仿"儿童画"，就像世界一流的艺术大师毕加索、米罗、夏加尔、克利、杜布非等都曾竭力称颂过儿童画的艺术表现魅力，并通过自己的艺术探索，沟通与儿童画的信息，创造了许多艺术的不朽之作。艺术大师毕加索曾说道："我曾经像拉斐尔那样作画，但我花费了终身的时间学习像儿童那样作画。"可见，人们对于儿童画的艺术魅力是多么的肯定与认同。正如儿童画的定义："儿童画，是人类造型艺术的一种特殊样式。"儿童画是被包含在造型艺术中的，每一幅儿童画都是一件艺术品。

十分可惜的是，聚焦儿童时期的即兴舞蹈，普通人群对它的评价可就没有"儿童画"那样高了，儿童舞蹈教师恐怕无法像儿童美术教师评价儿童画那样把儿童的即兴舞蹈评价得头头是道。这是为什么呢？儿童画可以被认为是造型艺术中的一种特殊样式，那如同"活的儿童画"的儿童时期的即兴舞蹈，为什么不能看作舞蹈艺术中的一种特殊样式呢？笔者认为原因就在于，人们对儿童时期即兴舞蹈的认识还停留在"这只是儿童纯粹的自我娱乐与发泄"的层面上。

由于以成人的眼光很难理解儿童的手舞足蹈究竟表达了什么，因此，误认为这是儿童在自我娱乐与发泄，但其实不然。儿童在进行即兴舞蹈时的心理动机是单纯的，儿童将即兴舞蹈的过程作为一种游戏的过程，他们不会像成人那般为了创作一个作品或探索动作样式而进行即兴。在儿童的眼中，即兴舞蹈更像一种游戏，一种靠想象体会超越现实而产生兴奋感的游戏，他们通过这样的游戏表达自己，试图用肢体语言与之沟通，得到众人的肯定。虽然儿童在即兴过程中的动作形态稚拙而难懂，但在某种程度上是一种幼稚生命形式的体现，因此不能视而不见，任其自然发展，自然消亡。儿童画也常有令人匪夷所思的作品出现，如日本儿童画了一幅《守护小鸡的鸡妈妈》的画，画面里很难找到小鸡和鸡妈妈，更不能清楚地看到鸡妈妈是如何守护小鸡的，但是这幅画获得了世界儿童画大奖。这再次肯定了儿童画的艺术魅力，同时告诉了人们，不要用成人的思维评价孩子的作品，不能理解其表面意义不等于它没有意义，因为"艺术品本质上就是一种表现情感的形式"而并没有限制成人创作的作品才能是艺术作品。与儿童创作儿童画一样，儿童时期的孩子进行即兴舞蹈不只是一种自我娱乐和旺盛精力的发泄，它更是儿童表达内心情感世界的重要途径。与喜爱绘画一样，孩子们也喜爱跳舞，包括男孩子。孩子选择跳舞往往是自发的，他们由于口头语言发展水平有限，掌握的词汇量有限，这与"动"的冲动和"表达"的欲望相冲突而产生的结果。这种不带任何专业艺术形式，但带有创作者独特视角与情感，再加上稚拙的动作、单纯的内容和奇特的形式所构成的舞蹈作品（即兴舞蹈作品），难道没有艺术魅力吗？

总而言之，由于4～6岁儿童的肌肉发育与神经系统特点促使了儿童进行即兴舞蹈，而儿童的思维与语言能力为他们进行即兴舞蹈提供了机会，即兴舞蹈受到儿童的喜爱，成了儿童的一种普遍行为，因此儿童阶段的即兴舞蹈值得人们加以关注。另外，儿童时期的即兴舞蹈是独特而珍贵的，因为从动作形态到情感内容都与成人的即兴舞蹈有很大的区别，也是成人无法完全模仿的。当孩子过了儿童阶段，随着抽象理性思维逐渐占据主要地位，即兴舞蹈的行为将越来越少地出现在孩子的生活中，进入小学阶段、中学阶段，他们的即兴舞蹈特点就不再是稚拙、单纯、奇特而真切了。因此，儿童阶段的即兴舞蹈更值得人们，尤其值得舞蹈教师重视、研究和运用。

二、即兴舞蹈对于儿童身心发展的意义

（一）即兴舞蹈适合儿童的身心特征

1.即兴训练的游戏性与儿童的主导活动相吻合

游戏是所有儿童都喜爱的一种活动，主要原因在于学龄前儿童在生理发展上已达到自如运用身体做各种动作的水平，并且在性格上正处于对周围事物有强烈兴趣、渴望参加成人的一些社会活动的心理阶段，但由于年龄小，受到知识、经验、能力、体力等限制，不能真正同成人一样参加社会活动，于是，儿童的主观愿望与客观实际发生了矛盾，而这矛盾的唯一解决方式就是"游戏"。因此，"游戏"对于儿童的心理发展是至关重要的一部分，儿童的心理是在活动中形成和发展起来的，儿童期的主导活动就是游戏。"现代教育家、心理学家的研究成果揭示：游戏是儿童认识世界的道路，是儿童通过实际行动探索周围世界的一种积极活动。游戏适应儿童心理发展的需要，符合儿童心理发展的水平，对儿童的心理发展起着极其重要的作用"[1]。在游戏的过程中，儿童在认知、情感以及个性方面得到相应的发展，如游戏可以丰富儿童的知识，可以促进儿童感知、观察力的发展，可以促进记忆能力的发展，可以促进思维能力、想象力、创造力，以及语言能力的发展，游戏还有利于儿童积极情感的发展，丰富和深化儿童的情感，发展儿童的美感，有利于儿童消极情感的疏导。人们可以看到，儿童心理过渡到新的、更高的发展阶段时，主要是在游戏活动中完成的。

即兴舞蹈作为一种训练内容来看，即舞蹈的即兴训练，它除了具有即时性、创造性和个性化以外，更具有游戏性。原因有三个。首先，一般游戏都具有主题或规则，这两点是使游戏顺利进行的重要元素。在舞蹈的即兴训练中也有。即兴舞蹈本身分为"非限定性即兴"和"限定性即兴"两大类。其中，"非限定性即兴"是名副其实的"爱怎么跳就怎么跳"，人能通过这种形式的即兴得到心情的放松，肢体运动的突破，是发泄郁闷心情的良好方式。而"限定性即兴"不同，它是一种在某种限定下进行的即兴舞蹈。对于教师来说，有了"限定"，即兴训练才能顺利进行，是达到训练目的的重要手段；而对于学生来说，"限定"就好比游戏中的规则与主题。例如，教师可以限定舞蹈过程中只

---

[1] 刘佳，李元进.浅谈幼师舞蹈教学能力的培养 [J].达州职业技术学院学报，2010(1):43.

能运用自己的四肢做动作；或限定必须根据旋律的走向，用动作的空间变化加以体现；或限定尽可能用多种方式运用手中的道具，但不可以让道具落地；或限定即兴舞蹈所要表达的内容是"等待妈妈回家的孩子"等。西方20世纪后现代主义时期的贾德逊剧场的现代舞蹈家们，把即兴舞蹈训练中的"游戏性"表现得尤为极致。例如，深受即兴思想影响的雷纳和罗斯的作品《房间服务》，就是典型的限定即兴。这个舞蹈并没有设定好结构与动作，几乎等于一个"空壳子"，但其中限定的形式必须是"跟从"，即每一组演员的动作来自"跟从"领舞自由的动作进行模仿。这对演员是一种综合的考验，因为谁能在毫无预知的情况下，准确地模仿他人的自由舞蹈呢？对于当时的这种现象，研究者总结道："当时的舞蹈家、编导们已不再关注舞蹈的'传情达意'功能，而更多的是在向一种孩童般的游戏形式发展着。"❶其次，舞蹈的即兴训练虽然无法具备游戏的所有功能，但即兴舞蹈的教育功能，如即兴舞蹈可以培养人的创造性思维能力、协作能力，还可以促进良好的个性发展等，这都与游戏的功能相吻合。最后，也是最关键的一点，即兴训练符合游戏的两大本质。对于儿童的即兴训练属于"儿童有目的、有意识、创造性地反映现实生活的活动，并且还是一种具有多种心理成分组成的综合性活动，其中心理成分包括想象、直接兴趣和愉快的情绪"。因此，儿童舞蹈教学过程应具有游戏性，只有这样才是符合儿童的心理特点，以即兴舞蹈为主要手段可以使儿童舞蹈教学具备一定的游戏性特点。

2. 即兴舞蹈的即时性与儿童的记忆和注意发展相适应

关于儿童的记忆发展，《儿童心理学》中指出："儿童记忆发生后，便随着生理和心理的其他方面的发展在量（包括记忆范围、记忆广度和记忆保持时间的长度）和质（包括记忆态度、记忆方法、记忆内容和记忆正确性）上不断地发展着。"在这其中，人们需要着重了解儿童在记忆态度方面的特点，因为这再次解释了为何儿童会喜爱即兴舞蹈以及即兴训练。"记忆态度是指记忆活动的有意性和无意性。有明确记忆目的和意图，必要时需要意志努力的记忆活动就是有意记忆；没有目的和意图的记忆就是无意记忆。儿童期整个心理水平的有意性较低，因此记忆的有意性也较低。儿童所获得的知识、经验大都是无意识的记忆结果。特别是在儿童初期，那些形象鲜明、具体生动，或者能够满足

---

❶ 王程玉.浅谈儿童舞蹈教育——怎样引导儿童进入舞蹈世界[J].音乐时空,2012(5):12.

儿童个体需要的事物和激起儿童强烈情绪体验的事物，很容易自然而然地被儿童记住。"❶因此，需要依靠意志力记忆对于儿童来说是比较辛苦的事，儿童自然会选择无须努力记忆的事，如即兴舞蹈。

　　儿童的注意包括有意注意和无意注意。无意注意指事先没有预定目的，也不需要做意志努力的注意，而有意注意指有预定目的，需要一定意志努力的注意。这种注意主动地服从于既定的目的任务，它受人的意识调节和支配。有意注意的对象通常是不易引人注意，但又是应注意的事物。《儿童心理学》中指出："一般认为，儿童的有意注意有一个发展过程。3～4岁时很不稳定，有赖于成人有计划地提出他们能够完成的任务和要求，帮助他们组织注意。5～6岁时，开始独立地组织和控制自己的注意，这是儿童有意注意开始形成的表现。总的来讲，整个儿童期，有意注意仅是开始发展，仍具有明显的不稳定。"❷因此，适合儿童的活动，一般都需要有意注意与无意注意同时参与，并且需要成人有计划地引导以便更好维持的活动，如舞蹈中的即兴训练。

　　即兴舞蹈具有即时性。首先，瞬间发生，并且瞬间消失的即兴舞蹈无须人的有意记忆，而这对于儿童来说，更是有种"如愿以偿"的感觉。由于即兴舞蹈的即时性，儿童在其过程中自然不会有记忆方面的压力，他们不用凭记忆完成舞蹈，不用担心舞蹈动作不记得，不用担心舞蹈动作的完成与进行的好与坏、对与错。其次，即兴舞蹈的即时性决定了，人在其过程中不得不更多地注意当下所发生的。在即兴训练时，教师会有计划地提出"限定"，而学生需要十分注意教师所提出的"限定"，并且即刻做出反应。因此，在教师不断改变限定要求，而学生不断相应做出变化的过程中，学生是很少有注意力分散的情况的。因此，舞蹈的即兴训练也是适合儿童的，因为它能防止注意力分散，帮助儿童在活动中有意注意的维持，以及减少儿童有意注意时的精力消耗。综上所述，儿童是喜爱即兴舞蹈的，而即兴舞蹈也是非常适合儿童身心特征的。

（二）即兴舞蹈有利于儿童的身心发展

1.即兴舞蹈有利于儿童认识自我身体的特点

　　从即兴舞蹈的功能看，它可以开发人的身体多方面潜质，如强化身体的敏锐度与灵活度，以及挑战自身身体运动的极限。在对身体敏锐度与灵活度进行

❶ 吕艺生.舞蹈学导论[M].上海：上海音乐出版社,2003:45.

❷ 吕艺生.舞蹈学导论[M].上海：上海音乐出版社,2003:47.

强化的同时，也是一个全面了解自身的过程。例如，限定要求以自己能够达到的、最快的速度即兴舞蹈。这时，自己就会有种"原来我可以跳得那么快"的感觉出现在脑海中。又例如，限定要求只能用身体中的一个部位进行即兴舞蹈，如手臂、腿、腰等。这时，首先会发现自己的每个身体部位都有运动幅度的极限，而这些极限会导致动作样式的有限。每个人的身体素质不同，有些动作他人可以完成，而自己未必能完成。例如，限定要求用动作即兴"快乐"，再用动作即兴"痛苦"。人们会发现，由于自己的性格内向或外向，觉得其中一个情绪比较容易表达，而另一个相反。通过即兴舞蹈，人们可以了解自身的特点，了解的范围从物理上的到心理上的皆有。对于任何年龄的即兴者都如此，只是成人能够在其过程中就明确认识到，而儿童只是下意识感觉到，但这种下意识的感觉会随着即兴的次数与教师的提示越来越形成一种明显的意识。即兴舞蹈不仅使自己认识到了自身特点，包括优势与劣势，而且即兴舞蹈也鼓励儿童超越自己。例如，在用自己最快的速度即兴后，老师的那句"我们再来一次，看看你能不能比原来的更快？我们来试一试"，就已经初步建立起了儿童的自我超越意识，这种意识看似只是初步的建立，但对于儿童将来更长远的发展很重要。

虽然儿童的身心尚未发展成熟，这些作用与意识在他们的身上并没有那么快地显现，在儿童期内也未必就能把儿童的身体敏锐度和灵活度提高数倍，但如果通过即兴舞蹈让儿童先学会充分感觉自己、了解自己、正确看待自己、正确评价自己，那他们就离勇于挑战自我、超越自我的意识形成就不再遥远，并且这意识会随着他们的成长而逐渐强烈。

2. 即兴舞蹈有利于儿童体验创造与合作的乐趣

再次从即兴舞蹈的功能看，它可以培养人的创造力和协作能力。但是，即兴舞蹈对儿童的创造力与协作能力培养不是在儿童期的 2～3 年就能有明显的提高与改善，儿童之间有个体差异性，所以不是每个孩子都能有显著的提高。孩子在成长过程中，创造力的发展不是完全稳定向上发展的，但即兴舞蹈至少能使儿童期中的孩子体验到创造与协作的乐趣，而当儿童一旦体会到这种乐趣时，他们的创新意识与合作意识也就渐渐形成了。

即兴舞蹈的过程是一个创造的过程，也是一个与自己、与他人或者与他物的合作过程。但是，创造过程与合作过程会遇到挫折。例如，限定即兴中，当限定越来越多时，即兴的难度也就越高，要面临解决的问题也就越来越麻烦。

即兴需要创造，在"这样不行""那样也不行"的限制中，还要继续创造时，焦急、烦恼、紧张、压力等就会充满大脑，但如果坚持寻找创新的办法、解决问题的办法，并且最终找到"那把钥匙"时，整个人将会得到前所未有的快乐。再例如，在接触即兴中，其难点在于如何与对方相处，并且做到配合默契，共同完成即兴。对方毕竟不是自己，不受自己的控制，必然会出现两人配合不默契，会相互碰撞，甚至会有争吵，但如果试图感觉对方的身体变化，寻找与对方相处的方式，互相磨合，那原本的矛盾将消失不见，心中体会到的是合作交流的愉悦。

创造力与协作能力对一个人固然重要，但对于儿童，创造意识与协作意识更为重要。因为能力是可以在人的成长过程中不断提高的，而如果没有意识，那能力提高了也没有意义。儿童的身心发展有限，能力的提高也有限，首先应帮助儿童感受与体会创造与合作的乐趣所在，在此基础上帮助儿童初步形成创造意识与协作意识，以便将来在成长的道路上走得更为顺利。

3. 即兴舞蹈有利于儿童感受身心和谐下的纯真之美

从即兴舞蹈的功能看，即兴舞蹈可以促进人的身心和谐发展。人们可以通过即兴舞蹈让儿童们感受到身心和谐的舞蹈是多么美丽和纯真，儿童一旦感受到即兴舞蹈给予自己所具有的那种美时，他们就会越发愿意或勇于将自己最真实的状态展现出来，随之能在个性上得到自然的发展。

人在即兴舞蹈时，是最真实的生命状态的表现，没有矫揉造作，没有文明的掩盖与修饰，本能而原始，这就是一种自然美。儿童阶段的孩子是最接近自然与纯真的，如果这时就要求他们在强烈理性控制下接受一些矫揉造作的，甚至是成人化的舞蹈，那不是违背了儿童的天性吗？这显然是不利于儿童身心和谐发展的。邓肯是一个非常鼓励儿童身心自由与自然发展的舞蹈教育家，她曾写道："我们首先要教会幼童呼吸、活动、感觉，使他们成为有自然活动力和整体和谐的人，我们要培养体态健美的人，培养善舞的儿童。"她坚持认为："我们的儿童为什么要卑躬屈膝地跳这种装模作样、奴相十足的小步舞呢？让他们自由自在地大步行进、欢腾跳跃、昂首张臂跳出我们父辈的风貌，表现出我们的英雄豪气。"儿童舞蹈应有儿童自然纯真的样子，不要过早地让儿童进入成人的世界。因此，结合即兴舞蹈的特点与功能，人们发现，即兴舞蹈有利于展现儿童纯真之美，在不知不觉中，儿童不仅心灵得到释放，身心达到和谐，而且通过即兴舞蹈发现并肯定自己的这种美。当儿童感受到、意识到这种美之后，他们就会非常乐于表现自我，也非常乐于欣赏他人，在即兴舞蹈的过程中，自我个性便逐渐得到了张扬与发展，同时儿童也开始学会接受他人并尊重他人。总之，即兴舞蹈可以为儿童身心得到释放、感知自然纯真之美创造条件，可以为儿童的基本美感形成打下基础，并且让儿童在肯定自己、肯定他人的同时得到初步的个性发展，这一系列作用都是有利于儿童的身心发展以及人格塑造的。

总之，对于儿童的培养，人们应该放远眼光，不能只求立竿见影的成果，而要追求潜移默化的影响，只有这样，才是对儿童的成长负责，对儿童的将来负责。因此，通过即兴舞蹈让儿童认识自我身体的特点，初步建立自我超越的意识；体验创造与合作的乐趣，初步形成创新与合作的意识；感受身心和谐下的舞蹈美感，初步进行个性发展是儿童舞蹈教育的重点。

第三节　即兴舞蹈与儿童舞蹈教育

既然即兴舞蹈是儿童的一种普遍行为，儿童也同样喜爱即兴舞蹈，而即兴舞蹈又对儿童的身心发展有利，那么有何理由不将其广泛运用到儿童舞蹈教育之中？发挥其教育功能，使儿童能够通过舞蹈的学习得到更好、更全面地发展，从而使孩子在舞蹈的学习过程中所得到的"财富"终生受用。

但是，现实往往是事与愿违。随着儿童舞蹈教育事业的规模不断扩大，其内在的问题逐渐显现。因此，为了使即兴舞蹈更好地服务于儿童舞蹈教育，人们必须对当今中国儿童舞蹈教学进行反思。

一、对当今中国儿童舞蹈教学的反思

（一）当今中国儿童舞蹈教学的现状

1.中华人民共和国成立至今儿童舞蹈教育发展概况

中华人民共和国成立初期，儿童舞蹈教育是融合在体育教育中进行的，针对儿童的独立舞蹈课程还尚未出现。1952年3月颁发的《幼儿园暂行规程（草案）》中规定了当时幼儿园的6项教育活动项目，即体育、认识环境、语言、图画手工、音乐和计算，其中体育活动包括了卫生习惯、体操、游戏、舞蹈、律动等，其教育目标是为了"培养儿童基本的卫生习惯，注意其营养，锻炼体格，保证儿童身体的正常发育和健康"。结合当时幼儿园教育任务，即"根据新民主主义教育方针教养儿童，使他们的身心在入小学前获得健全发育，同时减轻母亲的负担，使母亲有时间参加政治生活、生产劳动、文化教育活动等"。儿童舞蹈教育集中在幼儿园进行，其主要目的就是辅助体育教育和丰富体育活动内容，并以此锻炼儿童的体格，促进儿童的身体正常发育与健康。

但是，中华人民共和国成立以后，著名儿童舞蹈教育家黄式茂已开始专门研究儿童舞蹈教育，以她为代表的儿童师范舞蹈老师也逐渐将儿童舞蹈教育从内容到形式进行了规范。黄式茂的幼儿园舞蹈教学体系主要结合了自己40多年的儿童舞蹈教学与创编的经验而建立，教学内容包括了律动、歌表演、集体舞、表演舞和音乐游戏，主要教育目的在于"教会儿童一些唱歌、舞蹈的粗浅知识和技能。初步培养儿童对音乐、舞蹈的兴趣和节奏感。发展儿童对音乐的感受力、记忆力、想象力和表现能力等，陶冶儿童的性情和品格"。

改革开放之后，20世纪80～90年代，中国教育领域对艺术教育的重视日益加强，为舞蹈教育提供了良好的发展空间。同时，国外先进的儿童教育理念与心理学理论研究成果频频传入我国，使国民开始愈来愈重视孩子的早期教育与培养。于是，艺术教育与早期教育的发展共同促进了我国的儿童舞蹈教育从"锻炼体格"上升到了"陶冶情操"的层面，开始走向蓬勃发展之路，但是儿童舞蹈教育的问题也随之逐渐产生。20世纪80年代，继1955年成立的中福会少年宫小伙伴艺术团与1957年成立的南京小红花艺术团之后，上海市小荧星艺术团也于1985年诞生。这不仅是少儿艺术教育受重视与少儿艺术节目受欢迎的体现，还是儿童少年艺术特长培养进入繁荣期的表现。以舞蹈教育为手段，从儿童中挑选部分符合条件的孩子培养，为培养新一批少儿舞蹈艺术团接班人、为艺术团输送舞蹈人才为主要目的，已逐渐成了当时少儿舞蹈艺术团中的普遍现象，从那时起，培养舞蹈特长的对象开始向儿童群体逐渐拓展。但是，由于当时受行为主义心理学，以及长期以来中国所形成的成人本位的影响，儿童经常被看作接受知识的容器，被看作可以被成人任意塑造的对象，于是儿童各方面的教学都有"重视教师的教，忽视儿童的学，重视知识技能的传授，忽视儿童的发展，重视课堂教学，忽视其他活动"的现象存在。现在看来，当时的儿童观与教育观显然是有问题的，只可惜儿童舞蹈教育"较好地继承"了这种教育观，虽然现在已有所改善，但"重视教师的教，忽视儿童的学，重视知识技能的传授，忽视儿童的发展"的问题仍然存在。

想象·构思·形成：儿童舞蹈教育与创作实践

儿童舞蹈教育发展进入20世纪90年代后，开始有了分化的现象，即出现了以黄式茂为代表的幼儿园音乐舞蹈教育体系与社会业余舞蹈兴趣班的专业舞蹈教育体系并存发展，尤其是社会儿童舞蹈班在市场经济的推动下遍地开花。社会上业余舞蹈兴趣班的舞蹈教育体系主要以专业舞蹈教学体系为蓝本，以1993年出版由中国舞协组织编写的《中国舞考级》为首的舞蹈考级教材为主要教学内容或参考，其中的教学内容多以组合形式出现，在激发兴趣的前提下，培养儿童的良好体态与节奏感，提高儿童身体的协调能力、控制能力与肌肉力量等是业余舞蹈兴趣班的主要教学目的。由于办学的定位不同与市场经济的影响，出现这两种舞蹈教育体系并存发展是必然的结果。但是，问题在于幼儿园的舞蹈教育由于与音乐教育相结合而有削弱舞蹈教育功能之嫌，而社会业余舞蹈兴趣班的舞蹈教育由于过分强调舞蹈对身体运动能力的提高而又有简化舞蹈教育功能之嫌。因此，20世纪90年代的儿童舞蹈教育目的、内容与方法仍然尚待研究与完善。

两种儿童舞蹈教育体系并存发展的形势在21世纪演变成了"一边倒"的状态，即专业舞蹈教学体系不仅是社会业余舞蹈兴趣班的教学蓝本，也越来越多地被幼儿园中的舞蹈教育采纳，舞蹈考级、演出与比赛大量地充斥在儿童舞蹈教育实践中，甚至成了大多数儿童舞蹈教育单位的重要实践目标。相反，将开发智力与创造力、培养良好学习习惯与社会人格，以及保护与发展审美天性等目标都抛到了脑后。于是，这样一来，使整个儿童舞蹈教育不可避免地走向了专业化与艺术化的发展道路。这种"一边倒"的趋势发展了近10年，虽然儿童的舞蹈普及率在逐年上升，但是在具体的教学实施上存在着诸多问题。

2. 现今我国儿童舞蹈教学中存在的主要问题

急于对儿童进行"纵向提升"，以"纵向提升"为中心开展教学活动是我国儿童舞蹈教学中最明显、最主要的问题。"纵向提升"主要是指"动作技能"方面的阶段性提高，包括身体肌肉力量方面、软开度方面、协调能力方面等，其主要手段是"规范"与"强化"，在这种教学过程中儿童的主要任务就是"操练"。以对"动作技能"进行"纵向提升"为主要目标的儿童舞蹈教学在20世纪80年代开始就已经出现了，曾经愈演愈烈，直至发生多起孩子因练习技巧而造成意外恶性身体损伤的事件后，引起了儿童舞蹈教育界的深刻反思。直至今日，虽然以"儿童人身安全第一"为前提进行适当的教学内容调整成了现在绝大多数教师的一致做法，但"纵向提升"的教学目标没有改变，动作技能的掌握仍然是儿童舞蹈教学中的重点。

客观地说，对于"动作技能"进行"纵向提升"原本是没有错的，尤其是《中国舞考级教材》，它其中的每一阶段的动作组合安排得很科学、全面与系统，但是如果对儿童进行"纵向提升"是合理的，那为何还会有相当一部分儿童在学习舞蹈的过程中"缺乏愉悦的情感体验"，为何在"组合课上，孩子们呆板的表演和教师反复强调的'注意表情，笑呀'形成了鲜明的对比"，为何会有教师抱怨："这些孩子连话都听不懂，我要怎么讲解动作？"因此，问题的症结不在于儿童的"动作技能"要如何"纵向提高"，而在于人们是否能够在儿童阶段的舞蹈启蒙时就直接进行"动作技能"的"纵向提升"？笔者认为这是不可以的，这是缺乏教育的科学性与合理性的。

首先，要学习专业舞蹈，必须满七足岁才适合做肢体上的训练，因为专业舞蹈训练需要在已基本发育完善的肢体上才可进行。笔者认为，通过舞蹈进行身体运动能力的提高是基于已具有基本良好运动能力的基础上的一种提高，如一般的人也会跳跃，但经过舞蹈训练的提高，跳跃时的高度和身体协调一致的美感是超越一般人的。当人的肌肉骨骼并未发展成熟时就对其进行提高，那是不是一种"强人所难"的行为呢？其次，舞蹈教学一旦"违反生理学、解剖学的一般规律，对正在发育的儿童身体无疑是一种摧残"。儿童时期的身体发展正处在不断生长阶段，是一个进行时，并不是完成时，儿童的身体运动能力会随着年龄的增加而自然得到提升，并非只依靠舞蹈训练才可以得到提高，而教师在此时对儿童进行的训练只是强行地加快其身体能力的发展而已，这是不是一种"拔苗助长"的行为呢？举一个例子，一个简单的踏步，7岁之后的儿童一学就会，而对于儿童时期的孩子就显得困难，他们会由于协调能力、肌肉力量、平衡感等方面都未发展成熟而导致顺手顺脚、摆臂前后幅度不同以及上身左右摇晃等情况出现，而在这时，如果教师力求提高儿童的踏步水平，那单一分解练习、规范动作细节和反复操练是免不了的。可儿童在学习过程中就会渐渐失去愉悦感，相反，挫折感会越来越强烈，大大影响了儿童学习舞蹈的兴趣，身体的酸痛与疲劳往往是儿童学习舞蹈时最深刻的记忆。因此，在儿童舞蹈启蒙阶段，教师不必急于提高儿童的运动水平，耐心地等儿童成长一段时间，有些动作他们反而可以很快接受，甚至自然就能达到应有的要求。最后，舞蹈应该针对不同的人群和年龄层因材施教。"因材施教"并非只是简单地将学习内容的难度进行降低或提高，而是要围绕该年龄层的身心特点调整整个教学活动，包括模式、内容、要求、方法、评价等多方面，是要为学习对象量身定制"教学"内容，而非让学习对象适应教学活动。这不仅遵循了儿童的身心发展水平，而且是尊重儿童个体的一种表现。

从以上的分析看，在儿童的舞蹈启蒙教育阶段直接进行"动作技能"的"纵向提升"是不合理的，会直接导致儿童的舞蹈学习兴趣下降，甚至对舞蹈产生恐惧感，显然，这是不利于儿童的身心发展的。当今儿童舞蹈教育以"纵向提升"为中心这一教学问题的产生究竟源于哪里？下面进行详细的分析。

（二）对现今儿童舞蹈教学问题的反思

1.传授技艺与"纵向提升"

造成现在儿童舞蹈教学以"纵向提升"为中心的原因，关键在于人们对儿童舞蹈教育所持观念的滞后与偏颇，即将"传授技艺"等同于"儿童舞蹈教学"。

目前，大多数教育者及社会群众仍将"传授技艺"看作儿童舞蹈教学的重点甚至全部。这从现在全国使用最为广泛的《中国舞考级》教材中就能看出，第一级的"扩指""弯腰、转腰""前压腿""双吸腿""头的动作""摆臂"等组合的安排与设计都着力于对儿童传授舞蹈技艺，并且为儿童学习更高的技艺打下基础。到了第二级，又增加了"勾绷脚""含胸、展胸""提腰、松腰""旁开腿""半蹲""蛙跳步"等组合，显然也是一种技艺上的训练与开发。现在市面上针对性很强的《儿童舞蹈训练与儿童舞蹈创编》一书，作者根据儿童的年龄段将舞蹈学习分为三个阶段，其教学内容与《中国舞考级》相类似，包括步伐练习、节奏练习、软开度练习、基本手位与脚位、肌肉力量练习与小舞蹈学习等一系列动作技艺掌握，其每一个组合的动作连接与教学要点都写得很详细，指导性很强，可是唯独"即兴和想象"这部分只有短短三句话："要求：能合上节奏，随意跳。有简单的造型。有比较好的表现力。""即兴和想象"只在第三阶段的学习中出现。可见，在整个舞蹈普及教育中，技艺的传授占了很大比重，儿童舞蹈教学显然深受影响。但是，技艺的发展是一个不断提升的过程，形象地说就是一个纵向上升的过程。其中包括了由简到繁、由浅入深、由单一到复合、由粗糙到精湛的必然过程，舞蹈技艺的发展也不例外。目前以"传授技艺"为主要任务的儿童舞蹈教学，"纵向提升"即提高儿童的舞蹈技艺自然就成了教学的首要目标。

　　由于"传授技艺"被看作儿童舞蹈教学的重点甚至全部，因此对儿童舞蹈的审美与评价也集中在了"舞蹈技艺"上，技艺的高低成了衡量儿童舞蹈水平与教师教学成果的主要标准。以儿童家长为代表的普通百姓对儿童舞蹈的欣赏为例，笔者做过一次实验与调查。在学期末的汇报课上，让孩子表演了两段舞蹈，一段是以即兴舞蹈为主，名为《广阔星空》与《美丽花园》（不同的班），而另一段是事先编排设计好的，名为《中国娃娃》。请家长看完后选出自己喜欢的，调查统计结果显示，有 46.67% 的家长比较喜欢《中国娃娃》，只有 23.81% 的家长认为《广阔星空》或《美丽花园》比较好。可见，关注儿童动作技能的掌握水平，关注舞蹈中艺术化的动作与丰富的画面变化仍是儿童舞蹈审美的主流。于是，众人对于儿童舞蹈的欣赏角度，以及专业人士给予的评价导向，促使教师对儿童全力地进行"纵向提升"。由于教学上以"传授技艺"为主，导致审美上以"技艺高低"为主要衡量标准，这种带有明显艺术角度的审美标准反过来更加强了"传授技艺"在教学活动中的地位，使其逐渐取代了整个儿童舞蹈教育的目的，使舞蹈教育成了一种"目的"，而非儿童教育中的一种"手段"。我国当前的儿童舞蹈教学是为了舞蹈艺术而进行舞蹈教育，而不是为了通过舞蹈教育帮助儿童更好、更全面地发展。

　　由此可见，对"传授技艺"的执着与教育观念上的颠倒是造成从儿童阶段的舞蹈教学就开始进行动作技能的"纵向提升"的根本原因。因此，要改变目前儿童舞蹈教学中的这个问题，首先要从改变"舞蹈教育等同于传授技艺"的滞后观念开始。

　　2. 传授技艺与"示范—模仿"

　　目前，我国儿童舞蹈教学主要以"教师示范—学生模仿"的形式进行，它是"传授技艺"的必然结果，因为这种动作技艺的学习就是"人类舞蹈文化几千年演进的结果"，是远离儿童生活的一种舞蹈，"如果不通过成人教育的传递，儿童是不可能通过创造性的探索活动自行获得的"，所以学习这些舞蹈时，"模仿"是最先的、唯一的学习手段。而在"示范—模仿"的教学形式下，"纵向提升"便是必然的发展。

　　模仿本没有错，它是学习知识与技能的手段之一，但在儿童阶段的舞蹈学习中，我们应当让儿童模仿什么？模仿的对象究竟应该是教师的标准动作，还是来自儿童自己所看到或所感受到的一切？首先，从儿童的身心发展看，"示范—模仿"的教学形式不符合儿童心理发展水平。在儿童阶段，他们的视觉发展中"整体知觉与部分知觉"的发展水平不能达到准确模仿的要求。心理学家埃尔金德和凯格勒等人曾经对儿童的整体知觉和部分知觉的发展做了研究：让195名4～9岁的儿童看一些图片，这六个图片中，每一个都既可看作一个整体，也可看到整体中的部分有突出描绘，然后让儿童说出"看到了什么"以及"它们看起来像什么"。实验结果表明："4～5岁儿童大都只看到了图形的个别部分，如71%的4岁儿童只能看到'两只长颈鹿'或'一个土豆'等。6岁开始能看见整体部分但不够确定。"❶另外，4～6岁儿童的观察力也处在发展期，他们观察的目的性从无意性向有意性发展，持续性从短向长时间发展，细致性从笼统模糊知觉向比较精确的知觉发展，但这三方面都未发展成熟，弱于成人。模仿教师的舞蹈动作或造型就和看图找整体与部分是一样的，儿童学动作，顾了手就顾不了脚，手的位置模仿像了，脚的位置却是错的，而通常为了纠正儿童的错误模仿，教师会要求儿童静止不动，尽可能地逐一纠正，但还原之后再做一次时，又会出现错误模仿，这不仅是协调能力的问题，还与视觉观察能力以及视觉整体与部分知觉的发展水平有关。其次，从教学过程看，由于观察能力与协调能力发展有限，因此要学习这类舞蹈技艺，儿童与教师都要经历一段艰难的过程，而这过程往往是事倍功半的。在教学过程中，教师要花大量的教学时间用于指导孩子如何模仿，并且要不断地强调儿童模仿动作的相似度，有时为了一段4个八拍的动作，可以教上一堂课或几堂课，有时甚至为了排一个体现专业水平的舞蹈节目，教师与学生要花一学期的时间排练，其中的单一、枯燥、艰苦可想而知，而儿童失去舞蹈自信与创造力、形成狭隘的舞蹈审美观也是以模仿为主的舞蹈教学所导致的必然结果。可见，教学上的弊端都由于"模仿"对象被限制在了"舞蹈技艺"之中，从而不得不在"模仿"之后大力地"提高"。

"模仿"是学艺中的必经阶段，但"模仿"仅是过程，真正的目的是通过模仿为开发创造能力打好基础。因此，以"传授技艺"为目的的"示范—模仿"教学形式既不符合儿童身心特征，又与艺术教育的最终目的相违背，这是不足取的。如果在儿童舞蹈教学的初级阶段，让儿童从模仿一些自己看到的、感受到的事物，或者是较为熟悉与喜爱的事物开始他们的舞蹈学习，通过适量的观察与模仿，进行大量的再创造活动，以"启发—创造"为主要教学形式，就能

❶ 程心天.儿童舞蹈教育、创作经验谈[M].北京：人民教育出版社,2004:63.

正确地处理"模仿"与"创造"的关系，避免过早地进入动作技能方面的"纵向提升"，从而真正达到艺术教育的目的。

从儿童的创造力看，首先，美国心理学家托朗斯的研究结果（1963 年）发现，"整个学前期儿童的创造性思维能力都在稳定地向前发展，而在入学前达到高峰"。如果在这个阶段，儿童的创造思维没有得到良好的发展，被浪费在"动作模仿"与"纵向提升"上，那是相当可惜的事。其次，儿童在舞蹈方面的创造，是一种"类创造"，即"相对个体而言的创造，其本质与创造相同，但所创造的产品对个体而言是新的，对人类来说是已知的"。由于舞蹈动作受身体生理结构的限制，并且儿童对芭蕾、中国舞等舞台舞蹈艺术接触甚少，因此要创造出绝对创新的动作样式，那是不可能的，专业舞蹈演员都不一定能做到。但是，不能因为儿童创造出的动作对成人来说不具备新意，就认为他们没有舞蹈创造能力，相反，人们应更加鼓励他们，这不仅是帮助儿童建立创造意识，而且是为他们建立舞蹈的自信心。最后，儿童用动作再现自己所看到、感受到的事物时，这种模仿事物的过程已经带有创造的成分。儿童用舞蹈动作表现事物，与其说是在模仿，不如说儿童在模仿的过程中已加入了自己的意识，已开始了再创造的行为。因此，模仿自己熟悉与喜爱的事物时，他们的模仿已不是复制性的模仿，而是创造性的模仿，这与模仿老师的动作有本质区别。对于儿童来说，老师有时就是权威的代表，不容反抗，所以这时的模仿中，儿童是在克制自我意识的加入。有时儿童的创造性模仿还会被认为是观察不仔细、上课不认真等，这是对儿童的误解。

笔者曾在舞蹈课上做过一个极为简单的实验，实验结果能说明一些很关键的问题。这是对儿童上的第一堂舞蹈课，儿童之前都没有接受过舞蹈训练。一开始，教师没有示范任何舞蹈动作，而是让他们自己发挥。效果很好，几乎每个儿童都在以他们自己的方式舞蹈，自信而快乐。第二次，要求孩子跟着做动作，由于是跟着音乐当场变化动作，当场模仿，快速反应的刺激感让他们很兴奋，看似没有什么问题。但是，在第三次，再次要求他们听音乐自我发挥时，结果令人吃惊——他们动不起来了，完全没有第一次发挥得那样自信自如，脸上充满着犹豫，有些孩子还会不时地看看我，似乎在问"我该怎么跳好呢？"可见，就这一次"模仿"，便可以摧毁了他们几乎全部的创造力与舞蹈自信心。人们不难看出在三次舞蹈中儿童的舞蹈观念在变化：第一次，他们对"舞蹈"的认识没有任何框框，跟着音乐动起来就觉得很开心；第二次，他们在模仿老师的过程中渐渐对"舞蹈"的认识有了框框，认为老师跳的才是舞蹈，并且这种舞蹈才是美的，而自己跳的不美，逐渐失去自信，对于舞蹈的审美逐渐狭隘。第三次，他们因为失去了对自己舞蹈的信心，又无法复制出老师那种"美的舞蹈"，于是创造受到阻碍与抑制，最后形成了天生好动的儿童听到音乐不知如何舞动的结果。仅一次被要求"模仿"就能导致如此明显的变化，那么长期处于以"模仿"为主的舞蹈教学之下，儿童将变成什么样？从这个例子人们可以看出，"教师示范—学生模仿"的形式不仅抑制了儿童进行舞蹈创造的主动性，而是打击了他们对舞蹈的热情。但是，在教师的启发下，从自己周围生活中的事物中寻找灵感，就没有那么多顾虑，在心情轻松愉悦的状态下，创造活动就会愈发地顺利。邓肯曾在她的教学备忘录上写道："绝不能教孩子硬做动作，而要靠她的心灵，当心灵趋于成熟时，才给予指点或引导。"她坚决认为："教孩子把自己已在成长的身体置于理智的严格控制之下，就是在扼杀他们的热情和灵感，这无疑是一种罪行！"

由此看来，当今儿童舞蹈教学中"过早进入'纵向提升'阶段""'传授技艺'等同'舞蹈教学''教师示范—学生模仿'的教学形式"是目前最为显著的三大问题，这三个问题相互牵连——"传授技艺"决定了"教师示范—学生模仿"的教学形式，而这两者又都是导致"纵向提升"过早进入儿童舞蹈教育中的原因。

二、即兴舞蹈应当成为儿童舞蹈启蒙教育的主要手段

通过上述分析，人们已经逐渐意识到，"技艺的传授"与"动作技能的纵向提升"应用于儿童阶段的舞蹈教育中是不适合的，在很大程度上受到了专业舞蹈教学模式的影响，阻碍了儿童身心和谐健康地发展，是一种拔苗助长的行为。因此，要改变教学的弊端，就必须弄清并明确儿童舞蹈启蒙教育的真正目的与任务，使儿童舞蹈启蒙教育的定位更为清晰与准确，只有这样，才能找到更适合儿童的舞蹈教育方法，才能真正认识到即兴舞蹈在儿童舞蹈教育中的地位。

（一）儿童舞蹈启蒙教育的目的与任务

1.儿童舞蹈启蒙教育的目的

儿童舞蹈启蒙教育既是学前教育的一个分支，又是艺术教育的一个分支。儿童舞蹈启蒙教育的目的既要紧跟学前教育理念，又要符合艺术教育的原则与

目标，因此有必要结合当前 21 世纪的学前教育最新理念，借鉴儿童艺术教育的目的与定位，厘清儿童舞蹈教育应具有的真正目的。

首先，儿童舞蹈教育必须是在正确的"儿童观"下开展教学活动，即儿童舞蹈教育一定要从儿童的身心出发，关注儿童的发展，并且为其终身可持续发展打下基础。"儿童观"是指"人们对儿童的总的看法和基本观点，或者说，是人们在哲学层面上对儿童的认识"。在世界发达国家，21 世纪的儿童观早已从"被看作接受知识的容器与成人任意塑造的对象"转变为"儿童的发展是人终生可持续发展的基础"，要"关注儿童发展的个体差异性"，"儿童的发展包括身体、认知、情感和社会性等各个方面的协同发展"，以及要"更加强调儿童的主体性活动等"。这是对儿童认识的一次飞跃。但是，我国当前的儿童舞蹈教育尚未做到这一点，从实际的教学活动看，绝大多数的儿童舞蹈教师仍将儿童视为接受动作的机器，忽视了儿童的身心发展水平与个体的差异性，强行将儿童塑造成为一个个舞蹈演员，而对人终生有益的创造力、想象力、情感的正确表达与身心的和谐没有在儿童阶段得到很好的开发与培养，这显然是与目前大多数儿童舞蹈教师所持有的落后的儿童观有直接关系。"儿童观是一个与教育观密切相关的概念，是教育观的基础，有什么样的儿童观就会有什么样的儿童教育观"，要明确儿童舞蹈教育目的，必须先要摒弃落后的、错误的儿童观，同时建立正确的儿童观，这样才能在根本上确立正确的教育目的。

其次，儿童舞蹈教育必须以儿童为本，并且符合终身教育观与素质教育观的要求。20 世纪 80 年代的教育观以教师为中心，注重教师如何教，而忽视了儿童如何学，注重知识技能的传授，而忽略了儿童的个体发展。21 世纪初，《新纲要》中提出了新的教育观，主要有以下内容：

第一，终身教育观。即"把培养儿童终身学习的基础和动力放在核心位置，强调教育活动要符合儿童的现实需要和长远发展的需要"；"强调学前教育不仅是学校教育的预备阶段，而且是人的终生教育的奠基阶段，目的是为人的一生发展打好基础"。

第二，素质教育观。即"从终身教育的思想出发，明确提出了学前教育要实施素质教育的思想"，"强调良好行为习惯的形成，强调合作和参与的精神，强调儿童的自主活动和自主选择，强调对儿童身体素质、科学素质、语言素质等基本素质的培养，强调良好的教育环境的创设等"。

第三，"以儿童为本"的教育观。即"为儿童一生的发展打好基础""为儿童的发展创造良好的条件"，"满足他们多方面发展的需要，使他们在快乐的童年生活中获得有益于身心发展的经验"，"尊重儿童的人格和权力……关注个体差异，促进每个儿童富有个性的发展"。

但是，纵观我国当前的儿童舞蹈教育，教育观仍停留在20世纪80年代。舞蹈课中，教师考虑得更多的是如何教会儿童完成一个或一套动作技能，顾不上或不屑考虑儿童在学习过程中的感受，也很少给予儿童通过创造与探索活动主动学习的机会，这种教育不是以儿童为中心的教育。针对目前终生教育观的内容，试问：教儿童学会多个舞蹈节目或将竖叉练到笔直、下腰头碰到脚等对儿童终生发展有益，还是开发与培养儿童的创造力、想象力、观察力、记忆力等对儿童的终生发展有益呢？答案是显而易见的。因此，儿童舞蹈教育的目的需要具有前瞻性，即通过舞蹈教育使儿童具备往后生存、生活能力的基础，为他们的终生发展奠定基础才是儿童舞蹈教育追求的方向。

儿童舞蹈课程的目标与实施必须从儿童的角度出发，注重儿童在舞蹈学习过程中的体验与感受，并通过课程使其在情感、兴趣、态度与个性方面得到发展。目前，学前课程目标随着儿童观与教育观的更新也有了质的变化。从20世纪80年代的"向儿童进行体、智、德、美全面发展的教育，使其身心健康活泼地成长"，到20世纪90年代"强调发展并培养儿童的各种能力和各方面兴趣"，直至现在的"从'人'——儿童的角度出发，而且多使用'体验''感受''喜欢'等词汇，突出情感、兴趣、态度、个性等方面的发展"的课程目标设定。学前课程越来越向着"以儿童的发展为本位的价值取向"进发。尤其值得注意的是，在学前课程的实施方面，《新纲要》把教师角色定位于"儿童学习活动的支持者、合作者、引导者"。这种教师角色定位表明了一种新型的师幼关系，它把儿童放在了课程的核心位置，强调教师和所有儿童之间平等的互动、交往和对话，从而大大提升了儿童的主体地位，是一种符合世界潮流的、崭新的教育理念。强调儿童在情感、兴趣、态度、个性等方面的发展已成了学前课程的主要目标，在儿童舞蹈课程中，儿童舞蹈教师在教学过程中应将关注点从儿童的动作技能水平转移到儿童的情感、兴趣、态度、个性等发展方面，并与儿童之间建立一种平等关系，成为儿童的支持者、合作者与引导者，只有这样，儿童在舞蹈课堂中才能成为主体，其学习主动性也会随之增强。

儿童舞蹈更多的是一种教育，不是艺术，舞蹈只是一种教育的手段，而非目的，它是素质教育下的一种艺术教育形式。《艺术教育学》中写道："素质教育的总体目标是培养素质全面发展的人。艺术教育就是多元综合实现和达成这一总体目标的教育形式。"❶"艺术教育的终极目标是素质教育"。❷因此，作为艺术教育的一个分支，舞蹈教育首先要为素质教育服务，尽可能地发挥舞蹈的各项功能帮助每一个儿童健全素质，而不是为了舞蹈艺术的发展，在儿童中全面地挑选与塑造特殊的舞蹈人才。2008年6月，在《舞蹈》杂志上，我国老一辈舞蹈学者、著名的儿童舞蹈教育家郭明达一针见血地指出："儿童舞蹈究竟应是艺术？还是教育？"在文章最后明确地指出："对于儿童舞蹈来说，艺术是次要的，教育才是最重要。儿童舞蹈教育需要普及，在普及的基础上再提高。即使没有舞蹈天分的孩子也仍然需要舞蹈教育。"无独有偶，持这种观点的教育家不仅只有郭明达，儿童美术教育家们也早已认识到了这一点。初期的美术教育其实也都是以技能教育为出发点的，而且都从几何形入手，然后进入写生，对儿童也以同样的方法教，只不过难易不同罢了。这似乎与当前的儿童舞蹈教育很相似。但到了20世纪初，奥地利的法郎兹·西泽克提出了革命性的主张，提出"不要给儿童强加成人的思路和方法，要按照儿童的发展阶段进行教育，并使儿童的创造性得以实现"。英国的赫伯特·里德指出："儿童艺术是人的表现方法之一，模仿成人的想法是错误的，艺术应为教育的基础，通过美术来发扬光大儿童与生俱来的创造力是美术教育应有的基本态度。"罗温·菲德也认为"艺术教育不是为传授艺术而进行的教育，而是通过艺术塑造人格。""今天世界上的美术教育由写实和抽象两个方向发展而来，并和心理学、教育学相结合，成为以艺术施教，借艺术培养智力、创造力、人性与社会性的教育。'通过艺术而进行教育'成了大多数国家美术教育的指导思想。"❸从某种程度来说，目前儿童舞蹈教育中出现的种种问题也是在发展道路上必然会出现的问题，人们必须正视问题、纠正错误。

综合以上分析，借鉴儿童美术教育的理念，笔者认为，儿童舞蹈教育是一种以儿童的终生发展、素质健全、人格完善为目的而展开的教育活动，而不是为满足成人的愿望而进行的一种教育行为。儿童舞蹈教育的真正目的不是培养少数舞蹈家，而是通过舞蹈提高儿童的身体素质，培养儿童的运动能力、观察力、记忆力、想象力和创造力，使儿童在轻松的课堂环境与平等的师生关系

❶ 吕艺生.舞蹈学导论[M].上海：上海音乐出版社,2003:43.

❷ 许卓娅.学前儿童音乐教育[M].北京：人民教育出版社,1996:28.

❸ 王克芬.中国舞蹈发展史[M].上海：上海人民出版社,2003:93.

下，借助舞蹈充分抒发与表达自己内在的意欲与情感，从而张扬个性，使身心得到和谐发展，同时陶冶儿童美的情操并培养他们完善的人格。

2.儿童舞蹈启蒙教育的任务

绘画与舞蹈都是人类天生就会的，它们来自人"动"的本能，并非是少数"天才"独有的能力，两者的启蒙教育任务有共通之处。因此，在讨论儿童启蒙舞蹈教育应承担何种教育任务之前，不妨先来看一个儿童美术教育的重要研究成果：儿童美术教育家发现并承认儿童最初的绘画能力随着人的认识和知觉发展自然向前发展，确实不是靠学习绘画技能提高的。❶例如，美术教育家杨景芝曾跟踪调查过一个从未学过绘画的女孩，观察她绘画能力的发展。

其实，与舞蹈有密切联系的"人体动作发展"也是如此，即一般儿童的动作发展水平是随着他们的骨骼肌肉、大脑发育、认知发展等各方面同步前进的，不是只有依靠舞蹈教育中动作技能传授与训练才能够得到发展的。经专家们的长期观察与研究，1984 年得出了一个正常儿童大动作或躯体动作发展的大致时间表。

2～3 岁：走路更有节奏；由疾走转变为跑；做跃起、向前跳跃和接物动作时上身动作仍显得僵硬；能边走边推玩具小车，但经常把握不住方向。

3～4 岁：能双脚交替地上楼梯，但下楼梯时用单脚引导下；当做向上、向前跳跃动作时上身显得较灵活；依靠上身做扔物和接物的动作，仍然需要依靠胸部才能接住一个球；能双手扶把踩三轮小童车。

4～5 岁：能双脚交替地下楼梯；能跑得很稳；能用单足飞快地跳跃；能依靠躯体的转动和改变双脚的重心扔球；仅依靠双手就能接住球；能飞快地踩三轮童车，方向也掌握得很稳。

5～6 岁：奔跑的速度越来越快；飞跑时也跑得很稳；能做真正的跳跃运动；表现成熟的扔物和接物动作模式；能踩带有训练轮子的自行车。

通过以上时间表，人们有理由认为，儿童的动作水平发展不是只依靠舞蹈教育提高，更多的是随着儿童自己的骨骼肌肉的生长、大脑的发育以及认知程度的加深自然进步的。因此，从这个角度看，儿童阶段的舞蹈教育任务不应该以提高儿童的动作水平，即"动作水平的纵向提升"为主要任务，而是应以儿童进行"舞蹈知识的横向铺垫"为抓手，这样才能真正达到启蒙教育的目的。

---

❶ 隆荫培，徐尔充.舞蹈艺术概论 [M].上海：上海音乐出版社，2009:12.

　　"舞蹈知识的横向铺垫"是指在启蒙阶段，让儿童首先体验并了解"舞蹈的要素"，将"舞蹈要素"作为开启舞蹈艺术大门的"钥匙"，引导儿童发现舞蹈的魅力，从而激发他们对舞蹈的兴趣。在儿童舞蹈启蒙阶段中进行"横向铺垫"是非常必要的。动作是舞蹈的关键，而千变万化的动作样式归根结底是由不同的力量、时间、空间元素如同排列组合一般而形成的，为什么要跳过基本要素的传授，而直接将动作样式分类、分阶段地教授给儿童？让儿童觉得始终有学不完的动作，对舞蹈艺术始终带有一种不可接近的感觉？奥尔夫音乐教育体系是世界上著名的儿童音乐教育体系，它的基本核心值得借鉴，那就是"元素性音乐教育思想"，即"从'元素性'音乐教育入手，强调利用最原始、最简单的节奏和音高元素，以人类最根本、最自然，也是最古老的音乐实践形式——简单的拍手、打击乐器及即兴合作等方式面向每一个儿童，唤起他们身上潜在的音乐本能，使音乐成为他们自发的要求"。显然，奥尔夫已经明确认识到，音乐构成的第一要素是节奏而不是旋律，他并不急于教儿童如何发声，也不急于教许多歌曲、纠正音准，而是将"节奏"作为儿童音乐启蒙的"钥匙"，因为"节奏"是音乐的第一要素。在绘画中，形象与色彩是构成绘画语言的两大要素，儿童美术启蒙是在顺应儿童身心特点的条件下，鼓励儿童依靠直觉进行绘画活动的，而不是一开始就进行临摹或写生的。通常教师都会让儿童从认识"线"开始，再到"造型语言的训练"，如观察与表现造型、记忆与想象造型、想象与表达造型等。美术教育尤为注重儿童的个性发展，主张启发式教学，不做具体画法示范，注意为儿童创造自由、宽松的学习环境。试问：我国儿童舞蹈教育难道做不到吗？让儿童一开始可以通过舞蹈释放自己的肢体与心灵，随后再让儿童通过亲自参与或观看体会并发现舞蹈的有趣之处——舞蹈动作会因时间、空间与力量的不同而具备的不同表现性。虽然这样的发现对于成人来说也许并不惊奇，但是对于儿童来说，这可是天大的发现，从此他会认为舞蹈是一门有趣的艺术。鼓励儿童通过舞蹈展现自我，并将"舞蹈要素"作为开启舞蹈艺术大门的"钥匙"，当儿童在踏入舞蹈艺术大门时，直接向他们揭开舞蹈艺术的神秘面纱，告诉儿童舞蹈的终极秘密，让儿童感受到舞蹈艺术其实离自己并不遥远。只有这样，儿童才会对舞蹈产生真正的兴趣，并且为之后动作技能的学习与掌握打下基础。因此，在儿童阶段的舞蹈启蒙教育中，儿童的舞蹈体验是主要的，而动作技能上的提高是次要的。

　　总的来说，儿童舞蹈启蒙教育的目的应该是通过舞蹈提高儿童的身体素质，培养儿童的运动能力、观察力、记忆力、想象力和创造力，使儿童在轻松的课堂环境与平等的师生关系下，借助舞蹈充分抒发与表达自己内在的意欲与情感，从而张扬其个性，使身心得到和谐发展，同时陶冶儿童美的情操和培养完善的人格。儿童舞蹈启蒙教育的任务在于对儿童进行"舞蹈知识的横向铺垫"，激发儿童对舞蹈的兴趣与美感。将"舞蹈知识的横向铺垫"作为儿童舞蹈启蒙教育的任务，即兴舞蹈不失为一个很好的手段。

（二）即兴舞蹈应成为儿童舞蹈启蒙教育的主要手段

1. 即兴舞蹈为主要手段可以激发儿童的舞蹈兴趣

即兴舞蹈为主要手段的儿童舞蹈教育是以一种以儿童为中心的教育，在舞蹈教学的过程中，更有利于激发儿童的舞蹈兴趣。

一方面，通过即兴舞蹈，人们能够增强儿童学习舞蹈的内部动力，即他们的舞蹈自信心，这是产生舞蹈兴趣，甚至上升为志趣的重要内部动力。在"教师示范—学生模仿"的教学形式下，儿童的自信几乎来源于教师的评价，但是长期下来，一旦脱离了教师的示范，他们将无所适从，"我该怎么跳"的想法充斥着他们的头脑，心里的自信也将随之消失——"我怎么不会跳了"。因此，在这种情况下，儿童的舞蹈自信心始终无法真正建立，而在这基础上产生的兴趣也是不够牢固的。但是，在即兴舞蹈的过程中完全不一样，舞蹈的自信心可以很快地建立起来。另一方面，舞蹈兴趣的产生还需要一个外部动力，即令人感到轻松的环境，这是使学生开心舞蹈的条件。理性的模仿与机械的操练显然创造不出轻松环境，而通过即兴舞蹈可以做到。当儿童从自由的家庭生活来到正规的课堂中进行学习，作为初学者，心情必然是焦虑而紧张的，只有让儿童的心情得以放松，他们的肢体才可以得到舒展，才能够跳出理想中的动作。只有心情放松，思维才能解放，想象才能展开，即兴舞蹈是最佳的选择。

《用身体画画》就是一个既能帮助儿童建立自信，又为他们创造良好环境，以儿童为中心的舞蹈活动。活动包括三个步骤：

第一步骤，将学生分成两组，让第一组先当"小老师"给第二组出一个题目。例如：用嘴巴画苹果；用前胸画一条船；可以用手指头写123；用手肘画一栋房子；把自己变成青蛙等都可以。这样随意地出题，让大家依照题目比画出来，出题的人可以边出题、边欣赏表演的人像不像题目所指，如果不像，可以要求重来，一直到满意为止。由老师控制时间，适时换组。

第二个步骤，可以配着音乐，把刚刚在游戏中的想象串联成舞蹈。例如：

用嘴巴画苹果、耳朵画山、脚画瓶子等，把它们串联在一起，只要是刚才用身体画过的动作都加入，变成一个舞蹈，只要不超过音乐的长度就可以，将四肢刻画出的身体图形变成舞蹈；真正的跳舞摆动身体，随着音乐飘扬，练习多次后，再将大家分成表演组和观众组，轮流欣赏他人的组合，从中看到身体形成图案，那些丰富的线条，刺激着观看者的想象思维。

第三个步骤，休息时，说说彼此有趣的地方，提问题给小朋友，如你觉得他们用身体画得像吗？看得出来在画什么吗？用身体画图有什么感觉？说说彼此的心得，互相刺激想法，增长智力。

此活动只有三个简单步骤，但是这三个步骤都起着很重要的作用。例如，在进行第一个步骤时，教师是在进行初步的引导，引导刚接触舞蹈的小朋友在不羞涩的情形下，自然展开身体、跳出动作，让身体歪七歪八，在不知不觉中开始跳舞、手舞足蹈起来。于是，学生的舞蹈自信便随之逐渐建立，兴趣也在逐渐产生。活动设计者黄金桂说："上这堂课，小朋友会很开心，觉得跳舞很好玩，不再排斥在众人面前跳舞，跳舞本来就可以这么灵活快乐。""借由这样半游戏式的舞蹈方式引进门，可以去除他们心理的障碍，也自然灌输舞蹈的自在性。只要初期觉得好玩有趣，愿意乐在其中，接下来的课程一定能轻易投入，这就是走入舞蹈最快的捷径！"这个活动不仅激发了孩子的舞蹈兴趣，而且"让孩子了解了'身体'的功能，感受到大脑与身体的相互运作"，以及为提高欣赏能力打下了基础。

通过这个活动案例，人们发现，以即兴舞蹈为主要手段激发儿童对于舞蹈学习的兴趣是一个很好的方式，这为"舞蹈知识的横向铺垫"创造了条件。

2. 以即兴舞蹈为主要手段可以帮助儿童感受舞蹈的元素

从《用身体画画》的活动中，人们发现，以即兴舞蹈为主要手段的教育形式是一种主题式的教育，通过多样的主题活动对儿童进行"横向铺垫"，这种教育注重帮助儿童横向地构建舞蹈的基础知识与能力。因此，要使儿童在启蒙阶段就感受舞蹈元素（时间、空间、力量），即兴舞蹈是一个很好的手段。下面介绍三个活动案例，在游戏性很强的舞蹈活动中，以游戏为主导活动的儿童是多么适合这样的学习方式。因为传授舞蹈知识的过程不是教科书式的宣讲，而是让儿童通过活动自行获得，这是符合儿童学习新事物的规律的。

例一：对于动作时间的感受：《快速反应》。选一首快节奏的音乐，将参与者散开围绕在房间里，播放音乐并邀请他们各自以尽可能快的速度跳舞。鼓励参与者们舞动全身每一块地方，如手臂、手指、手肘、腿、脚、头、臀部等。告诉他们当看到信号的时候就立刻停住。在参与者停住之后，挑选出一些参与者示范他们的动作，其他人观看。然后，让集体再一次跳舞，第二次让他们停住，再挑选出新的人独自表演。该活动虽简单，但让参与者充分体会到了自己身体在快速节奏下的变化，以及作为旁观者感受到了快速的动作所蕴含的某些语言或情感。类似的活动还有慢速动作的体验，如《你可以有多慢》；有快慢结合的体验活动，如《乌龟与兔子》。

例二：对于动作空间的感受：《看看你有多强大》。两人为一组。练习时，音乐伴奏可有可无。首先，通过图片或视频等方式让学生初步获取一些关于事物形状、大小的启发和灵感。然后，将学生分为两人一组，并且以简单而固定的步伐围绕教室移动。在移动的同时，当听到教师给出信号或在（音乐）固定节拍点时，立即停止并造型。在每做一个造型时，要求一人表现"强而有力"的形象，另一人则表现"弱而无力"的形象，每做一次造型，两人就互换一次角色。两人之间的位置应始终保持在一起，并相互协调位置及造型，两人造型的大小或形象要鲜明。在一次造型完后，当一个新的信号或拍子出现后，造型消失继续开始移动，等待下一次信号进行即兴造型。需要明确一点，这个练习不在乎输赢，而强调两者之间的空间协调。孩子们心中的形象通过肢体体现，相应地占据了一定的空间，两人一组正是在考验他们对于造型与动作空间的了解程度与掌控能力。这个活动不仅让学生体会到了"动作空间"这一概念，而且让他们学会了互相之间的协调合作。

例三：对于动作力量的感受：《奶油吐司跳起来》。张旭华在观看活动过程时做了描写。教师说："现在，我们从冷冻库里把奶油拿出来，这是一块硬硬的奶油，你的身体就像这块奶油一样硬硬的……奶油开始慢慢地融化了，你的身体可不可以从硬硬的感觉开始慢慢融化变软……"（学生都矮身下去）教师又说："你是一块吐司，被放到面包机里面，好，下去！……蹦！弹出来！"（学生全部开心地跳起来）不用多解释人们能强烈地感受到这个活动的用意。学生在教师形象地叙述引导下，不约而同地通过自己的肢体动作的不同力度分别表现融化了的奶油和力道十足的吐司，不但使儿童直接感受到了身体在不同力度下的反应，而且还使他们直观地意识到了在不同动作力量下所具有的各种表现性，动作力量的变化会产生出各种形象。

通过以上三个例子，人们明显地意识到，以即兴舞蹈为主要手段能够帮助儿童横向地构建舞蹈基础知识与能力，尤其是对舞蹈元素的感受。有了这份基础，就好比为金字塔的建造铺设了底层基石，对儿童日后的舞蹈学习有益而无害。

3. 以即兴舞蹈为主要手段可以开发儿童的想象力与创造力

即兴舞蹈具有创造性，可以培养人的创造力，落实到实际教学中也不例外。与目前的儿童舞蹈教学形式不同的是，以即兴舞蹈为主要手段的儿童舞蹈教学是一种启发式教学。启发式教学是培养学生想象力与创造力的最佳方式，通过舞蹈教育培养儿童的想象力与创造力，即兴舞蹈是一个相当好的途径。下面通过舞蹈活动《小仙女》和《诗与舞》两个例子了解从"启发"到"创造"的教学形式是如何进行的。

例一：通过虚拟的形象启发孩子的想象与创造——《小仙女》。首先，教师要事先准备好适合的道具与服饰，如白纱或仙女棒。然后，只要让孩子披上白纱或穿上白纱裙，手拿仙女棒，把自己心中的仙女用动作表现出来即可。这个活动的关键在于教师所给予的形象，通过这个形象启发孩子的想象。由于这个形象是虚拟的，因此每个人心中的仙女是不一样的，这为想象与创造扫除了不必要的限制，使孩子们可以随着自己的意愿塑造形象，于是想象力被开启，个性有了展现的机会。然而，心中的形象最终还需要通过肢体动作表现，这无疑是一个创造过程，于是创造力随之得到开发，个性也得到了充分张扬。虽然该活动只是为舞蹈初学者或年幼者而设计，创造的难度并不大，但是锻炼孩子们能够把脑中的"想象"转变为肢体动作的"表达"的能力。

例二：通过抽象的语言来启发想象与创造——《诗与舞》。云门舞蹈教室的教师在设计这个活动时，虽然目的是通过舞蹈让孩子学习语文，但是他们也认为，语言文字本身就具有一种优美，而诗就更富有一种韵律与无限的意境，所以用诗文启发孩子的想象与创造是非常好的一种方式。《诗与舞》这个舞蹈活动便诞生了。活动过程有三步：第一步，让孩子倾听一段童诗的朗诵，然后请小朋友也朗诵一段，并要求他尽量以充满感情的声音念出来，不同的小朋友念传达出不同的语言旋律感。第二步，集体讨论听到这样诗文的感受。第三步，用图画或身体动作将这首诗的感受表达出来。这个活动利用了语言的抽象特性，直接引起了孩子的心灵感受，并且透过讨论及朗诵，让孩子内化这份感受，再由图画或身体将感受自由表达出来，以此开启孩子的潜在创造力。

美国心理学家托朗斯研究发现，儿童阶段的创造性思维是一个发展高峰，如果不在这个阶段加以开发与培养，那是非常可惜的。目前，舞蹈教学方式显然没有办法做到对儿童进行想象力与创造力的培养，而创造力的培养是素质教育的重点，因此应将即兴舞蹈纳入儿童舞蹈教育中，使其成为开发儿童的创造力和想象力的主要手段。换个角度看，通过这样的舞蹈活动，教师可以在儿童个性十足的表演中，渐渐走进每个孩子的内心，这对教师因材施教有很好的作用。

综上所述，以即兴舞蹈为主要手段的儿童舞蹈启蒙教育是可行的，有利于增强儿童学习舞蹈的兴趣，帮助儿童构建舞蹈知识，感受舞蹈的元素，以及开发儿童潜在的、丰富的想象力与创造力。以儿童为中心，通过主题活动的形式，运用启发式教学的儿童舞蹈教育与当前的学前教育、艺术教育和素质教育所提倡与要求的内容是一致的。

即兴舞蹈是人类在即时即刻用肢体动作自由表现自己内在意志的舞蹈形式，是舞蹈表演、舞蹈创作、舞蹈教育和舞蹈治疗的一种手段。具有即时性、创造性与个性化三大特征，这三者需要同时存在才能构成即兴舞蹈。

即兴舞蹈与儿童之间有密切的联系。由于生理与心理发展的共同作用，使即兴舞蹈成为4～6岁儿童的一种普遍行为，同时即兴舞蹈的形式与儿童的身心特点相适应，受到广大儿童的喜爱。即兴舞蹈具备可以开发身体多方面潜质的功能，可以培养人的创造力和协作能力，可以促进人的身心和谐发展。即兴舞蹈不仅被儿童所喜爱，更有助于儿童认识自我身体的特点，体验创造与合作的乐趣，以及感受身心和谐的纯真之美。

聚焦当前的中国儿童舞蹈教育，即兴舞蹈没有得到广泛的重视，这与即兴舞蹈所具有的多方面功能，以及儿童对即兴舞蹈的喜爱产生了很大的反差，关键在于人们观念的滞后。一方面，人们低估了儿童时期的即兴舞蹈，认为仅是儿童旺盛精力的发泄行为。另一方面，人们的儿童舞蹈教育观念仍停留在"舞蹈教育等于传授技艺"的水平。因此，现今中国儿童舞蹈教育采用的是与儿童身心特点不符的"动作水平的纵向提升"，教学过程以"示范—模仿"形式贯穿，这一切使儿童逐渐丧失了舞蹈的兴趣，创造力、想象力与协作能力等重要素质得不到发展，整个儿童舞蹈教育在渐渐远离"教育"，而向着"艺术"进发。

面对这样的现状，人们必须思考儿童舞蹈教育的目的与任务究竟是什么？结合当前先进的儿童观、教育观和课程观，以及艺术教育和素质教育的原则与目标，人们应该认识到，儿童舞蹈教育是一种围绕以儿童的终生发展、儿童的素质健全和人格完善为目的而展开的教育活动。儿童舞蹈教育不是以培养少数舞蹈家为目的，而是通过舞蹈提高儿童的身体素质，培养儿童的运动能力、观察力、记忆力、想象力和创造力，使儿童在轻松的课堂环境与平等的师生关系下，借助舞蹈充分抒发与表达自己内在的意欲与情感，从而张扬个性，使身心得到和谐发展，同时陶冶儿童美的情操和培养完善的人格。

第八章 儿童舞蹈教育中融入民族民间舞蹈元素的思考

第一节 中国民族民间舞蹈元素在儿童舞蹈教育中的意义

《舞蹈教育学》中写道："作为一个社会人，当他一出现在这个社会，教育的因素就会施加影响，分为学前期、童年期、少年期、青年期。"分析舞蹈教育年龄的阶段，可以看出在学前期里舞蹈教育是极其重要的。中国民族民间舞在学前教育中也有着非常重要的教育价值。问题在于怎么重视？这需要有目标、有理想。民间舞蹈教育理想是在学前教育中民间舞蹈教育现实否定性评价的基础上，以社会发展和民间舞蹈文化发展的趋向为依据，对舞蹈教育活动的希望、追求和向往。

中国民族民间舞蹈教育理想是支配教育生存和发展，并体现舞蹈教育发展规律，包含人们对民间舞蹈教育的本质、教育的价值、教育的功能等问题的基本看法和态度。舞蹈的教育理想是人们根据教育发展的必然趋势和自身的需要，通过想象而确立的舞蹈教育的价值目标。要以舞蹈教育的客观规律为依据，以舞蹈教育发展的必然趋势为依据。①舞蹈教育理想的超前性。作为对客观现实可能性的反映，舞蹈教育理想是一种认识，这种反映具有超前性。让人们有超前性认识，其目的是立足于现实，并在此基础上提升现实。②舞蹈教育理想的导向性。舞蹈教育理想导向性包含人们对学前教育中舞蹈教育未来的预测和预见，其预测和预见的目的是要以"未来"规范和导向现实舞蹈教育的方式。

中国民族民间舞蹈不能回避的事实是怎样在历史和现代中进行解码。中国传统文化结构的特有优势带给中国几千年文化底蕴所形成的积淀。一切新事物的产生，必将先继承传统文化的基因。人们应本着挖掘整理与研究的心态，不仅要传承，还要创新，造福子孙。通过中国民族民间舞蹈文化在学前教育中的教育研究，让更多的人了解民族民间舞蹈文化，参与民族民间舞蹈文化，抓住当代中国人的民族文化心理，将其与新型教育结合起来，强调现代人对传统民间舞蹈艺术的审美品位。作为一种文化艺术，一种教育艺术探索，其价值在于民间舞蹈文化的传承与发展，传承历史民间舞蹈文化，发展并普及民间舞蹈文化教育。其目的和原则是为了弘扬民族传统的文化精神。其意义的最高境界在于价值观念方面追求"经典"，包括在历史地位上的传承性，在现代教育意义上的魅力独创性。

一、分析学前舞蹈教育中学前儿童的特点

（一）儿童对中国民族民间舞蹈的认知能力分析

儿童思维处于未定性的阶段，对于知识的接受能力有限，尤其是舞蹈这种艺术形式，想要让儿童完全的认可并接受中国民族民间舞蹈，需要很长的适应过程。但是，舞蹈和其他学科不同，通过肢体运动来实现，从儿童对中国民族民间舞蹈认知能力的情况，可以先让儿童喜欢发挥肢体动作，让他喜欢肢体的运动形式。通过对儿童的调查显示，儿童对于舞蹈动作的学习都非常感兴趣，但对于中国民族民间舞蹈这个项目有点陌生，如果一定要儿童熟悉或者了解中国民族民间舞蹈有一定难度的，可以先教儿童们基本的舞蹈动作，然后根据儿童对舞蹈的认知程度进行中国民族民间舞蹈的教学，通过这种方式相信可以很好地提高学前儿童对中国民族民间舞蹈的认知能力。

对于学前儿童来说，对什么都了解得太少，但对什么事物又很好奇，儿童对于事物的认识程度有局限，没有形成完整的认识体系。舞蹈是一门艺术，艺术是一个针对有思维能力的成年人的名词，如何让艺术思想进入儿童的脑海，并且被儿童们认可呢？这需要很多的智慧来解决。在儿童眼里，中国民族民间舞蹈是有形象的，并且对于这种形象的认可度是需要培养的。虽然无法改变儿童内心的某个事物，但是可以改变事物在儿童们心中的形象和地位，中国民族民间舞蹈的儿童认可度就是从这个方面入手的。

儿童大多数时间和父母在一起，父母对于中国民族民间舞蹈的认可程度也影响儿童，因为父母会在教育中潜移默化地融入自己的思想内容，不知不觉地影响到了儿童的内心世界。如果父母提高了中国民族民间舞蹈的认可度，那么

他们会督促孩子们学习这个舞蹈。现在的儿童教育形式非常乐观，很多父母非常注重儿童的学前教育，尤其是舞蹈教育，如今在各个地方或者学校经常组织内容多样的少儿舞蹈大赛，对儿童舞蹈的发展非常有利。中国民族民间舞蹈在这个发展环境中有很好的发展空间，通过整个舞蹈的发展带动中国民族民间舞蹈的发展。目前，儿童的父母普遍让儿童学习一些西方的舞蹈，忽略了东方丰富的舞蹈文化，更忽视了中国民族民间舞蹈。若要不断地发扬中国民族民间舞蹈，就要不断地培养儿童舞蹈人才，这是发展的必经之路。有了父母的认同与支持，孩子们才会有更多的时间学习中国民族民间舞蹈，才会把认同感带给孩子。只有这样，才能提高民族民间舞蹈的整体认知度。中国民族民间舞蹈的儿童认知度受很多因素影响，无论是儿童自身，还是儿童的教育机构，或者是儿童的父母都直接影响儿童们对中国民族民间舞蹈的学习态度，也影响中国民族民间舞蹈在儿童中的发展。笔者认为，要通过多方渠道和方法提升儿童对于中国民族民间舞蹈认知度。

（二）儿童对中国民族民间舞蹈的接受能力分析

学前儿童的特点是他们的身体尚未发育成型，具有很大的可塑性，这个时期对于舞蹈的学习来说是黄金时期，在这个阶段能够培养出很多的舞蹈人才，为今后民间艺术的传承提供人才的保证。学前儿童在接受了中国民族民间舞蹈的教育后很容易对舞蹈产生兴趣，有助于激发学前儿童对民间舞蹈的灵感。伴随着优美的音乐翩翩起舞，可以帮助学前儿童提高对中国民族民间舞蹈的认知能力与接受能力。学前儿童的接受能力可以从以下方面阐述。

儿童个人的兴趣爱好是儿童教育阶段非常重要的一个因素。有的儿童喜欢音乐，有的儿童喜欢舞蹈，男孩和女孩对学前学习内容的选择也会有很大的不同。在儿童阶段，无论是男孩还是女孩都有一个好动的特点，这个性格特点在男孩子中更加明显。儿童兴趣爱好的来源会受到了家庭因素的影响。有的孩子来自音乐世家，会对音乐有非常特别的感受，对音乐的学习会表现出很大的天赋；来自舞蹈家庭的孩子对肢体舞蹈相对感兴趣，甚至可以表现一些舞蹈片段。有的家庭非常注重对儿童的培养，从小就开始培养儿童的艺术细胞，如体育出身的父母会让孩子从小锻炼身体，经常参加少儿的运动项目。孩子的性格特点也是一个客观存在的原因，有些孩子从小就很叛逆，对父母强加的形式非常反感，逐渐形成了性格上的叛逆。对于舞蹈的学习同样也是一个道理，父母越让孩子们学习舞蹈，儿童从内心中就越不适应，带着心理情绪学习舞蹈，非常不利于中国民族民间舞蹈的发展和教学。很多孩子从小喜欢舞蹈，不论是学习质量还是学习劲头都非常好，这类儿童对中国民族民间舞蹈的认可程度更大，更容易接受。

教学方式的影响。每个儿童在这个时期都有很大的可塑性，很多时候因教学方式的不同而导致一些儿童不能真正地理解课程内容，这也是造成教学失败的原因。儿童是特殊的受教育群体，教师们应该把握儿童的特点，从儿童的内心世界出发，通过各种形式激发儿童的舞蹈兴趣，进行中国民族民间舞蹈的学习。

不是每个儿童的学校都能够很好地开发儿童的舞蹈天赋，但是正确的引导可以让儿童在非常轻松的氛围中完成舞蹈的学习。因此，一个适当的舞蹈教学方式对儿童是非常重要的，只有这样，才能不断地对儿童进行正确的引导，抓住儿童内心世界的想法，通过儿童能够接受的形式传授舞蹈知识和内容。教学方式可以从多个角度选择，如通过和同学们交流，通过主动地传授知识让儿童们在舞蹈的学习中找到舞蹈的乐趣，从而加入中国民族民间舞蹈的学习中，这样可以提高儿童的积极性，对中国民族民间舞蹈的学习是非常有帮助的。在儿童教学中树立榜样，由一个或者几个中国民族民间舞蹈学得非常好的儿童带领，儿童心理一般都会追求进步，刻意地模仿比自己优秀的人，这样就给整个舞蹈的教学提供了良好的氛围，让更多的儿童加入舞蹈的学习中。

注重对儿童因材施教。尽管每个儿童对当前的状态都有很强的可塑性，但是要注重根据每个儿童的性格特点进行适当的教育。有的儿童喜欢运动形式，可以先传授中国民族民间舞蹈动作形式激发儿童的学习兴趣；对于比较喜爱故事的儿童，可以先通过舞蹈内涵和故事的教学提升儿童对中国民族民间舞蹈的兴趣，从而让他们主动地加入中国民族民间舞蹈的学习中，这样容易引起儿童的好奇心理和积极性，对于儿童时代的教育非常有帮助。

儿童无论是在教学班中还是在家里，周围的事情和情况变化都会给他们带来很大的影响。因此，中国民族民间舞蹈的教学要适当疏通儿童父母的思想，请家长们注重中国民族民间舞蹈的重要性，从而加强儿童的家庭教育，让儿童在非常轻松的舞蹈氛围中对舞蹈产生兴趣，最终加入中国民族民间舞蹈的学习中。儿童教师还要注重营造整个教学氛围，把握好儿童的学习心理，使中国民族民间舞蹈的学习形成一个儿童内部整体的运动形式和氛围，这样有利于体现整体效应。

二、中国民族民间舞蹈元素在学前舞蹈教育中的意义

（一）中国民族民间舞蹈在学前教育中具有美育意义

民间舞蹈作为舞蹈的一种，是一门公认的艺术形式。艺术形式要含有美学的含义，艺术具有陶冶人们情操，改变人们对美学认识的作用。艺术的教育是一种精神的熏陶以及生活态度的教育。因此，在学前的民间舞蹈教学中，在传授学前儿童舞蹈相关动作和知识的同时，是对学前儿童的情操的培养，这就是人们通常所说的美育意义。

在学前时期让学前儿童了解美学、了解一种艺术形式，这对学前儿童今后的艺术发展有很大帮助，尤其是对学前儿童灌输了艺术的概念，灌输了美学的感念，早期就融入学前儿童的思想中，这对今后的思维发展、情感发展是有非常大的帮助的。早期能了解艺术、进入艺术的世界，这是早期教育的优势。一个有艺术成就的人，他的艺术情感浸透了深厚的文化内涵和底蕴，在经过多年的沉淀后慢慢形成了对美学的灵感。因此，学前的艺术教育和美育对培养艺术方面的人才有非常积极的作用。

近几年，在学前教育中，人们经常看到德育的字眼，在学前儿童的学前教育中，注重对学前儿童的思想道德，以及各项素质的教育，但很少看到美育教育。如果德育能够把学前儿童培养成为品行端正的人，那么美育将会把学前儿童培养成为有情操、有美感、懂艺术、爱生活的人。如果德育是基础教育，那么美育是对学前儿童思想内涵的提高。有人认为美学是很抽象的概念，在学前进行美学的教育很难让学前儿童领会并且接受，这种观点是不全面的。美学教育是不分年龄的，每个时期、每个阶段都会有相应美学认识和定义，美学的定义不是固定不变的，艺术家有艺术家的美学境界，舞蹈教师有舞蹈教师的美学理解，儿童也有关于美学的认识。在美育过程中，人们注重对学前儿童美的认识和理解，开始把和艺术有关的思维带入学前儿童的思想，让学前儿童在早期就知道艺术情操。在学前的教育中，把美育工作做得很好，这给学前教育教师提出了非常高的要求，教师要通过学前儿童能够接受的方式把中国民族民间舞蹈的文化艺术传授给学前儿童。

（二）中国民族民间舞蹈在学前教育中具有传承意义

中国民族民间舞蹈在中国已经发展了几千年，从古代到现代我国的民间舞蹈经历了非常重要的转变，民间舞蹈作为一个民族中非常有代表性的东西，其发展

程度可以展现民族的发展方向和发展态势。在一个民族的漫长发展过程中，逐渐形成了民族的文化代表，这些代表通常会成为民族的主流文化，对于一个民族来说，民族文化通常能够展现整个民族的特点，民间舞蹈所展现给世界的只是民间特点的风俗习惯。在所有的文化传承中，大的主流文化形式容易被人们关注和记忆，民间舞蹈形式的艺术是很容易被忽略的，所以对民族民间舞蹈的研究和教学显示出非常重要的意义，民族民间舞蹈在民间文化传承中的地位是不可取代的。但是，古老的中国民族民间舞蹈文化传承形式已不再适应当今社会需要。

传承中国民族民间舞蹈文化的形式是什么呢？民间舞蹈本身具有多元化的特点，很难找到切实科学的教育系统，这就影响了中国民族民间舞蹈文化的传承与发展。

现在，学前儿童在成长过程中不断地接触外来的舞蹈文化种类，不断地追赶新兴的舞蹈艺术，这是对我国本民族的民族民间舞蹈的资源浪费。因此，民族民间舞蹈教育要从小抓起，通过儿童时期的舞蹈教育让学前儿童早些认识我国民族民间舞蹈文化并形成简浅概念，早些对我国本民族的民族民间舞蹈产生兴趣，并且积极主动学习，在不断地学习过程中，让孩子们尽可能地体会中国民族民间舞蹈文化的存在。只有这样，中华民族民间舞蹈文化才能得到很好的继承与发展。

第二节　中国民族民间舞蹈元素在儿童舞蹈教育中的教学内容

一、分析现状，发现问题

我国民间舞蹈教育是一门内容丰富的学科，这与我国广阔的地域有密切关系。我国是由 56 个民族组成的大家庭，56 个民族有各自的文化特点和舞蹈形式，各个民族之间民间舞蹈的发展不是非常均衡，所以舞蹈在我国学前教育中是一门发展中学科，还没有一套相对完整的教育模型。中国民族民间舞蹈的教育是一门综合性很强的复合型课程，基于这种特性对于不同舞蹈的教育有不一样的方法。舞蹈是一门艺术，在教学中不仅要给学生传授舞蹈的动作形式，最为重要的是要通过舞蹈的教学向学生传递舞蹈的灵魂，突出舞蹈的文化特点，伴随

想象·构思·形成：儿童舞蹈教育与创作实践

我国教育水平的不断提高，近几年对于舞蹈的教育形式已经有了很大的提高。在中国民族民间舞蹈教学中，教学理论依据的组成、教学方法的实施、教育人群的选择，都是目前摆在我们舞蹈教育面前的难题。很多舞蹈教师在多年的舞蹈教学经验中逐渐摸索到了民间舞蹈教学的关键，舞蹈教育也逐渐科学化。

在我国民间舞蹈教学中，教学目标错位问题非常明显。作为舞蹈教学中一个重要的课程，中国民族民间舞蹈活跃的舞蹈形式，有着人类学和社会学的根基，所以民间舞蹈既可以归结到广义的理论舞蹈教学范畴，同时也可以归结到舞蹈技巧的教学范畴。人们普遍认为舞蹈的教学理论教学没有实际意义，这种观点是不正确的，民间舞蹈的理论课程也同样是民间舞蹈教学的重要组成部分，舞蹈技术如果是肢体上的教学，那么舞蹈的文化就应该是理论上的教学。在民间舞蹈的教学中我们反复强调舞蹈文化，这是因为舞蹈中所包含的文化是舞蹈灵魂的一部分，应该在舞蹈的教学中得到体现。

众多的舞蹈教学不能把前边提到的文化背景或者舞蹈内涵传授给学前儿童，这就造成了学前儿童只知道舞蹈，没有看到舞蹈的内涵。有人说，优秀的舞蹈表演者最吸引人的是脸上流露出的表演气质，这种气质就是从舞蹈的文化底蕴中来的，舞蹈能够代表什么样的形象，能够给人们传递什么样的情感，这些都是舞蹈中应该得到关注的。民间舞蹈的神韵从哪里来，表演者要把怎样的情感传递给观众，这些都是舞蹈学者应该思考的问题。我们一直在说舞蹈是文化传承的承载体，这种承载体就是从这样的表现形式中来的，通过表演就能够把舞蹈的文化底蕴传递给观众。

目前，舞蹈教育还没能完全地把这种舞蹈文化艺术形式带入教学中去，很多舞蹈教学机构只注重对舞蹈技术和动作的教学，这在很大程度上也是受到舞蹈教学商业化的影响。众多的教育机构在舞蹈教学时不能够完全对学前儿童负责，只要求学前儿童能够把舞蹈表演出来，这样当学前儿童把一整套的动作表演出来时，就会得到儿童父母对教育机构的认可。这对教育机构来说是一件好事，但是这种舞蹈的教学方式是一种对学前儿童的不负责行为，舞蹈组成中一部分是动作，一部分还要有舞蹈的精神内涵，如果说学前儿童习惯了舞蹈的动作却没有了解舞蹈的文化内涵，那么就不能算是真正学到了舞蹈。这种现象的存在是人们对于舞蹈认识的不足引起的，在人们看来舞蹈是一门肢体艺术，是简单的动作形式，那么舞蹈的学习就变成单纯的肢体动作的模仿了，这不是舞蹈教育应该有的结果。

　　我们所说的学前舞蹈教育，是把中国民族民间舞蹈全面地介绍给学前儿童，使之对舞蹈产生兴趣，并且深深被舞蹈的魅力所吸引，尤其是中国民族民间舞蹈，有着渊源历史和丰富的文化底蕴，所以在教学中更应该注重对艺术文化的教育。中国民族民间舞蹈从开始之初，就是人们用来传递信息和故事的一种艺术形式，在多年后的今天，我们就应该让学前儿童爱听故事爱跳舞蹈的同时，了解其中的故事，掌握舞蹈要表达的情感，这样在进行舞蹈表演时才能够抓住重点，知道应该通过一个什么样的心情和态度来表现舞蹈，达到舞蹈表演的初衷，融入情感的舞蹈表演也更能够展现舞蹈的风格特点。

　　在中国民族民间舞蹈的学前教育中，非常重要的一点就是培养了学前儿童早期的舞蹈审美思想，这是其他年龄段舞蹈教育所不能做到的。学前时期既是学前儿童身体发育的初期阶段，同时也是学前儿童思维发展的重要阶段，在这个阶段往往能够形成学前儿童一生的思维模式，现在很多学前教育工作者不能理解舞蹈文化的魅力，不能正确引导学前儿童形成正确的舞蹈审美。舞蹈审美是舞蹈中一项重要的衡量手段，正确的审美标准建立在对舞蹈文化的理解，对舞蹈表演的认可以及对舞蹈情感抒发的赞同的基础之上，这种对舞蹈的审美需要很高的审美境界，并不是每个人都能做到这种舞蹈的审美。对于舞蹈的审美情感是从小的时候就要形成的艺术观点，这种情感从学前儿童时期进行培养，有助于学前儿童正确的舞蹈审美理念的形成，这对我国民间舞蹈人才的培养有着非常重大的意义，让学前儿童从小就形成一种对民间舞蹈的特殊情感，这样在受到其他舞蹈文化的冲击时依然能够保持对民间舞蹈的热爱。可以说，民间舞蹈的学前教育也是民间舞蹈传承中的一个重要方法，让学前儿童通过这样的方式一代一代地把民间舞蹈传承下去。

　　中国民族民间舞蹈的学前教育对于舞蹈教育本身来说有着非常重要的意义，这种优势不仅体现在学前儿童的成长上，还会上升到对舞蹈文化传播的高度，所以中华民族民间舞蹈的学前教育应该受到广大学前教育机构的重视，也能够通过学前教育机构把中国民族民间舞蹈代代传承下去。

二、对中国民族民间舞蹈的认识

（一）中国民族民间舞蹈概述

　　中国民族民间舞蹈来自民间各个民族中，是各民族人民自编自跳的一种舞蹈形式。每个民族的舞蹈都是代代继承，代代发展的，其特点在于凸显民族文化，具有强烈的民族地域风情特色，舞蹈动作形象十分生动，各个民族的舞蹈表演形式也十分多样，根据不同的表演内容展现不同的表演风格。例如，节日怎么舞蹈，劳动怎么舞蹈，祭祀怎么舞蹈都是十分有讲究的。各个民族的生活方式各不相同，存在较大差异，涉及文化教育、宗教信仰、地域经济发展状况等。正是这些差异，才使我们中国民族民间舞蹈各具特点，也给中国民间民族舞蹈的发展提供了一个空间，在代代相传和不断的发展进程中，现在的中国民族民间舞蹈不仅是各个民族风貌的体现，也是我们中国民族文化的代表。

德国哲学家恩斯特·卡西尔，"文化就是一种独特的符号系统，符号系统是一个民族文化的独特层面。某个民族的文化符号是民族文化共同体内部所有成员都认同的。这种符号有着民族特殊的意义和代表，在一定程度上是民族信仰的体现，某种文化的特定符号在民族共同体内部会引起相同的感受，而我国的民间舞蹈就是一种特殊符号的艺术形式，一个民族独特的文化符号会随着民族的发展一代代地传递下去，这种文化传递形式也是下一代对其民族特定文化符号的了解、识别、认同、记忆与应用的过程，也是其民族文化的传承过程。"❶中国民族民间舞蹈文化，浓缩着中国文化精神之根本，显示着中华民族之魂，是永恒的生命跃动，也是世世代代传承的时代精神。所以说，民间舞蹈文化的发展趋势必定要和当今的学前教育相融合，通过学习西方的普及型舞蹈教育理念，加上我国独有的民族民间舞蹈文化艺术，二者的融合不仅增加了民族文化的时代感，更使之富有生命力。

（二）中国民族民间舞蹈文化的背景与特点

中国民族民间舞蹈是民间传统的艺术形式，中国的民间舞蹈继承了传统的舞蹈表演形式，具有很强的大众性和娱乐性，早在几千年前我国的舞蹈就作为一种仪式性的肢体语言被人们使用，随着历史的不断发展，到了今天民族舞蹈已经变成了一门极具观赏性和艺术价值的表演形式。在中国，最早的舞蹈一般都是由部落的首领进行祭祀活动时跳的，后来慢慢地转变成整个部落或者宗教集团的一个重要仪式，有很强的仪式性和严肃性。在古代社会中，人们为了向神灵祈福，或者为自己的民族祛灾避难，才会进行这种传统的祭祀仪式。

祭祀舞蹈经过演变，开始成为一种用于娱乐和观赏的活动，在众多的宫廷王宫中，帝王的侍女或者随从们表演舞蹈来为王助兴，这时舞蹈就成为一种高

---

❶ 王克芬.中国舞蹈发展史 [M].上海：上海人民出版社，2003:43.

贵的享受方式，舞蹈开始在很多王孙贵族中流行，在宴饮娱乐的同时来一段舞蹈为大家助兴成了主要的活动形式。这个时期可以说对我国舞蹈的发展起到了非常大的推动作用。从这个时期开始舞蹈开始，摆脱了传统的严肃的仪式性，向着欢快的娱乐形式转变。这些都是中国民间舞蹈的原形，众多的舞蹈形式都是从这种仪式舞蹈渐渐转变过来的。

中国民族民间舞蹈有很多的形成形式，不仅有上边提到的由传统的祭祀舞蹈演变而来，很多民间舞蹈也是一些历史故事的简化，通过中国民族民间舞蹈的形式对某一个人物故事进行表演，多见于一些少数民族地区。例如，为了纪念某一个民族英雄或者重现某一段经典的故事，民间舞蹈的早期创作者就根据这些内容，再加上自己民族的民族情感用舞蹈对这些故事进行表演。每个民族的民族民间舞蹈是根据不同民族的实际生活形态产生的，如汉族的灯舞，它的产生源于上元节，也就是通常我们所说的元宵节。这个节日反映了人类早期对火的崇拜，寓意吉祥、光明。灯节的传统习俗一直沿传至今，灯舞的产生就是基于这样的文化背景。灯舞的表演形式主要以群舞居多，表演者手拿花灯，其中可分为持灯而舞，提灯而舞，举灯而舞。在汉族舞蹈中，还有大众所熟知的秧歌，秧歌起源于插秧耕田的劳动生活，起初是插秧耕田时所唱的歌，后来从一般的演唱秧歌到扮演戏剧人物，逐渐发展为汉族极普通的民间舞蹈形式。根据区域不同，其表演形式也各不相同。例如，山东的三大秧歌（有鼓子秧歌、海阳秧歌、胶州秧歌），东北秧歌，云南花鼓灯，安徽花鼓灯。这种民间舞蹈一般是拿着花鼓，绑着绸子，表演者通常表情都是比较欢快的，他们通过这样的舞蹈形式来表达出喜悦的情绪。中国是一个多民族的国家，有着多样化的民族文化，每个地区、每个民族都有自己的风俗特点与情感表达形式，所以在中国，民间舞蹈是一个很广泛的概念，多元化的肢体表演类型，各种丰富多彩的民族服饰以及不同的文化底蕴，都给这些民间舞蹈带来了巨大的个性。另外，民间舞蹈也有讽刺方面的舞蹈形式，或者是对当时统治者的不满或者对某些邪恶势力的愤怒，人们同样会创作一些舞蹈来表达内心想法。这些类型的民间舞蹈的诞生原因就是由于当时的艺术形式非常少，人们在遇到这样的事情时，要寻找一种方式来表现自己内心这些特殊的情感，所以舞蹈就被人们所应用。民间舞蹈的产生方式还有对外来舞蹈的学习，然后经过多年的演变形成了最终的民间舞蹈形式。这些都是民间舞蹈的创作源泉。例如，柘城大仟民间舞蹈形成很早，在明末清初的时候得到了系统的创编，之后就形成了柘城大仟民间舞蹈，成为一项著名的民间舞蹈，并且出现了民间舞蹈艺术团，对这一具有地方特色的舞蹈进行宣传，最后形成了今天的影响规模。据传说，柘城大仵民间舞蹈的产生是在1641年，这个地区有个姓王的富绅，早年经常在外地经商，后来就见识到了狮子舞、龙灯舞等各样的民间舞蹈，那时的民间舞蹈十分热闹，看的人非常多，于是这个富绅就想把这种舞蹈引入自己的家乡，于是在他近50岁的时候开始放弃经商，回家养老。在多年的药商生涯中，富绅积累了大量的财富，为了向村里人摆阔，就在六十大寿时从外地请来了龙灯舞、狮子舞等，连续在家里演了三天，场面非常的阔，富绅收足了面子。这场演出在现在看来非常平常，但是在当时引起了巨大的反响，声势浩大、场面宏伟，给当时当地的人带来不小的影响，富绅看此情形非常得意，就想在自己以后的寿辰时还继续搞这种舞蹈形式，于是就萌生了让村民们学习这些民间舞蹈的想法，等村民学会了这种舞蹈那不就是想什么时候看就可以演，于是这个地方的人开始学习龙灯舞、竹马、舞狮子等。从此以后这种舞蹈就在柘城大仵扎了根。

随着对学来的舞蹈的不断表演，柘城大仵地区逐渐形成了具有自己特色的舞蹈形式，鬼会就是柘城大仵人们自己独创的舞蹈，这种舞蹈有以上民间舞蹈的影子。鬼会的形成是在清朝末年，当地人为了反对吴三桂引清兵入关，于是就创作了这类民间舞蹈来进行讽刺，再后来经过不断的加工和完善形成了现在柘城大仵民间舞蹈。柘城大仵民间舞蹈是一类舞蹈的总称，包括说唱跳舞和不带说唱跳舞。其中说唱跳舞就是早期的小车和旱船形式，不带说唱跳舞就是早期的舞狮子、龙灯舞、鬼会、高跷等。

中国民族民间舞蹈多数都是像柘城大仵民间舞蹈这样，表演形式中含有很多的故事渊源，所以在民间舞蹈的学前教育中把这些舞蹈故事讲给学生听，对于学生理解舞蹈会有很大的帮助，并且这种形式也更容易被学生接受。学前教育是一个特殊的教育时期，特殊性在于学前教育没有太多的知识基础，容易接受新的知识。

在近代中国的几十年中，西方舞蹈流入中国，其表演形式在很大程度上对中国的民间舞蹈产生了巨大的影响。西方舞蹈多带有西方的文化特色，一般都展现很强的个性化，对于表演形式不拘泥，是一个多元化、想象力丰富的舞蹈形式，中国民族舞蹈在西方舞蹈形式的冲击下也有了不小的改变。但是，在有自身发展局限和外来影响不断的前提下，中国民族舞蹈依然能够保持自己的特点，这就是民间舞蹈文化的作用。在多年的民间舞蹈形成过程中，沉积了太多的民族性的内容，沉积了太多的地方风俗文化，外来的舞蹈形式只会在民间舞蹈的表层表演上有所影响，无论这种浅层表演形式怎么变迁，中国民间舞蹈都保持着自己的特色，保持着民族的文化内涵。

民间舞蹈一般都是群体性的舞蹈，通过一个舞蹈团体的表演来对舞蹈内涵文化进行传承。民间舞蹈的最大特点在于通过每个人的自我表演来完成一种集体情感的传递，从最初田间地头到后来的舞台表演形式，广泛性和大众娱乐性组成了今天的民间舞蹈艺术形式。在时代特性的影响下，各种民间舞蹈都在文化形式中发挥着自己的感情色彩。可以说，中国的民间舞蹈文化就是民族感情色彩到理性认识，再到艺术表达的一个过程。渐渐地，国内的民间舞蹈形式也向着聚集化、市场化发展。这些都是民间舞蹈的自身特点引起的，也是社会发展的必然结果。

中国民间舞蹈是一门多元化的艺术，由于在受到海外艺术文化的影响和我国市场化经济的冲击，民间舞蹈发生了一些变化，向着一个更为成熟的形式发展，渐渐成为人们强身健体的一种形式，成为旅游文化中的一个环节，很多旅游景点把地区的民间文化融入其中，就成了一门独特的艺术形式。

近几年，随着人们对学前舞蹈教育的重视，中国民间舞蹈的学前教育已经开始进入各个阶段的教学中，尤其是以学前儿童的学前教育为主。学前儿童教育是教育中一个特殊的时期，在整个学前儿童未来的发展中都起到了重要的作用，舞蹈作为一门艺术的教育更应该早早地融入学前儿童的教育中去。在很早之前，就有教育学者提出艺术课程的学前教育，希望通过这种形式来对学前儿童的舞蹈艺术情感进行培养，但是受到多年的传统教育形式的影响，就目前来说，让舞蹈的学前教育得到大范围的普及还有一定的难度。

虽然舞蹈课程的学前教育大范围内实施还是一项很难的事业，但是在国内已经兴起了舞蹈学前教育的势头。在各项政策的督促下，各个地区开展多种舞蹈的少儿精英选拔赛，多样化的少儿舞蹈大赛也开始举办，很多地区也开始自发地组织各种少儿舞蹈大赛，希望能够通过这种方式来提起大家对于舞蹈学前教育的关注。从近几年的形势来看，这种形式似乎得到了很多家长的认可，开始让儿童参加舞蹈教育的学前班，通过这种最为初等的学前教育来培养孩子的舞蹈能力，锻炼儿童的艺术意识能力。舞蹈是一门特殊的艺术形式，对于表演者的身体素质要求非常高，这种身体素质的要求不仅是表演者要有很强的天赋，而且从儿童时就要开始锻炼，学前儿童身体形态尚未成型，具有很强的可塑性，并且儿童的骨骼和韧带相对柔韧，适合一些舞蹈动作的训练，所以舞蹈的学前教育不仅是对学前儿童身体能力的锻炼，同时也是文化艺术的培养。很多成年人在身体成型后，再想去学习某些难度较高的舞蹈几乎是不可能的，因为他们的骨骼和韧带已经不能达到舞蹈表演的要求，并且可塑性非常差，如果进行强度过高的锻炼或者舞蹈训练很可能导致身体的损伤。所以，对于舞蹈的学前教育是非常必要的，这种学前儿童时期的舞蹈教育也被提到了教育的日程中。

目前，我国的舞蹈学前教育还停留在少数的地区和学校，没有在全国大范围内得到普及，这也将成为我国舞蹈发展的局限。舞蹈人才的培养就是要从学前儿童抓起，在很多学前教育机构中，舞蹈的教育还处于尝试的阶段，没有形成一个规模型的教育模式，对于儿童学前舞蹈的教育教材也没有统一的规范，导致各类舞蹈虽然都活跃在儿童的舞蹈教学中，但是没有形成一个合理的规模和规范。另外，近几年很多商家看到这一块的商机，开始大量地对儿童学前舞蹈教育进行投入，各类舞蹈的学前教育补习班大量建立。这些舞蹈补习班大多是一些流行舞蹈，如拉丁舞、华尔兹等，忽视我国的民族民间舞蹈，使我国民族民间舞蹈的发展受到了外来舞蹈的抑制。浓重的商业化气息还使这些舞蹈的教学也偏重商业化，一项事业或者一项产业，当它融入了太强的商业化因素时势必会影响到这个产业的发展，产业的发展方向也会不断地向着商业化的方向前进，这样就非常容易让该产业丧失原来的实质和精神，舞蹈同样也是这样，当众多的商家把舞蹈教育当作是一个商业行为来运作时，那么舞蹈所应该传递的文化精神就会大打折扣，丢失了其原来应有的面貌。

中国民族民间舞蹈在今天这种商业化的经济中，如果不能得到合理的发展，就很有可能会被淘汰出舞蹈的范围，因为现在太多的人去关注一些当下流行的外来舞蹈，而忽视了在国内流传了几千年的民族舞蹈，这样非常不利于中国民间舞蹈的发展。所以，在对学前儿童民族民间舞蹈学习的规划中，应该有更为明确的政策和方针，能够起到真正建设我国民间舞蹈艺术的作用，能够对民间舞蹈的发展起到一个非常有利的推动作用。只有这样，才能让我们的民间舞蹈向着一个非常完善的方向发展。这也才是民间舞蹈学前教育的意义所在。

（三）**中国民族民间舞蹈元素在学前舞蹈教育中教学内容的选择**

对学前儿童舞蹈具体内容的教育，应包括舞蹈的基础知识、舞蹈的基本动作等。对于这方面的教育要非常地讲究方法，因为对于学前儿童来说，民间舞蹈或者舞蹈的基础知识是非常抽象的，这种抽象方式并不像理论课程那样抽象，理论课程的抽象是内容上的抽象，而舞蹈知识的抽象是形式上的抽象，如果只是课堂上通过老师简单的讲解，根本没办法达到让学前儿童很好领会的效果。所以，在这里老师就要注重对舞蹈知识学教育方法的选择，把舞蹈的理论知识形象化，这样就可以通过身脑并用的方式，先对学前儿童进行舞蹈肢体动作的传授，再进行舞蹈理论知识的教育。民族民间舞里有很多的种类，我们应针对不同民族的不同训练特点对学前儿童进行训练。例如，维吾尔族舞蹈可以训练孩子们身体直立挺拔，傣族舞蹈可以训练学前儿童的身体柔韧性和协调性，汉族舞蹈可以训练学前儿童的灵活性。这样训练的难度不会太高，针对性也比较强，而且也不会让学前儿童产生枯燥的感觉。当然，不是所有民族民间舞蹈都适合学前儿童来学习，如朝鲜族舞蹈，它对于表演者的气息运用和舞蹈动作感觉的要求就非常高，以学前儿童的认知能力和接受能力来讲是不适合学习的。所以说，要根据学前儿童的特点来因材施教。

第三节　中国民族民间舞蹈元素在儿童舞蹈教育中的方法运用

　　舞蹈的教学中不仅要注重肢体和理论方法相结合，更要注重其他实用方法的选择。关于舞蹈创作的教育对于学前儿童思想的启发有很好的促进作用，民间舞蹈的创作和音乐的创作相仿，都是需要创作灵感的，也就是说每段舞蹈都是融入了创作人的灵感在里边的，在舞蹈的教学中要把这种灵性表现出来，如果不能把这种灵性传递给儿童，那么舞蹈的教学就变成了一个教学信息和教学观念的讲述和接受的过程，这种死板的方式显然不适合对于像舞蹈这样有灵性的艺术形式。多媒体教学方式刚好体现这方面的优点，形象直观的画面，丰富生动的素材，可以不断激发儿童的思维，改变儿童的想法，有利于更多更好的创作思维的形成，有助于灵感的激发。中国民族民间舞蹈可以说就是一种地区文化的代表，一个民族精神的写照，对学前儿童进行这种文化的熏陶是对其情操的一种培养，当人们看到一段民间舞蹈的表演时，往往只看到了舞蹈的表演形式，却不了解民间舞蹈的文化内涵，这样欣赏民间舞蹈就真的变成看热闹了，这是对艺术资源的浪费，所以学前教育很容易让学前儿童接受这种民间的艺术形式，在学习的初期就对这种艺术形式有所了解。学前时期是儿童容易对艺术或者文化产生兴趣的时候，这个时候适当地对学前儿童进行民族民间舞蹈的教育，对学前儿童来说是一种培养，对民间舞蹈这门艺术来说也是一种发扬。能够在早期就奠定学前儿童对民间舞蹈艺术的学习基础，这样在今后民间舞蹈艺术人才的培养上也会非常的顺利。所以，对民间舞蹈的教育要在学前开始，让学前儿童在知识成型的初期就对民间舞蹈产生浓厚的兴趣。在儿童时代，往往会对事物形成很深的印象，并且中国民族的民间舞蹈多是含有丰富的故事背景和情节内容，这些文化的形式也更容易被学前儿童接受。可以说，学前教育是民间舞蹈教育的最佳时期，俗话说教育要从娃娃抓起，笔者希望通过这种像故事一样精彩的民间舞蹈文化内容能够很早地被学前儿童所接受。

现代化中的民间舞蹈教学是一项很具有挑战性的工作，尤其是这种学前教育，我们可以让儿童经历这样的过程，首先是把舞蹈的动作能够完整准确地表演出来，这是学习舞蹈的基础。其次就是培养儿童对舞蹈的审美，使儿童在观看民间舞蹈时，看到的不仅是舞蹈动作，更重要的是能够看出舞蹈的文化内涵，能够从中看出审美。最后就是对舞蹈艺术的表现，不仅要能在别人的舞蹈中看出艺术的美，同样自己也能通过舞蹈来表达舞蹈艺术的美感。

一、学前儿童差异性教学

每个儿童之间都存在着各种差异，有的是身体上的差异，有的是思想上的差异，有的是态度上的差异，作为学前教育者要根据这些差异找到正确的教学方法，在中国民族民间舞蹈的教学中也要做到因材施教。各个儿童在学前时代对舞蹈的认知能力不同，尤其是对民族民间舞蹈的认知能力更不一样，这就需要学前教师能够做到合理教学，把握不同儿童的自身特色，然后有针对性地实施有效的教学方法。我国是一个民族民间舞蹈资源丰富的国家，相信每个儿童都能够找到自己喜欢的民族民间舞蹈种类，学前教师在教学过程要注重对于各类民间舞蹈的介绍，让儿童有充分了解中国民族民间舞蹈的空间，使不同的儿童找到自己喜爱的民族民间舞蹈种类，也有利于中国民族民间舞蹈的发展。

二、学前儿童心理素质培养教学

舞蹈演员的肢体动作是表演时舞蹈的组成部分。另外，舞蹈演员还应该有好的心理素质，舞蹈的表演到了一定的水平，那时再比的就不是舞蹈动作，而是心理素质。心理素质在舞蹈的表演中起着重要的作用，尤其是民间舞蹈，即使再优秀的舞蹈家当遇到大型的舞蹈表演时难免会紧张，难免会出现各种小的失误，如果从小就对学前儿童的心理素质进行培养，让他们有很好的心理素质，在以后成长过程中将十分有利。

三、加强对民间舞蹈学前教育中教师能力的提高

在学前教育中，教师是关键人物，上课质量直接影响儿童的听课效率，在整个教学过程中起着主导作用。不论哪个学科的教师都有着自己的教学方式，作为学前教育的舞蹈教师，除了有自己的教学方式外，还应该具备吸引儿童的教学魅力。儿童愿不愿意学习一门课程，就取决于教师的教学魅力。作为学前教育者，除了要加强中国民族民间舞蹈知识外，还要加强对儿童心理学的研究学习。首先，自己能够在丰富的民间舞蹈知识的海洋中畅游。其次，把这种美好的体验带给孩子们，感染他们。作为老师，要用各种方法让儿童爱上课，爱听课。怎么做呢？在这里举个例子，说一说傣族舞蹈。傣族有个盛大的传统节日"泼水节"。如果只和儿童说泼水节是什么，泼水节大家跳舞的动作有哪些，相信没有一个学前儿童能听进去。如果换一种方法，带着他们不说光跳，带着他们亲身体验一下，感受一下，仿佛整个教室就是这个节日的重现，儿童在一片欢笑中既愉悦了身心又学习了傣族舞蹈，并且对这个舞蹈加深了印象。笔者曾经看过一个儿童舞蒙古族舞蹈，舞蹈内容是说一只大雁为了救她的孩子们死了的故事。表演者虽然是几岁的儿童，但是表演力特别强，舞蹈十分感人。在佩服这些儿童超强的表演力时，也对这位舞蹈教师佩服有加。这位教师在舞台上说，"训练时，我会告诉孩子们她们都是一只可爱的小雁，有一双翅膀可以自由飞翔，于是孩子们充满好奇就会把自己当成小雁一般在教室里盘旋。"这何尝不是教学方法所带来的惊喜，一群群好似真的小雁十分可爱。作为学前教育者，如果都有一套独特的教学风格，我们的中国民族民间舞蹈一定可以发扬光大。

中国民间舞蹈已经经历了几千年的发展，不可回避的一个事实就是怎样在历史和现代中进行解码。诚然，中国传统文化结构的特有优势，带给中国几千年文化底蕴所形成的深厚的积淀。一切新事物的产生，总不能是历史的绝缘体，必将先继承传统文化的基因。我们应该本着"探佚式"地挖掘整理与研究的心态，不仅要创新，还要继承，留住历史，造福子孙。应与社会发展需

要相结合，经过中国民族民间舞蹈文化在学前教育中的教育研究，可以让更多的人了解民族民间舞蹈文化，参与民族民间舞蹈文化，抓住当代中国人的民族文化心理，并将其与新型教育结合起来，强调当下的现代人对传统民间舞蹈艺术的审美品位。这代表着一种文化艺术，一种教育艺术探索的进程，其价值在于民间舞蹈文化的传承与发展，传承民间舞蹈文化，发展并普及民间舞蹈文化教育。其目的和原则仍是为了弘扬民族传统的文化精神。其意义的最高境界在于，其价值观念方面追求"经典"意义，即在历史地位上的传承性和在现代教育意义上的魅力独创性。

中国民族民间舞蹈有着其自身的独特魅力和优越性，同时也有新文化冲击下的局限性，对于中国民族民间舞蹈在学前教育中就显得更为关键，儿童时期是教育的特殊阶段，我们应该通过科学的合理的方式把中国民族民间舞蹈文化理念灌输给学前儿童，让儿童在中国民族民间舞蹈的学习中逐渐热爱民族民间舞蹈，逐渐热爱我们的中国民族民间舞蹈文化，代代继承，代代发展！

第九章 儿童舞蹈创编的问题及其对策分析

第一节 儿童舞蹈创编的问题

一、儿童舞蹈创编的价值

（一）促进儿童审美能力的提高

1. 提高美的感受力

美育的基本功能就是塑造完美的人格，苏联教育家苏霍姆林斯基说过："美是道德纯洁、精神丰富和体魄健康的强大源泉。"作为美育的一个重要组成部分，舞蹈教育正为越来越多的人所重视。艺术源于生活而高于生活，舞蹈是艺术的一种，它的美不同于空间的建筑艺术，不同于时间的音乐艺术，不同于静止的雕塑艺术，是存在于时空的综合艺术。西方发达国家早已将舞蹈作为素质教育的重要内容，美国甚至将舞蹈教育纳入法律。

2. 提高美的表现力

儿童舞蹈不只是贴近儿童的生活，充满了童真、童趣，更是人间真、善、美的完美演绎，给儿童一种强烈的新奇感、诱惑感和亲近感，为儿童带来了快乐和表现欲望。美是艺术之魂，各种艺术形式呈现出世间多姿多彩的美，儿童舞蹈创编也不例外。可以发现，经过舞蹈训练的儿童，连拍照都会摆出美的姿势，更不用说有了音乐、服装、灯光等舞台要素以后，孩子们的表演能力了。

3. 提高美的创造力

儿童的想象力、创造力、记忆力等智力因素的培养有多种渠道，舞蹈训练是其中极为有效的一种，舞蹈是身体多器官的协调运动，任何一部分的不协调都会影响动作的美感与质感。儿童只有调动自己的多器官的协调运作，才能在舞蹈中体验到身体语言的妙处。他们在动作中融入自己的想象、创造，甚至夸张，可能比标准动作夸张、变形，但已能积极、主动、自信地融入音乐和动作中去。

（二）促进儿童良好情感的养成

1.有利于儿童形成对于不同事物的情感

依据价值目标的指向不同，情感可分为对物的情感、对人的情感、对自己的情感和对特殊事物的情感四大类。舞蹈艺术源于生活又高于生活，而儿童舞蹈大都贴近儿童的生活经验，而且有故事性、情节性和深刻的教育性，而儿童在学习、排练、表演的过程中也在不停地体会对于不同事物的情感。在节奏清晰、旋律优美、动作流畅的儿童舞蹈训练中，孩子可以在轻松、活跃的氛围下，参与其中，全身心去感受音乐的形象，吸收音乐和舞蹈形象中深层次的精神内涵，潜移默化地陶冶孩子的情操，培养孩子良好的性格。孩子的贪玩、模仿、嬉闹、撒娇、逞能的心理需求都可以在舞蹈中得到释放。

2.有利于儿童对不同强度情感的体验

依据价值的强度和持续时间的不同，情感可分为心境、热情与激情。由于儿童年龄特征的特点，很多儿童并不懂得如何合理地进行情绪的宣泄，有些儿童会通过绘画抒发情感，有些儿童则会通过一些攻击性行为进行不良的情感宣泄。而舞蹈教育中内容的选取以及音乐节奏的不同变化，一方面可以通过舞蹈过程中情绪的变化让儿童进行适宜的宣泄；另一方面可以通过节奏和动作的变化让儿童体会情绪的多样性，从而学会合理地控制以及宣泄情绪。

3.有利于儿童正向情感的养成

依据价值的正负变化方向不同，可将情感分为正向情感和负向情感。正向情感是指对人有正向价值增加或者负向价值减少所产生的情感，如我们经常所说的正能量、快乐、感动、信任等，反之为负向情感。作为儿童舞蹈教育无论是音乐的选取，动作的编排，舞蹈主题情景的设定都以积极向上、轻松愉悦为主，促进儿童正向情感的养成。通过舞蹈让儿童体会、感受、欣赏、表现、追求真善美，从小进行良好情感的培养，学会帮助、关心他人，学会理解同情他人等，有利于儿童亲社会行为的习得。

（三）促进儿童个性与社会性的发展

1.培养儿童的合作与互助意识

在儿童舞蹈中，特别是儿童集体舞与表演舞中，有着不同角色和不同分工，大家需要密切配合才能完整呈现舞蹈的外在形式与内在意蕴的表达。在群舞表演中，动作的整齐，队形的变化都需要小演员之间的默契配合。一个小演员在舞蹈中的角色是很小的一部分，但是整体的成功不是各部分简单地相加，而是要各部分的协调配合。在儿童舞蹈训练中，建立良好和谐的师幼关系与幼幼关系，使儿童能在一个充满爱的氛围中，充分地把体验舞蹈的感觉表现出来。所以说，儿童舞蹈不仅是自娱性舞蹈，而且是教育性舞蹈，使儿童在分工合作中感悟和成长。

2.培养儿童的交往能力

随着社会的发展，独生子女现象普遍存在，这些家庭中的儿童往往性格孤僻，以个人为中心。即使是有兄弟姐妹的儿童，也因为年龄差距大等原因，缺乏同龄伙伴。而儿童的交往能力是其社会性发展的重要内容。在儿童舞蹈的创编活动中，儿童要合作完成动作创编与队形变化，这就需要他们讨论、尝试、选择，最终确定表演方案。在这一过程中，儿童要把自己的意见表达出来，要协调与其他儿童的关系，都需要注意语言表达的方式，学会主动沟通、分享等交往能力，为儿童今后的社会性发展奠定基础。

二、儿童舞蹈创编的特征

（一）以儿童为本

舞蹈是儿童最喜欢的一种艺术，它能训练儿童健美的身材，灵活、协调的肢体，良好的审美情趣，要求儿童教师在舞蹈创编的过程中，用心去体验与感受儿童奇妙莫测、变幻无穷的思维方式，捕捉到儿童生活纯真的、浓郁的灵感和灵性。舞蹈编导不仅要适应儿童的心理，要走进儿童的情感世界，更要"童化"自我，体味童心，畅达想象。

（二）来自儿童生活

舞蹈是源于生活的艺术，儿童舞蹈是儿童生活自然形态的提炼与升华，以及特定情感的撞击与外化。儿童生活中的某些形态具有一定的可舞性，但这不是舞蹈，只是生活，只有顺应作品需要，将这一形态发展为舞蹈形象才是舞蹈。但是，有时编导创作的形象虽来源于生活，变为舞蹈形象后却融入了成人的思维，变得不被儿童接受。儿童舞蹈创编应贴近儿童的生活，从儿童的视角出发，满足儿童的需要的舞蹈形象与情感发展，才是没有脱离根本。

（三）关注儿童体验

通常儿童学习的舞蹈作品都是教师或编导经过千辛万苦创作出来的，作品成型以后如果急于教授与传播，而不去考虑儿童在舞蹈中的体验。儿童舞蹈作品不是让儿童去模仿编导或老师，而是要让他们真正在舞蹈中体验身体律动的快乐、情感释放的满足。教师、编导应该在观察体验中反思或改进作品。

（四）激发儿童兴趣

凡主动要求参与舞蹈活动的儿童，对舞蹈无不怀有浓厚的兴趣。游戏与娱乐是儿童主要的活动方式，孩子们听到的故事、唱的儿歌中都蕴藏着丰富的舞蹈题材。如果儿童在参与舞蹈活动的过程中感觉不好玩，体会不到交流，领悟不到新奇，那么他们的兴趣会荡然无存。儿童舞蹈有着童趣的魅力，童趣就是欢快和开心、天真和活泼、幻想与渴望，没有童趣，舞蹈便失去枝繁叶茂的土壤。

（五）提高儿童审美

舞蹈通过人体动作、造型和表情，形象地表达一定思想内容的直观性，适应了儿童的心理、生理特征，这也是儿童舞蹈的具象性特点，儿童舞蹈的具象性使儿童在得到观赏满足的同时，获得启迪，学到知识。儿童舞蹈形式优美，动作有趣，反映儿童自己的生活。生动活泼的舞蹈动作再配以优美欢快的音乐，使他们在轻松愉快的气氛中参与舞蹈学习，在寓教于乐中认识事物、感知世界，接受审美教育。

三、儿童舞蹈创编的问题

近几年，随着社会对儿童艺术教育的重视，儿童舞蹈创编取得了一些成绩，儿童舞蹈大赛涌现出一些优秀的儿童舞蹈创编作品，如《下雪了，真滑》《宝宝会走了》《我的偶像》《小蚂蚁》等。但是，这些作品的出现远远不能满足儿童对于优秀舞蹈创编作品的需求，在儿童舞蹈创编中还存在着许多的问题。

（一）创编目的功利化

1.以盈利为目的

现在一些培训机构与幼儿园数量多，且大都以营利为目的，为了争取有限的生源，机构间的竞争也比较激烈，所聘用的教师舞蹈专业水平比较高，为了向家长展示教学质量，盲目追求创编作品的"高、大、上"，创编作品中的技巧成分过多。幼儿园中的舞蹈教学，也是功利化比较严重，较多的幼儿园为了晋级或提高声誉，进行公开课展示，课程怎么花哨怎么做，对于一些先进的教学方法的应用存在盲目性与浅表性，大量的信息从多感官进入，儿童在活动中被牵着走，不能真正地体验或用肢体表达自己的情感，一堂课下来，孩子们"走马观花"，收获很少。

2.以获奖、演出为目的

近年来，随着社会文化事业的发展，各级各类舞蹈比赛层出不穷，目的大都是推动儿童舞蹈艺术事业的发展，促进儿童舞蹈综合素质的提升，给舞蹈爱好者搭建一个舞台，让选手同台竞技。同时，也为了给儿童一个展现自我、提升自我的机会。但是，大部分的参赛团队是为了获奖，为了一个作品排练一年甚至更长的时间，儿童的舞蹈动作在无数次的练习、纠正、再练习、再纠正中达到标准，可是结果往往是机械化的动作与僵硬的表情，许多儿童在比赛结束后失去最初对舞蹈的兴趣。除了比赛，幼儿园或培训机构的排练还是为了演出，每逢重大节日或活动，幼儿园或培训机构总能拿出几个像模像样的作品来，这些作品的背后又是长时间的组织、编排与演练，表面上是为了表演，实际上还是在暗中比赛。

而在各种儿童舞蹈活动中，一个突出的现象是以女孩为主，在儿童舞蹈训练中，男孩学动作有时比女孩慢一些，纪律上散乱一些，许多创编者的创编对象放在了女孩身上，有男孩参加的舞蹈活动也是多作为"背景"或"群众演员"，剥夺了男孩学习舞蹈的权利。许多老师选择舞蹈能力强的儿童进行重点培养，频繁参加演出与比赛，其他儿童平等参与舞蹈活动的机会被剥夺。

（二）创编内容脱离儿童生活

1.题材选择偏离时代

素材指文学、艺术的原始材料，是未经总结和提炼的实际生活现象，是未加工、零散的、备用的原始材料。题材是构成文学和艺术作品的材料，是经过加工、改造的素材。儿童生活的环境是丰富多彩的，儿童舞蹈的素材选择也应该是多种多样的。这样才能真实、多角度地反映儿童的心理，才能让儿童发自内心地爱跳舞、爱表达。而一些儿童舞蹈教师在创编儿童舞蹈动作时，一味地认为儿童喜爱动物，崇拜某些人物，作品选材不是小狗、小鸭子，就是解放军、飞行员。这样的素材儿童刚接触时会喜欢，可是跳得多了，就失去了最初的兴趣。有的舞蹈创编者把注意力集中于文学、音乐作品或是民族传统舞蹈，也会忽略当下的儿童文化与生活体验。

2.主题思想大而空

主题思想是儿童舞蹈作品通过对社会现实生活和对艺术形象的塑造，所表现的情感意蕴和中心思想。儿童的思维活动比较简单直接，因此舞蹈的主题不能拐弯抹角，立意要单纯，主题要明确，最好能让儿童一看就懂。主题富有儿童生活情趣，有儿童喜欢、熟悉的事物，容易吸引他们的注意，如舞蹈《我爱洗澡》《拔萝卜》；对于不感兴趣的事物，如一些舞蹈过于追求教育效果，儿童很难理解作品的主题思想，会表现出缺乏耐心。

《小红帽与大灰狼》是众所周知的经典故事，但是儿童舞蹈《新小红帽与大灰狼》改变了原来的主题，将主题延伸为小红帽对大灰狼的救助，最后小红帽与动物们成了朋友，这一主题正好符合当下保护动物，创建和谐社会的主题，旧材新用，富于创新。

（三）创编形式忽略儿童兴趣

1.动作创编的极端性

现阶段，儿童教师进行舞蹈动作创编时不考虑儿童的年龄特点，只是盲目地创编，甚至创编的动作只是自己喜欢，而不去考虑儿童是否喜欢，更没有考虑儿童是否有能力完成。这样创编出来的舞蹈动作就缺少了童趣，变成了对成人动作的机械模仿。还有一些教师为了使儿童展现出不一样的个性，为儿童编排成人的舞蹈动作甚至高难度的舞蹈动作。看着自己创编出来的舞蹈作品还洋洋自得，小有成就感，殊不知他们的这种做法已经逐渐让儿童失去了他们这个年龄的本真和自我，逐渐将他们趋于"成人化"。还有一些儿童教师认为，孩子的专业性、标准性都要从小开始强调，所以创编出来的动作都具有专业性特点并要求儿童要将动作做得标准规范。比如，教师在编排儿童民间舞蹈动作时一定要按民间舞蹈的体态动作去创作，不允许加入其他创编要素或其他风格舞蹈动作。但是，这样专业化、标准化的动作儿童不能完成得很到位，更不能想跳就跳，用动作去表达自己的情绪情感。

与专业化、成人化相对的是动作创编的过于生活化。当前，儿童教师创编舞蹈动作缺乏新意，编来编去就是那么几个动作，大部分的舞蹈动作都是在模仿。我们可以通过模仿再现生活中的一个场面，或者是再现周围环境的一个方面。儿童舞蹈在动作选取上可以融入一些动作模仿，但是往往问题就出现在这里，过多的模仿，使儿童舞蹈过于生活化，缺少了表现性动作，也就缺少了艺术表现力、感染力。有的儿童教师认为，儿童记忆力及身体协调能力都不够，所以编出一两个简单的舞蹈动作，让儿童不断地重复这些动作。虽然这样便于儿童记忆，也利于儿童集体舞蹈的整齐性，但这样的舞蹈动作是不能够吸引儿童的。儿童的舞蹈动作源自儿童的日常生活与学习、游戏，但不能简单到去再现或摹写自然的生活动作。动作源于生活，不是完全照搬照抄，它需要在儿童的生活状态中进行仔细的选择、精心的提炼和系统的组织。儿童教师编排舞蹈动作时可以通过方向、方位、空间的变化和多个动作的交替重复来丰富和发展儿童舞蹈动作，但要注意儿童舞蹈动作幅度不能过大，节奏要鲜明简单。

2.音乐选择的主观性

在为数不多的作曲家中，热心为儿童舞蹈谱曲的非常少。一方面，相当数量的儿童舞蹈编导移用成人音乐，剪接古今中外音像资料，编录各种流行乐曲。还有些编导给儿童舞蹈选音乐存在这样一个误区，喜欢选择带有很多装饰性音效的音乐。其实不然，过多的装饰只会掩盖音乐本身的内涵，过多的小装饰音效会混乱音乐原本的节拍节奏，给人在听觉上以杂乱无章的印象。另一方面，现在有些编导选择近现代风格的音乐作品，节奏不规律，配器手法新潮，不易于儿童理解和掌握。实际上，在儿童舞蹈创编过程中，越是简单的音乐配器越能给编导更多的、范围更大的想象空间，这样创编的儿童舞蹈往往贴近儿童生活，最朴实、最富有儿童情趣。

3.结构创编的随意性

儿童舞蹈结构多以二段体结构体式和三段体结构体式为主，代表不同的舞蹈情绪。有的舞蹈教师在舞蹈的整体布局中，没有以舞蹈作品的需要为依据，安排舞蹈的结构体式，只是按照自己的感觉对儿童舞蹈进行整体布局。在布局过程中，为了让创作更加简单，不去考虑结构体式在情绪处理上的规范性，只是将它一分为二，直接套用在儿童舞蹈中，体现不出儿童舞蹈作品在情绪表达上的舒与缓、浓与淡的对比。在儿童舞蹈创编中变化不明显，整体感觉过于平面。比如，创编一支抒情的儿童舞蹈，都选用柔缓的动作，没有稍快节奏的动作，而且动作幅度也很小，结果创编的儿童舞蹈整体平展，没有任何层次感。所以，在儿童舞蹈创作中，结构的安排非常重要，结构安排的不合理就会使体式的情绪起伏与儿童舞蹈作品的节奏及情感发展不能够紧密结合。

（四）创编过程过于强调教师的主体地位

传统教育的专制性弊端，致使教师的主体地位根深蒂固，这一弊端在儿童舞蹈创编上也被活生生地演绎。创编不是教师的专利，而大部分的舞蹈创编者把创编当成自己神圣的任务，认为儿童只是舞蹈创编作品的执行者，从选材、构思到创作，自己全权代理，创编的作品自己很满意而儿童不认可。还有的儿童教师认为舞蹈创编太难，苦于找不到创编灵感，其实他们忽略了最重要的一点，就是儿童的创编，没有把儿童的创编新意吸收进自己的作品中，更不用说让儿童进行创编。

这里说的让儿童创编不是让儿童完全没有教师引导随意地创编，而是要在教师为主导，儿童为主体前提下的创编。教师无论是自己创编还是引导儿童创编，都处于绝对主导地位，是整个创编过程的设计师。因此，创编过程中教师与儿童两个因素缺一不可。剥夺儿童的主体地位，教师的创编就会是"纸上谈兵"，经不起实践的检验；忽略教师的主导地位，儿童的创编就是低效、低质的创编。

（五）创编活动的实施与主题课程缺乏联系

主题课程是以儿童生活中的主题为轴心设计的课程，以主题作为教育活动组合的载体，把主题的建构作为教育内容的组织形式，每个教育活动都体现各学习领域内容的相互渗透与融合。幼儿园中的舞蹈课程设置包含律动、歌表演、集体舞、音乐游戏等；儿童舞蹈培训机构中的课程设置多为学科课程，内容主要为中国舞考级、芭蕾舞考级、民族民间舞考级等。这样的课程设置与幼儿园主题课程缺乏联系或是联系不够深入，偏离了让孩子感受美、体验美、创造美的儿童舞蹈教育的目的。舞蹈创编是为课程服务的，在对较多幼儿园教师的访谈中，问及创编内容与主题课程的关系，较多的回答是关系不大。问及为什么？较多的教师回答不知如何切入。

（六）创编评价标准弱化儿童的体验

皮亚杰认为，学习是一种能动建构的过程，认识的生长不仅是经验的结果，而是主客体之间的相互作用，因此对于事物的评价应该是动态的、多元的评价。过程性评价是一种在课程实施的过程中对学生的学习进行评价的方式。过程性评价采取目标与过程并重的价值取向，对学习的动机效果、过程以及与学习密切相关的非智力因素进行全面的评价。过程评价反思了那种将预设目标和教育效果进行比照的机械性的、单一标准的检测方法，提出了在过程中进行调整的一种价值判断系统，强调评价的动态性与可变性。他们强调，在评价过程中进行调控是非常重要的，这个调控包括目标的调整，目标的考量、目标的发展、目标的调整，从而不断地向前推进目标，形成一个动态的、不断完善的过程。

舞蹈界与教育界对于儿童舞蹈的评价往往只重视表演水平的结果性评价。对于儿童舞蹈创编的评价也是只重视创编主题、节奏、动作等要素，而忽略了过程性评价。以下是一所幼儿园的舞蹈比赛评分细则，从各个评分点上可以看出较高的分值给了作品难度与作品的整体演出效果。

（1）作品内容 10 分：作品内容健康，积极向上。

（2）作品难度 20 分：作品在动作、结构、风格、表现力上有无难度。

（3）作品处理 50 分：作品的动作处理（10 分）、风格把握（10 分）、节奏（10）、表情（10）、作品的整体感觉（10 分）。

（4）台风表演 10 分：舞台风度大方，气质高雅，擅长表演，表演到位，有创意。

（5）服装化妆 10 分：服装化妆得体，和作品风格协调一致，个性鲜明。

第二节　儿童舞蹈创编问题的原因分析

一、创编教师的问题

（一）理论知识不扎实

从事儿童舞蹈创编工作的教师，不仅要有心理学、教育学、教学法的知识，还要涉猎音乐、美术等相关知识，哪一个学科知识的欠缺，都可能造成创编工作不能顺利进行。不仅如此，还要将各科知识内化为自己的能力，在课堂设计、教学组织方面显示出自身的水平。多数教师的理论水平不够丰富，创编的作品总是不够完美。

（二）专业知识不合理

通过调查发现，幼儿园的舞蹈教师大都是学前教育专业毕业，舞蹈学习时间在两年左右，儿童舞蹈创编的学习只是一个学期的时间，儿童舞蹈教师的专业水平有限。舞蹈培训机构中的儿童教师大都是舞蹈专业毕业，经过 10 年以上的专业舞蹈学习，但儿童舞蹈创编方面的学习几乎没有接触过。这两个专业毕业的学生在儿童舞蹈创编上都存在不同的问题，培训机构教师创编的儿童舞蹈缺少主题思想，幼儿园教师创编的儿童舞蹈缺少动作。舞蹈这种艺术形式本身就是内容与形式的统一，而思想与动作正是内容与形式的体现。

（三）教育理念落后

在传统的观念中，老师总是权威的化身。不只是儿童这么认为，甚至老师自己也这样认为。这就给教师与儿童之间的沟通带来一定的障碍。民主、平等的师生关系，要求教师"蹲下来与儿童说话""蹲下来用孩子的视角看世界"，当然这种"蹲下来"并非只是形式上的动作，而是要求儿童教师彻底转变观念，把儿童当成真正具有自己思想和见解的人，尊重儿童的观念和选择。

曹尔瑞的《悄悄话》是一个先进教育理念的典型案例，她退休后长期跟孩子们生活在一起，有一次，有个小孩儿跑过来对她说："曹老师，我要跟你说一句悄悄话！"她回答说："好啊！"小孩儿就把嘴巴凑过来，只是在她耳朵边吹了吹气，随即便跑开了。曹尔瑞便感动于这个小动作，立即进行艺术加工，创编出了舞蹈作品《悄悄话》。

二、教育机构的问题

（一）创编内容设置的无标准性

舞蹈教学的内容是决定儿童舞蹈教育发展的重要基础。其教学教材内容的鱼龙混杂，良莠不齐，也使 3～6 岁儿童舞蹈创编的持续发展面临着困境。目前，儿童舞蹈教学并没有统一的教材内容，诸多的教学机构都是根据其自身办学的经验选择一些舞蹈教学的内容，而更令人深思的是，如果舞蹈教学的一些选材不能统一，还可以被理解外，那么舞蹈基础的训练要求和身体训练的相关内容竟然不尽相同，甚至大相径庭。这就导致不同的舞蹈培训机构，对于儿童的身体条件、儿童舞蹈功底的训练没有统一标准。也就说明，儿童舞蹈的从业教师，对其教学对象的身体柔韧性、能力和条件应达到什么程度完全没有标准。在这种情况下，如何能够更好地挖掘儿童的舞蹈潜能是儿童舞蹈教师需要认真思考的问题。

（二）教材使用的盲目性

进入 21 世纪以来，学前教育越来越受到全社会的重视，儿童舞蹈教师的数量倍增，对舞蹈教材种类及实用性的需求也空前增长，而儿童舞蹈的教材很少，针对儿童舞蹈创编的教材更是寥寥无几，多数是沿用成人舞蹈的创编教材，这显然不符合儿童师范教育发展的自身规律和培养目标。教材问题成为制约儿童师范教育培养目标实现的一个"瓶颈"。有的教师过分依赖教材，多年来教材的内容没有一点变化，也不能将儿童生活中的趣事编入舞蹈。大部分教材理论性内容占据了大部分章节，实践部分也大都是文字描述，有的教材有儿童舞蹈创编作品展示，但是对于创编过程、创编方法，却一带而过，学习者只是学会了教材上教授的舞蹈，而不知如何创编，更不能做到举一反三。

（三）课程资源的匮乏

关于儿童舞蹈的课程资源，现在比较成熟与系统的是舞蹈等级考试的课程设置，课程按年龄编写，动作由易到难，专业性强，等级考试分为芭蕾舞、民族民间舞、中国舞等。对于儿童舞蹈创编的课程资源，现在能搜索到的只是碎片式的，或是针对某个主题的舞蹈创编，或是针对某种形式的舞蹈创编，还未形成系统、实用的课程资源。目前，许多舞蹈教材的编写与课程资源的开发，存在编写者能力水平的不均衡，内容与编排没有形成有机结合，而教材使用者缺乏科学认识，不能及时发现教材上的漏洞。编写能力强的编者，却缺少教学实践能力，编出的书理论研究能达到一定高度，但实践起来很难完成。教学实践能力强的编者，编写能力又不够，自己会教，但是无法将它科学严谨地编写成册，供他人借鉴。因此，作为儿童舞蹈创编方面可借鉴的课程少之又少。

三、社会环境的问题

（一）为创编而创编

舞蹈教学最重要的责任是帮助儿童打好身体的基础，包括舞蹈韵律的感知、节奏的感知训练、身体柔韧性的训练、舞蹈表现力的基础训练等，但是由于种种考级、比赛的兴起，社会关注点把"战绩"放在了首位。

（二）为家长创编

其实，儿童舞蹈对于儿童本身是能够激发儿童兴趣，并鼓励、吸引儿童积极投身其中的。但现在的舞蹈教育除了幼儿园，更多的是在课外的培训机构，这些培训机构收取家长的学费，掺杂了为家长服务，满足家长要求的目的，一味屈从家长的意愿，造成了一些优秀的创编作品年年用、反复用，看似是经典，实则毫无创新；看似优秀，实则已经"老套、滞后"。一些机构为了满足家长的需要，选择提高创编作品的动作难度，甚至是老师在根据舞蹈配乐的歌词进行"套动作"，生硬地把歌词解读了一遍，然后把一招一式套进去，不管儿童的舞蹈能力怎么样，都可以参与其中，完全忽略了舞蹈的专业性，只为了讨好家长，满足家长的虚荣心。

（三）淡化创编

目前，社会环境也处于一种淡化创编的状态。舞蹈比赛中将一套动作或者是一个多次参赛打磨过的作品年年用、届届用，甚至从时间的跨度上，超过三年甚至五年的作品比比皆是。许多儿童跳着内容和题材已经过时的作品，没有一点激情，跳舞完全成了应付差事。较多的舞蹈培训机构常年使用单一考级教材，儿童虽然在上舞蹈课，接受了正规的舞蹈训练，却没有真正体验到舞蹈表演带来的快乐与激情。

现在，西方传入的一些先进的教学法，如奥尔夫、柯达伊、达尔克罗兹等教学法，冲击着幼儿园的音乐课堂。对于这些教学法，有的幼儿园就像找到了一根救命稻草，不加选择地照抄照搬，并且较多的儿童舞蹈都是从属于音乐游戏，淡化了创编，更体现不出创编的价值。

第三节 儿童舞蹈创编水平提升的对策

儿童年龄虽小，可是他们对事情都有自己的想法或主张。绘画时，他们可能不会完全按照老师教的去画，而是画出了自己想象的事物。剪纸时，老师要求剪苹果，他们会剪出各种各样的苹果；做玩具时，老师拿出一个插好的飞机模型让他们模仿，可他们会做出许许多多奇形怪状的飞机；讲数学时，他们会通过数字联想到许多奇怪的东西；回答问题时，与老师讲课的内容完全没有关系。他们每天都会问许多为什么，每天都会有许多大人不知道怎么回答的问题……这说明儿童有自己的想法，他们的想象力无限大。作为儿童教师，要多吸取儿童创作思想，不拘于单一的创编角度。所以，儿童舞蹈创编无论采取什么样的对策，注重儿童本真的表达是第一位的。

一、创编目的以儿童为本

（一）遵循儿童的年龄特征

从夸美纽斯的《大教学论》到卢梭的《爱弥儿》、蒙台梭利的《童年的秘密》，再到杜威的《民主主义与教育》，都是以儿童为本的。新颁布的《幼儿园教育纲要（试行）》集中体现出以儿童发展为本的新的现代教育理念。在教育活动中，教师要想儿童所想、知儿童所知、求儿童所求。体现出以儿童为本，以儿童的发展需要为本。为儿童提供活动和表现的机会，与儿童建立起紧密合作的互动关系，才能从根本上解决"教"与"学"的问题，提高儿童教育的质量。儿童舞蹈创编者要时时提醒自己，创编要以儿童为本，是要我们伏下身来观察儿童，去倾听儿童，去感受儿童，而不是摆出高高在上的姿态，让儿童去达到我们自认为正确的标准。

（二）尊重儿童的个性差异

自然界没有两片完全一样的叶子，生活中也没有两个完全一样的儿童。双胞胎，虽然会在长相、身材上相似，但是他们在习惯、气质、性格、智商上也会表现出极大的差异。以儿童为本要以每个儿童为本，尊重儿童的个性特征，因材施教、扬长避短。

二、创编内容来自儿童生活

（一）题材的选择

创编出好的儿童舞蹈动作，观察是最有效的素材积累方式。在日常生活学习中通过观察儿童的一举一动，积累儿童舞蹈动作创编的素材，这样在进行儿童舞蹈动作创编的时候才有更多的经验，才能更好地设计出适合儿童的舞蹈动作，当然创编起来也就容易了许多。作为儿童教师或者编创者，在编创儿童舞蹈动作时应该考虑到儿童身体比例的限制，要仔细认真地观察，思考什么样的动作才是最适合儿童的动作，创编者要不断去注意，善于捕捉儿童动作的造型，并进行多次提炼，逐步丰富完善儿童的舞蹈动作。

（二）主题的确定

舞蹈动作的创编通常分为三个步骤进行：舞蹈背景音乐、舞蹈创作构思、舞蹈教育意义。当舞蹈背景音乐确定以后，需要根据歌词和音乐的内容确定舞蹈所要表达的中心思想以及主要的情绪情感，找出所表现事物或者动物的最大特征，根据这些来设计创编主要动作。舞蹈创作构思在舞蹈创编中也非常重要，它以动作为主要部分。一部作品往往能够显示出创作者的心声就是作品的主题。作品主题的涵盖面非常宽泛，从社会的大小问题到创作者的人生观、价值观、社会观、异性观思想，人们的喜爱、憎恶、嫉妒、不安、愤怒、憧憬、欢娱、向往、崇拜等感情。所以，儿童舞蹈作品的创编形象要具体，易于理解，不能让孩子跳完了不知道为什么跳，跳的是什么？

三、创编形式满足儿童兴趣

（一）动作的提炼

在舞蹈动作中，占有重要地位具有绝对性引领作用的动作是主题动作。主题动作是舞蹈中具有代表性的动作，通过动作的不断重复和再现，突出舞蹈主题思想和塑造典型舞蹈形象。就像各地区的民族舞虽然跳起来千变万化，但总离不开几个具有代表性的基本动作。主题动作最能体现舞蹈的典型特征，它在舞蹈作品中的反复和发展会给人留下深刻的印象。所以，挖掘、选择和发展主题动作，是舞蹈创作的重要手段。目前，一些教师创编的儿童舞蹈作品的主题动作不明确，一个舞蹈作品成为较多动作的简单罗列，或是几组动作的多次重复。这样的作品缺乏鲜明的主题动作，也就缺少了作品的核心要素。主题动作的选择除了符合舞蹈中心思想，也要从儿童生理和心理发展水平的实际情况出发，进行创编。这一阶段的儿童活泼好动，所以创编儿童舞蹈动作时要力求节奏欢快，动作有力，充分体现儿童可爱活泼的特点。同时，受身体发展特征的影响，动作的幅度、活动量都不宜过大，应是儿童力所能及的。动作的变化与衔接要有一定规律，满足儿童兴趣需要，便于儿童记忆。

儿童教师可以在日常生活中认真观察、感知、体验生活并学会用自己的方式进行表达。儿童教师可以观察儿童在学习游戏中的一些动作，将这些动作编排在舞蹈动作中。也可以将自己身边发生的故事记录下来，提取其中有趣的积极的动作。儿童教师也可以给儿童布置"家庭作业"，引导儿童观察父母在家做了哪些事情，是怎样做的。放学回家的路上看到了哪些有趣的事情，路上的人都在做什么并用动作表达出来。小朋友会觉得十分有趣并踊跃地参与到活动中来。这时，儿童教师就要将这些动作记录下来，用于日后的舞蹈创编。

（二）音乐的选择

很多儿童都喜欢小动物，也喜欢去模仿它们的一举一动。所以，儿童教师可以观察动物动作的特点并尝试用自编音乐，让儿童用自己的动作将动物的特点呈现出来。也可以先让儿童观察动物，用图片、视频或是到真实情境中让儿童把动物的形态、动态、神态作为观察的重点，如小猴子有一张桃子形的面孔，忽闪着圆溜溜的大眼睛，好像在打着什么主意，还有它那又细又长的尾巴给儿童留下深刻的印象。教师现场即兴弹奏乐曲，让孩子跟着音乐的节奏自由起舞，节奏要快慢适宜，动静交替，要富有童趣。

（三）结构的确定

结构是儿童舞蹈编导最不容易把握的一个元素。同样的主题、构思，编导采用不同的结构，创编出的作品千变万化。可以说，作品的成功与否，技法起着重要作用。儿童舞蹈创编技法除了模仿，还有夸张、对比等都可以取得较好的效果，再加上丰富的舞台调度、构图可以给观赏者不同的视觉冲突。技法多种多样，并不是用得多就好，关键是看编导如何更好地运用，这就需要日常创编实践的积累。儿童舞蹈教师在儿童舞蹈动作创编上要敢于运用技法，积累技法运用经验，才能创编出丰富、高质量的舞蹈。

四、创编过程以儿童为主体

杜威的活动教育理论十分重视儿童的教学活动，强调"从做中学""从经验中学"，关注儿童体验。教学环境是作用于儿童主体发展的关键因素，让儿童置身于特定的情境活动中，不仅有利于他们认知心理的发展，而且充分调动起他们的情感参与。儿童是儿童舞蹈作品的主体，理应参与到作品的创编中去，要给儿童充分的机会去展现自我，充分利用儿童的大脑，解放儿童的手脚，给儿童一个创编舞蹈的机会，给他们一个展现自己的舞台。有时儿童创作的动作可能比成人创作得更形象更夸张。如果只是教师创编好动作，手把手地教给儿童去跳，儿童只是机械地模仿，往往会动作不到位，脸上也不太会有兴奋的表情。因为儿童虽然喜欢模仿，但是他只喜欢模仿自己感兴趣的东西，对于机械模仿的方式儿童并不喜欢。这样不仅效率低，而且最终效果也不会很好。俗话说"兴趣是最好的老师"，有了体验才能激发儿童的兴趣，如果连兴趣都没有，舞蹈就很难进行下去。

儿童的创造力和想象力是无限的，教师不应该限制儿童的想象力和创造力，应该给儿童提供充分的机会，鼓励儿童想象，创造新的舞蹈。比如，教师让小朋友表现春风吹动树叶的动作，有的儿童双手放在下巴下面，做出小花的动作，你问他为什么，他会说是花朵看着树叶在笑。虽然这些动作并不符合教师最初的要求，却是儿童内心真实想法和情感的表露。因此，教师要转变传统的教育观念，改变自己原有的创编视角，使自己创编的作品走进孩子的内心。

五、创编活动实施与主题课程相联系

幼儿园课程是实现幼儿园教育目的的手段，是帮助儿童获得有益的学习经验，促进其身心发展的各种活动的总和。主题课程以其全面性、主体性、活动性、综合性、生活化、个性化的特征，在幼儿园课程中凸显其优势。主题课程的展开不遵循学科线索，具有多层次综合功能，追求教育内容的整合。因此，儿童舞蹈创编活动的实施要主动加强与主题课程的联系，发挥自身的优势为主题课程服务，而不是自成体系。主题课程的完成离不开主题要素，离不开领域课程目标的实现，这里主要论述儿童舞蹈创编活动实施在各领域课程中的渗透。

（一）创编活动在健康领域的渗透

儿童舞蹈创编的主题确定可以从健康领域出发，如舞蹈《我爱洗澡》让儿童养成讲卫生的好习惯，《劳动最快乐》激发儿童爱劳动的热情。在创编形式上，针对早操与课外活动，可以创编徒手操与道具训练操，练习儿童的身体协调能力以及肌肉骨骼的韧性及力量。

（二）创编活动在语言领域的渗透

在创编活动中，可以选择儿童喜爱的儿歌进行创编，以及进行的歌表演的创编，首先让儿童学会对乐曲、歌词的倾听，然后让儿童边说、边唱、边舞蹈，提高了儿童语言的能力。这种糅入了感情、韵律与旋律感的语言再配上精心编创的舞蹈动作也是儿童把语言美、音乐美与舞蹈美进行的有机统一，如歌表演《雪花和雨滴》，歌词简单上口、旋律优美流畅，再配上具有表现力的动作，对儿童的影响远远超越了单一的语言教育。

（三）创编活动在社会领域的渗透

创编活动中的集体舞及表演舞形式可以很好地渗透在社会领域。社会领域的培养目标是要儿童主动参与到集体活动中，增加自信心，乐于与人沟通、协调、合作以及遵守规则，这些目标的完成在集体舞中可以很容易实现。集体舞要遵循一定的队形规则以及变化规律，集体舞还要遵循基本的动作体系，即使有动作变化也是"万变不离其宗"，这就要求儿童在活动中主动参与并与其他儿童协调配合才能完成集体舞的表演，而在练习的过程中儿童之间的矛盾冲突都会因舞蹈的完成而化解。表演舞相对于集体舞来说有主题思想以及更复杂的动作构成与队形变化，排练过程中更是需要儿童之间的默契配合。

（四）创编活动在科学领域的渗透

科学领域的目标要求儿童有好奇心、求知欲，能动手动脑主动探究问题与表达，在活动与游戏中感受事物的数量关系并体验到数学的重要性和趣味性。这里以舞蹈队形的变化连接来说明舞蹈创编活动在科学领域的渗透。队形是由多名儿童完成的舞蹈构图。队形首先给儿童的是数量关系，每种队形人数的组成非常直观；其次是给予儿童图形的概念，如直线、斜线、圆形、三角形等，有单一的队形也有几个队形组合的复合队形；最后给予孩子们空间构图的概念，如方位空间与三度空间。方位空间是舞台平面上的基本方向位置，三度空间是舞台纵向上的空间，队形的变化对比给儿童以强烈的视觉感受，这是单一的"讲""说"不能实现的。

（五）创编活动在其他艺术领域的渗透

舞蹈本身就是艺术，而儿童舞蹈创编更是艺术创作活动。创编活动在其他艺术领域的渗透，如可以渗透文学艺术、欣赏艺术等内容。在这个创作中要让儿童感受美、表现美、创造美，这也是整个艺术领域要完成的教育目标。

六、创编评价标准多元化

（一）注重知识的主动建构

作为儿童舞蹈教师，要做的是让儿童喜欢舞蹈，积极参与到舞蹈活动中，而不是想象着把儿童培养成舞蹈家。教师充当的是园丁的角色，是一个播种者，一个修剪者。教师是培养儿童兴趣的启蒙者，纠正儿童错误的示范者。在一次幼儿园的舞蹈排练中，教师提前编好了动作：双手兔耳朵的形状在头的上方两侧，双脚并拢半蹲蹦跳步，教授了几遍后打开音乐让孩子们合音乐练习。孩子们听到音乐后却是"变形走样"的动作，有的叉腰单腿蹦跳，有的爬行蹦跳，有的横向双脚蹦跳，有的拉手蹦跳，有的跳到窗帘后面等。老师此刻成了观察者，她没有关掉音乐，而是任由孩子们发挥。我们看到，此时的兔子形象特征更为鲜活，表演空间由平面走向了立体。在孩子们的即兴表演中，实现了对动作形象的理解，也完成了知识的主动建构，这样的知识获取方式对于儿童的影响是深远的。

（二）注重过程性评价

儿童在聆听舞蹈音乐时，老师对舞蹈发生的背景进行描述，儿童通过对舞蹈配乐的节奏、强弱、音色的感受，结合舞蹈背景产生对舞蹈内容的理解，不断刺激儿童听觉的表象能力，通过舞蹈故事和音乐的刺激，创造出相应的肢体表述。调动儿童主动创造的兴趣，发挥儿童的主观能动性，创造出和谐的舞蹈动作。比如，在进行舞蹈《我的好妈妈》排练时，教师鼓励儿童回忆妈妈的微笑和能够代表妈妈的动作。有的儿童坐在地上模仿妈妈打毛衣的样子，有的儿童模仿妈妈做饭的样子，还有的儿童加入道具的元素，拿起一本书模仿妈妈给儿童讲故事的样子。教师整合儿童创编的动作，结合音乐融入儿童即兴创编的动作。对一些擦桌子的动作教师引导儿童加以改变修饰，将平面的擦桌子动作转变为立体的擦玻璃动作，使观众更加明了，增强舞台表现力。在这个"回忆"的过程中，儿童从生活实际出发，在生活经验的基础上进行想象创新，在创编的过程中丰富了自身体验与实践机会。

（三）注重儿童的可持续发展

联合国教科文组织提出终身教育的观点，从根本上影响了世界各国的教育价值取向。幼儿园教育作为终身教育的基础阶段，要为儿童的终身发展打好基础。赢得社会赞誉的舞蹈无不跳动着时代的脉搏，改革开放以来，在社会主义物质文明和精神文明高速发展的今天，儿童舞蹈创编应该站在时代的前列，开掘儿童生活的奥秘，创编作品追求新意，紧随时代步伐，理解时代意向。比如，舞蹈《我的偶像》运用了《学习雷锋》的歌词与曲调，融入现代舞蹈与维吾尔族舞蹈的音乐与动律元素，使助人为乐的传统在孩子们的舞蹈中淋漓尽致地呈现，不仅让孩子们快乐地舞动，而且具有教育意义。多年以后，孩子们可能忘记了所有的舞蹈动作，但是这种乐于助人的良好品质将使他们受用一生。

随着儿童艺术教育越来越受重视，儿童舞蹈教育也凸显其重要性。作为舞蹈教育的源头和内容，儿童舞蹈创编被推到了风口浪尖，各种对于儿童舞蹈创编的理论与实践性研究之争也是层出不穷。透过现象看本质，各种争论与思想无非就是需要解决什么样的舞蹈是儿童真正喜爱的舞蹈？怎样创作这样的舞蹈？本书在理论研究的基础上，做了大量的探索，从儿童舞蹈创作本身以及与创编相关的影响因素方面，挖掘深层次的创编问题以及问题的归因，提出了有针对性的创编对策。最后发现，无论是什么样的对策都要以儿童为本，来自儿童生活，关注儿童体验，激发儿童兴趣，促进儿童发展，最终归结为"以儿童为本"。这正是儿童舞蹈教育甚至是儿童教育应遵循的原则。

"以儿童为本"，说着容易，做起来难，所以我们在工作中不要一味地去创作，去研究，要不时地反思我们是否做到了这一点。由于笔者研究水平有限，加之研究时间较短，本研究的深度尚且不够，对某些问题还没有论述透彻。但笔者相信，只要对儿童舞蹈创编所做的探索是科学的、合理的、严谨的，本书的研究就有它的可取之处。希望在今后的儿童舞蹈创编工作中不断地发现问题，探索出路，得到更多专家、导师的批评与指导。

参考文献

一、著作类

[1] 王克芬 . 中国舞蹈发展史 [M]. 上海：上海人民出版社 , 2004.

[2] 吕艺生 . 舞蹈教育学 [M]. 上海：上海音乐学院出版社 , 2000.

[3] 陈帼眉 . 学前心理学 [M]. 北京：北京师范大学出版社 , 2015.

[4] 李生兰 . 学前教育学 [M]. 上海：华东师范大学出版社 , 2014.

[5] 隆荫培，徐尔充 . 舞蹈艺术概论 [M]. 上海：上海音乐出版社 , 2003.

[6] 程心天 . 儿童舞蹈教育、创作经验谈 [M]. 北京：人民教育出版社 , 2004.

[7] 许卓娅 . 学前儿童音乐教育 [M]. 北京：人民教育出版社 , 1996.

[8] 黄明珠 . 中国舞蹈艺术鉴赏指南 [M]. 上海：上海音乐出版社 , 2001.

[9] 王克芬 . 中国舞蹈发展史 [M]. 上海：上海人民出版社 , 2003.

[10] 于平 . 中外舞蹈思想概论 [M]. 北京：人民音乐出版社 , 2007.

[11] 吕艺生 . 舞蹈学导论 [M]. 上海：上海音乐出版社 , 2003.

二、期刊类

[1] 徐梅 . 将儿童故事及模仿性动作融入儿童舞蹈创编 [J]. 人文论坛 , 2012(1):216–217.

[2] 罗曦 . 儿童舞蹈教学中的动作选择 [J]. 南昌教育学院学报 2013, 28(2):191–192.

[3] 段文静 . 幼儿园舞蹈教育目的及教育实施的思考 [J]. 教师 , 2013(21): 131–135.

[4] 李静 . 浅谈学前教育专业儿童舞蹈课程设计与改革 [J]. 潍坊教育学院学报 , 2010, 23(4):91–97.

[5] 沈晓敏 . 外国儿童教育纲要对我国的启示 [J]. 幼教论坛 , 1998, 70(4):3–8.

[6] 程恭 . 幼师舞蹈编排课如何体现童趣 [J]. 文化教育 , 2013(4):120.

[7] 汪源 . 浅谈舞蹈动作的韵味 [J]. 赤峰学院学报 , 2012, 6(33):188–192.

[8] 汪超 . 浅析儿童舞蹈创编 [J]. 郑州铁路职业技术学院学报 , 2006, 2(18):12–17.

[9] 刘佳，李元进．浅谈幼师舞蹈教学能力的培养 [J]．达州职业技术学院学报，2010(1):16–18.

[10] 由显斌．浅析幼儿园教改背景下的学前教育专业课程设置 [J]．大庆师范学院学报，2010(1):48–49.

[11] 王继恩．少儿舞蹈训练与素质教育 [J]．榆林高等专科学校学报，2002(4):97–101.

[12] 颜晓双，张金平．关于对儿童舞蹈创编策略的分析 [J]．北方文学，2013(4):38–39.

[13] 沈玉萍．如何培养学生的舞蹈教学能力 [J]．中国科教创新导刊，2009(19):131–137.

[14] 马昕．在舞蹈创编活动中激发儿童的自我表现能力与创造潜能 [J]．教育导刊，2004(5):134–136.

[15] 王程玉．浅谈儿童舞蹈教育——怎样引导儿童进入舞蹈世界 [J]．音乐时空，2012(5):37–41.

[16] 孙福媛．谈儿童舞蹈教学中的兴趣、音乐和自我表现 [J]．舞蹈，1997(03):44.

[17] 平心．试论舞蹈教育的本体价值——兼谈舞蹈美育与素质教育 [J]．北京舞蹈学院学报，1998, (03):27–36.

[18] 杨秀敏．儿童舞蹈创编研究课的反思 [J]．哈尔滨职业技术学院学报，2008(2):19–23.

[19] 智学，田宝军．追求高品质的学前教育 [J]．河北师范大学学报，2003(3):93–96.

[20] 王小金．论舞蹈教学对学前教育专业的重要性 [J]．科技资讯，2009(11):140.

[21] 陈洁．学前教育专业的舞蹈教学 [J]．邯郸学院院报，2006(1):107–108.